Copress Verlag München
In Zusammenarbeit
mit der Redaktion
des kicker-sportmagazins
Herausgegeben
von Berti Vogts

ITALIEN '90

Gesamtherstellung: Bruckmann München
Printed in Germany
ISBN 3-7679-0310-5

Konzeption und Redaktion:
Klaus Smentek

Autoren:
Berti Vogts, Ralf Canal,
Manfred Ewald, Rainer Franzke,
Michael Gronau, Thomas Häberlein,
Karl-Heinz Heimann, Rainer Holzschuh,
Harald Kaiser, Hans-Günter Klemm,
Adi Kornfeld, Frank Lußem,
Uwe Marx, Ulrich Matheja,
Hubert Meyer, Thomas Roth,
Klaus Smentek, Wolfgang Tobien,
Dirk Westerheide,
Günter Wiese, Karlheinz Wild,
Torsten Ziegler

Statistik:
Ulrich Matheja,
Wolfgang Riedel, Peter Schütz

Computer-Analysen:
Roland Loy

Taktik-Grafiken:
Horst Goebel

Fotos:
Sven Simon sämtliche Abbildungen außer: Bongarts: S. 186, 196, 201, 204, 206, Borsari: S. 184c, Horst Eißner: S. 116o., Kapa: S. 184i, Herbert Liedel: S. 53, 59, 116 m. u. u., 121, 123, 129, 130/131, 144/145, 184a, b, d, e, g, k, 191, Bob Thomas: S. 197, 207, 208, Werek: S. 66/67, 98/99, 118, 135, 156/157, 169, 170, 176/177, 183, 184f, j, Witters: S. 184h, Zimmermann: S. 202/203, 205

Stadienskizzen:
COL ITALIA: S. 13, 28, 39, 57, 72, 84

Produktion und Layout:
VerlagsService Dr. Helmut Neuberger & Karl Schaumann GmbH

**Verkohl(er)t:
Jürgen Kohler läßt
Troglio stehen.**

Nochmals: Viel Spaß!

Sechs Weltmeisterschaften durfte ich bislang hautnah erleben. Alle hatten ihre Besonderheiten, doch keine war von der temperamentvollen, fröhlichen Stimmung in den herrlichen Arenen eindrucksvoller als »Italia '90«. Daß unsere Mannschaft schließlich noch den Weltmeistertitel erkämpfte, war aus deutscher Sicht das Tüpfelchen auf dem i.
1966 verfolgte ich die WM noch als Zaungast. Ich war 19 Jahre alt, und Hennes Weisweiler hatte mich mit nach England genommen.
Vier Jahre später erlebte ich dann schon als Spieler in Mexiko »Himmel« und »Hölle« eines solchen Turniers: die phantastische Aufholjagd beim 3:2 im Viertelfinale gegen England, danach die 3:4-Niederlage gegen Italien.
1974 waren wir am Ziel. Dabei hatte es lange Zeit wahrlich nicht nach diesem Triumph ausgesehen. 0:1 gegen die DDR, ein mühsames 1:0 in der Regenschlacht gegen Polen – und dann das Finale gegen Holland. 0:1 durch Neeskens Elfmeter. Doch wir konterten durch Breitners Elfmetertor und – natürlich – Gerd Müller.
1978 in Argentinien lief so ziemlich alles schief. Nach der 2:3-Niederlage gegen Österreich waren wir draußen. Nach 96 Länderspielen hatte ich mir natürlich einen anderen Ausklang meiner Laufbahn gewünscht.
Die drei folgenden Titelkämpfe erlebte ich dann als Mitglied des Trainerstabs. Zweimal hatten wir uns im Endspiel geschlagen geben müssen. 1:3 gegen Italien in Spanien 1982 und 2:3 gegen Argentinien 1986 in Mexiko.

Aller guten Dinge sollten schließlich drei sein: In Italien standen wir wieder auf dem Gipfel. Und zwar verdient! Unsere Mannschaft hat vom ersten Vorrundenspiel bis zum Finale durchweg gute bis sehr gute Leistungen geboten. Wer Mannschaften wie Europameister Holland und England schlägt sowie den amtierenden Weltmeister Argentinien im Finale an die Wand spielt, der hat den Titel redlich verdient.
Es freut mich vor allem für den Franz, dem ich diesen Triumph zum Abschied von ganzem Herzen gönne.

Es hat Spaß gemacht, mit den Jungs zusammenzuarbeiten. Die Meßlatte liegt jetzt sehr hoch, aber wir besitzen das Potential, dieses Niveau zu halten.
Bleibt mir nur, Ihnen bei der Lektüre dieses Buches viel Spaß zu wünschen. Ich bin überzeugt, daß Sie die spannenden Reportagen der »kicker-sportmagazin«-Reporter und die herrlichen Farbfotos fesseln werden. Ob Milla oder Maradona, ob Schillaci oder unsere Sieger: sie alle werden hier nochmal lebendig.
Was für mich sehr wichtig ist: Dieses Buch informiert Sie fachlich, umfassend und ist darüber hinaus unterhaltend.

Nochmals: Viel Spaß!

Ihr Berti Vogts

Berti Vogts

Inhalt

Vorrunde

Achtelfinale

Am Boden obenauf: So freuen sich Weltmeister.

Die Austragungsorte

MAILAND: Die Stadt mit 1 510 000 Einwohnern ist die Wirtschaftsmetropole des Landes und hat auch kulturell viel zu bieten. Mit der "Scala" und den meisten Zeitungs- und Buchverlagen.

UDINE: Die Stadt mit ihren 103 000 Einwohnern stand jahrhundertelang unter venezianischer Herrschaft. Mittelpunkt ist die Piazza della Liberta, am Fuße des Burghügels.

VERONA: Die Stadt von Shakespeares "Romeo und Julia" hat heute 262 000 Einwohner. Berühmt sind die Festspiele im Amphitheater. Eine Stadt, die zum Einkaufsbummel einlädt.

GENUA: Die Stadt hat 728 000 Einwohner. Schon Griechen und Römer nutzten den Hafen. Seehandelsplatz Nr.1 Italiens. Sehenswert: die Museen in den Palazzi Bianco und Rosso.

BOLOGNA: Die Stadt hat 435 000 Einwohner. Die 1119 gegründete Universität ist die älteste Europas. Die Piazza Maggiore ist der monumentale Stadtmittelpunkt.

FLORENZ: Italiens berühmteste Kunststadt hat 430 000 Einwohner. Vom Piazzale Michelangelo hat man einen herrlichen Blick über diese faszinierende Stadt mit ihren Kunstschätzen.

TURIN: Die Stadt (1 035 000 Einwohner) war von 1861 bis 1865 italienische Hauptstadt. Heute vor allem bekannt als Heimstadt von Fiat. Turin bietet ein reiches kulturelles Angebot.

ROM: Über die Hauptstadt mit ihren 2 820 000 Einwohnern viel zu erzählen, hieße Eulen nach Athen tragen. Die nach der Legende von einer Wölfin gesäugten Zwillinge Romulus und Remus sollen die "Ewige Stadt" 753 v. Chr. gegründet haben.

NEAPEL: In der Stadt mit ihren 1 220 000 Einwohnern prallen Pracht und Armut hart aufeinander. Trotz großer sozialer Probleme und "Camorra" pulsiert die Lebensfreude.

BARI: Die Stadt hat 365 000 Einwohner, ist eine bedeutende Handelsmetropole und Messestadt. Sehenswert die Altstadt mit der Basilika.

CAGLIARI: Die Haupstadt Sardiniens hat 225 000 Einwohner. Mit dem großen Hafen ist sie wichtigstes Handelszentrum der Insel. Sehenswert ist das Archäologische Nationalmuseum.

PALERMO: Die bedeutendste Hafenstadt Siziliens hat 730 000 Einwohner. Die bewegte Geschichte (Normannen, Spanier, Bourbonen) hat ihre deutlichen Spuren hinterlassen.

Gruppe A

In der Vorrunden-Gruppe A wurde Gastgeber Italien seiner Favoritenrolle gerecht. Gegen Österreich und die USA begnügten sich die Azzurri jeweils mit einem 1:0-Sieg. Im wichtigen Spiel gegen die CSFR stachen Trainer Vicinis Joker Schillaci und Baggio. Die Tschechen besiegten Österreich nur durch einen Elfmeter. So mußte das Team von Josef Hickersberger, das in der Vorbereitung noch so prächtig aufgetrumpft hatte, schon nach der Vorrunde nach Hause fahren. Für das neuformierte Austria-Team kam diese WM wohl noch zu früh. Tapfer schlugen sich die US-Boys, die wakker – aber auch knallhart – kämpften.

Russ vergab den goldenen Schuß

Bei der WM-Auslosung glaubten die Italiener noch, sie könnten uns mit Haut und Haaren fressen«, verkündete Österreichs Teamchef Josef Hickersberger vor dem WM-Auftakt gegen die Azzurri nicht ohne Genugtuung: »Jetzt zeigen sie aber gewaltigen Respekt.«
Noch nie zuvor war Österreichs Nationalmannschaft mit mehr Vorschußlorbeeren überhäuft worden als vor dieser Weltmeisterschaft. Die letzten Vorbereitungsspiele hatten international aufhorchen lassen: Auswärts einen 0:2-Rückstand in einen 3:2-Sieg gegen Spanien verwandelt, Ungarn in Salzburg 3:0 abgefertigt und dann im Praterstadion zuerst Weltmeister Argentinien ein 1:1 abgerungen, dann Europameister Holland 3:2 bezwungen.
Bei der Empfangs-Pressekonferenz in Florenz wollten Italiens Sportgazetten in Hickersbergers Truppe gar einen WM-Mitfavoriten sehen. Der Ex-Journalist gab sich bescheiden: »Für einen Sieg gegen Italien würde ich sämtliche Vorbereitungsergebnisse gerne eintauschen.«

Schirmherr: Ein farbenfroher Anhänger der Italiener.

Italien
Österreich
USA
CSFR

9. 6. 1990 in Rom
Italien–Österreich 1:0

10. 6. 1990 in Florenz
USA–CSFR 1:5

14. 6. 1990 in Rom
Italien–USA 1:0

15. 6. 1990 in Florenz
Österreich–CSFR 0:1

19. 6. 1990 in Rom
Italien–CSFR 2:0

19. 6. 1990 in Florenz
Österreich–USA 2:1

Höhenluft schnuppern die Österreicher bereits in ihrem feudalen Quartier auf einem toskanischen Hügel in Artimino. Und während die Spieler neben dem Training auch das Kartenspielen im Kopf haben, übt sich der Teamchef im Aufstellungspoker. Im Gegensatz zu seinem Kontrahenten Azeglio Vicini, der seine Auserwählten bereits eine Woche vor Spielbeginn bekanntgegeben hat, läßt sich Hickersberger nicht in die Karten blicken. Vor dem Abschlußtraining in Nemi, 30 Kilometer außerhalb von Rom, nennt er nur zwei Spieler Fixstarter: Tormann Klaus Lindenberger, einziger in der Mannschaft mit WM-Erfahrung (er war 1982 im Kader), und der Rapidler Andi Herzog, Trainer-Liebling und mit 21 Jahren der Benjamin unter den Stammspielern.
»Italien ist für uns psychologisch der leichteste Gegner der Vorrunde: Wir haben nichts zu verlieren«, hatte Hickersberger noch vor der WM gemeint. Doch es sollte das Spiel der großen Überraschungen werden.

Nicht Baresi und Co., von denen eine ganze Nation den Weltmeistertitel erwartete, zeigen Nerven. Es sind vielmehr die Alpenkicker, die wie gelähmt dem Gegner bei dessen minutenlangen Ballstafetten zusehen. Simple Drei-Meter-Pässe finden ihre Adressaten nicht. Die mit 24,7 Jahren im Altersschnitt jüngste Mannschaft des Turniers zerbricht vor 80000 Tifosi im Römer Olympiastadion an den Nerven.
Überraschung Nummer zwei: »Die Wahrscheinlichkeit, daß Viallis Gegenspieler gelb sieht, ist 100:1«, prognostizierte Hickersberger vor dem Match. Doch weder der gefürchtete »Rote Robert« Pecl noch seine Verteidigerkollegen mußten Farbe bekennen. Die befürchtete Heimtendenz des Schiedsrichters blieb aus. Im Gegenteil: Als Russ nach einer Stunde Donadoni im Strafraum niederreißt, drückt der Brasilianer Wright noch einmal beide Augen zu.

Die Helden der Tifosi: Die Mannschaft Italiens.

Ballermann: Baresi klärt vor dem Österreicher Andi Herzog.

Gut 8:0 (allein Carnevale hatte vier »Sitzer« auf dem Fuß) hätte Italien zu diesem Zeitpunkt führen müssen, doch die Abschlußschwäche der Azzurri und der hervorragende Lindenberger ließen Österreich weiter hoffen. Elf Minuten vor Spielende, als Freund und Feind bereits mit einem Unentschieden spekulierten, fiel dann aus heiterem Himmel das Goldtor für Italien. Ausgerechnet der mit 1,94 Metern längste österreichische Verteidiger Aigner zieht bei einer Vialli-Flanke an der rechten Cornerlinie den kürzeren. Und ausgerechnet der zweite Abwehrhüne Pecl (1,89 m) läßt den Ball über seinen Scheitel ziehen. Der 14 Zentimeter kleinere Schillaci, vier Minuten zuvor eingetauscht, wird mit seinem Kopfballtor so zum Helden des Spiels. Die Österreicher, die nach der Kabinenpredigt Hickersbergers (»Wollt's euch weiter vor aller Welt blamieren?«) besser ins Spiel gekommen waren, haderten mit dem Schicksal.

9. 6. 1990 in Rom

Italien – Österreich 1:0 (0:0)

ITALIEN: Zenga – Baresi – Bergomi, Ferri, Maldini – Donadoni, Ancelotti, de Napoli, Giannini – Vialli, Carnevale – Trainer: Vicini. ÖSTERREICH: Lindenberger – Aigner – Russ, Pecl, Streiter – Artner, Linzmaier, Schöttel, Herzog – Ogris, Polster – Trainer: Hickersberger. Auswechselspieler: 46. de Agostini für Ancelotti, 75. Schillaci für Carnevale – 61. Zsak für Artner, 78. Hörtnagl für Linzmaier. Tor: 1:0 Schillaci (78.) – Schiedsrichter: José Ramiz Wright (Brasilien) – Zuschauer: 72303 – Gelbe Karte: Herzog.

Besonders die beiden Zimmerkollegen Herzog und Russ finden in dieser Nacht keine Ruhe. Immer wieder läuft vor Russ' Augen derselbe Film ab. Jene 42. Minute, in der er 80000 Tifosi im Stadion unglücklich hätte machen können und sich selbst zum Nationalhelden. Plötzlich liegt da der Ball zu seinen Füßen, sechs Meter vor dem Tor der Italiener. Sechs Meter zwischen Himmel und Hölle. »Du schaust den Tormann an, willst hoch ins Eck schießen – keinen Augenblick zu früh und keinen zu spät«, sagt Russ. Als Maldini in seinen Flachschuß grätscht und Österreichs Hoffnungen vereitelt, packt sich der um Zehntelsekunden zu unentschlossene Steirer an den Kopf: »Bist narrisch, wenn ich den einizundt'n hätt'.« Für Russ ist es jedenfalls die Chance seines Lebens gewesen. So eine, das weiß er sicher, wird so schnell nicht mehr kommen.

Seinem Freund Herzog hat er in der zweiten Spielhälfte eine ebensolche aufgelegt. Doch dessen Volleybombe ist um Zentimeter am

20
2

Sprungbereit:
Italiens konzentrierter Keeper Walter Zenga.

Tor vorbeigestrichen. »Sieben von zehn solchen Volleys netzt er im Training ein«, wühlt Österreichs Teamchef in seiner Matchanalyse in Herzogs offenen Wunden. Das nervliche Versagen der gesamten Mannschaft sieht Hickersberger auch in der Situation im österreichischen Fußball begründet: »Es ist ganz normal, daß man vor so einer gewaltigen Kulisse nicht so souverän spielt wie etwa auf der Hohen Warte in Wien, wo die Spieler jeden Zuschauer persönlich kennen.«

Der ehemalige Legionär bei Düsseldorf und Offenbach rechnet in dieser Stunde trotz der enttäuschenden Darbietung seiner Schützlinge »eigentlich noch immer mit dem Aufstieg ins Achtelfinale«. Die nötige Unterstützung der italienischen Stadionbesucher versucht er, mit einem Kompliment zu erschmeicheln: »Wenn wir hier schon verlieren mußten, dann am liebsten gegen den WM-Favoriten Italien.«

Lehrlinge zahlten Lehrgeld

Die Buchmacher in der Spielerstadt Las Vegas kannten keine Gnade mit ihrer Nationalmannschaft. Für den Einsatz von einem Dollar versprachen sie die Auszahlung von 50000 Dollar für einen Sieg der USA bei dieser Weltmeisterschaft. »So eine schlechte Quote gibt es nicht einmal beim Hunde- oder Pferderennen«, schimpfte Torhüter Tony Meola entrüstet. Nach dem ersten WM-Spiel eines amerikanischen Teams seit 40 Jahren bekam der 21jährige Keeper noch einmal Grund, sich schwarz zu ärgern: »Jetzt lassen wir diese Buchmacher wie Könige aussehen«, brummte Meola frustriert.

Fünf »faule Eier«, so US-Trainer Bob Gansler, hatten sie ihm ins Netz gelegt. Skuhravy (25./79.), Bilek (39., Foulelfmeter), Hasek (51.) und Luhovy (90.) nahmen die Gastgeschenke der WM-Frischlinge dankend an. Paul Caligiuri, ehemals Profi beim Hamburger SV und beim SV Meppen, verhinderte mit einem herrlichen Solo über den halben Platz zum zwischenzeitlichen 1:3 (61.) wenigstens die völlige »Nulldiät« der US-Boys bei der »Coppa del Mondo«.

25 Minuten lang kickten die Studenten aus Übersee munter mit. Als sie übermütig wurden, raubten ihnen die Tschechoslowaken kaltblütig alle Illusionen. »In den entscheidenden Phasen des Spiels war unser Gegner heute zu unerfahren«, analysierte CSFR-Trainer Dr. Jozef Venglos den »Sparringspartner« seiner Mannschaft, die aus Anlaß der ersten freien Wahlen in ihrer Heimat den Sieg anschließend »dem Volk, dem Bürgerforum und Präsident Havel« widmete.

Vor dem Spiel hatten die Amerikaner noch ein überraschendes Selbstbewußtsein demonstriert und frech von einer Hauptrolle auf der Weltbühne des Fußballs geträumt. Anschließend mußte Trainer Bob Gansler beinahe zur Teilnahme an der Pressekonferenz gezwungen werden. »Wir sind einfach noch zu unerfahren«, ließ der 48jährige Coach dann doch noch verlauten.

Paul Caligiuri hatte schon vor der WM vor übertriebenem Optimismus gewarnt: »Einige unserer Spieler halten sich schon für die Größten, nur weil sie sich für eine Weltmeisterschaft qualifiziert haben.« Die Worte von Caligiuri, der die USA mit einem »goldenen Tor« im letzten Qualifikationsspiel gegen Trinidad/Tobago überhaupt erst nach Italien geschossen hatte, verhallten ungehört – und wurden aufs Schlimmste bestätigt.

10. 6. 1990 in Florenz

USA – CSFR 1:5 (0:2)

USA: Meola – Windischmann – Trittschuh, Armstrong – Caligiuri, Stollmeyer, Ramos, Harkes, Wynalda – Murray, Vermes – Trainer: Gansler. CSFR: Stejskal – Kocian – Straka, Kadlec – Hasek, Chovanec, Kubik, Moravcik, Bilek – Skuhravy, Knoflicek – Trainer: Venglos. Auswechselspieler: 63. Balboa für Stollmeyer, 78. Sullivan für Murray – 77. Luhovy für Knoflicek, 82. Weiss für Moravcik. Tore: 0:1 Skuhravy (25.), 0:2 Bilek (39., Foulelfmeter), 0:3 Hasek (51.), 1:3 Caligiuri (61.), 1:4 Skuhravy (79.), 1:5 Luhovy (90.) – Schiedsrichter: Röthlisberger (Schweiz) – Zuschauer: 33266 in Florenz – Gelbe Karten: Meola, Trittschuh – Kubik, Kadlec – Rote Karte: Wynalda (54.) wegen Tätlichkeit – Bes. Vorkommnis: Meola hält Foulelfmeter von Bilek (87.).

Der Grundstein des Olympiastadions in Rom wurde Ende der 30er Jahre vom italienischen Diktator Benito Mussolini gelegt. Wegen des Zweiten Weltkrieges wurde die schmucke Arena erst 1953 eingeweiht. Zur Premiere gab es eine 0:3-Niederlage der »Squadra Azzurra« gegen das damalige Wunderteam der Ungarn. Das Fassungsvermögen betrug damals 100000 Zuschauer. 1987 wurde mit einem kompletten Umbau begonnen. Die Kapazität verringerte sich dabei auf 86000 Plätze – wie in sämtlichen WM-Stadien sind ausschließlich Sitzplätze. Allein 1870 Plätze waren während der WM für die schreibende Presse, 510 für Fernsehen und Rundfunk reserviert. Der ursprünglich geplante Kostenrahmen von 110 Millionen Mark wurde um mehr als das doppelte überschritten. Rund 272 Millionen Mark standen schließlich zu Buch. Im Olympiastadion feierten die Italiener ihre drei Vorrundensiege. Im »alten« Stadion fanden unter anderem bereits Veranstaltungen im Rahmen der Olympischen Spiele 1960, die Leichtathletik-Weltmeisterschaften 1987 und das Finale der Fußball-Europameisterschaft 1980 statt. Damals gewann Deutschland mit 2:1 gegen Belgien. Als Höhepunkt von »Italia '90« fand das Endspiel im Olympiastadion statt.

Das »Stadio Communale« wurde von dem inzwischen verstorbenen Professor Pier Luigi Nervi 1932 konzipiert. Nervi genießt noch heute einen großen Ruf in Italien. Nicht zuletzt deshalb steht das Bauwerk unter Denkmalschutz. Die Arena mit acht Tartanbahnen für Leichtathletik-Veranstaltungen wurde für die Weltmeisterschaft umgebaut. Architekt Professor Gambenini entwarf ein reines Fußballstadion englischen Zuschnitts. Dabei wurde das Spielfeld tiefer gelegt, die Tartanbahn entfernt. Das Fassungsvermögen wurde dabei von knapp 63000 auf rund 49000 Plätze reduziert. Aus Sicherheitsgründen standen während der WM nur 42000 Plätze zur Verfügung. Der Umbau war für die Stadt Florenz ein teurer Spaß. Statt der kalkulierten 49 Millionen Mark verschlang das neue Stadion 110 Millionen Mark. Wegen der Umbauarbeiten mußte der Erstligist AC Florenz (er unterlag 1990 in UEFA-Pokal-Endspielen gegen Juventus Turin) 13 Punktspiele im 120 Kilometer entfernten Perugia austragen. Im »Stadio Communale« kassierte Österreich die bittere 0:1-Niederlage gegen die CSFR, siegte mit 2:1 gegen die USA. Es half nichts mehr! Nach dem 0:1 in Rom gegen Gastgeber Italien mußte die Mannschaft von Teamchef Josef Hickersberger vorzeitig die Heimreise antreten.

Das Olympiastadion in Rom

Das Stadion »Communale« in Florenz

Giannini rettete Azzurri

Am Nachmittag vor dem Spiel fühlte sich US-Ersatztorhüter David Vanole zum Eingreifen berufen. Im Spielerhotel trommelte er kurz vor der Abfahrt zum Spiel gegen Gastgeber Italien alle seine Mannschaftskameraden zu einer kleinen »Krisensitzung« zusammen – ohne Trainer. »Das war eine gute Sache. Wir haben offen über alle Fehler gesprochen und uns geschworen, es diesmal besser zu machen«, schilderte Mittelfeldspieler John Harkes hinterher die 20minütige »Beschwörung«.
Mit neuem Mut gingen die US-Boys an ihre schwere Aufgabe, dem hohen Favoriten zumindest einen aufopferungsvollen Kampf zu liefern. Die mannschaftsinternen Befürchtungen von einer »0:3- bis 0:7-Niederlage« wurden aus den Hinterköpfen gestrichen. Ohne Widerstand würden sie sich nicht aufgeben. Statt dessen besannen sich die Studenten aus Übersee auf eine ihrer besten Tugenden: hundertprozentiger Einsatz und Kampf voller Leidenschaft.

Völlig unerwartet bekamen die Gastgeber im proppenvollen Olympiastadion von Rom mit den vermeintlichen Schießbudenfiguren aus den USA gewaltige Probleme. Nur Lokalmatador Giuseppe Giannini vom Völler-Klub AS Rom überwand in der 12. Minute das Abwehrbollwerk um den stellungssicheren und reaktionsschnellen US-Torhüter Tony Meola.
Danach bissen sich die Italiener am amerikanischen Beton die Zähne aus. Der Außenseiter praktizierte »Catenaccio made in USA«. Stürmerstar Gianluca Vialli, zu diesem Zeitpunkt 14 Monate ohne Torerfolg für die »Squadra Azzura«, wurde von Nobody Desmond Armstrong völlig

Artistisch: Gianluca Vialli im Spiel gegen die USA.

kaltgestellt und zirkelte obendrein in der 32. Minute einen Foulelfmeter an den Pfosten.
»Wenn dieser Ball drin gewesen wäre, hätten wir wieder fünf Tore kassiert«, schilderte US-Stürmer Bruce Murray diese Szene. Anschließend war der Elan der Italiener verpufft, die USA versuchten statt dessen ohne jeden Respekt, mit ihren bescheidenen technischen und spielerischen Mitteln dem Giganten ein Unentschieden abzutrotzen.
In der 69. Minute war die Zeit reif für die Sensation: Eine Freistoß-Granate von Bruce Murray konnte Azzurri-Torhüter Walter Zenga nur abklatschen, den eigentlich unhaltbaren Nachschuß von Peter Vermes, der beim holländischen Ehrendivisionär FC Volendam unter Vertrag steht, bekam er zur großen Erleichterung der Tifosi auf den Allerwertesten – Ferri schlug den trudelnden Ball anschließend gerade noch von der Torlinie.

Links: WM-Lehrlinge: Die Elf der USA.

»Wir sind aus der Asche auferstanden«, strahlte der sonst so mürrisch dreinschauende US-Trainer Bob Gansler nach dem Spiel. Die Italiener, von ihrem geduldigen Publikum am Ende der Partie gnadenlos ausgepfiffen, mußten der großen kämpferischen Leistung der WM-Greenhorns ebenfalls Respekt zollen. »Sie haben heute gezeigt, daß sie alles andere als Dilettanten sind«, lobte Mannschaftskapitän Giuseppe Bergomi die völlig abgekämpften, aber stolzen US-Boys.

14. 6. 1990 in Rom
Italien – USA 1:0 (1:0)
ITALIEN: Zenga – Baresi – Bergomi, Ferri, Maldini – Berti, de Napoli, Giannini, Donadoni – Carnevale, Vialli – Trainer: Vicini. USA: Meola – Windischmann – Banks, Doyle, Armstrong – Caligiuri, Harkes, Ramos, Balboa – Vermes, Murray – Trainer: Gansler. Auswechselspieler: 51. Schillaci für Carnevale – 81. Stollmeyer für Banks, 82. Sullivan für Murray. Tor: 1:0 Giannini (12.) – Schiedsrichter: Mendez (Mexiko) – Zuschauer: 73423 – Gelbe Karten: Ferri – Banks.

Rodax blieb sein Versagen ein Rätsel

Die Stimmung vor dem vorentscheidenden Spiel gegen die CSFR ist gewaltig: Mehr als 20000 Österreicher strömen in das Stadion »Communale« von Florenz. In Trachtenschuhen und Lederhosen ziehen sie ihre Runden und lärmen mit riesigen Kuhglocken. Steirisch, Tirolerisch, Wienerisch – man spricht Deutsch in Florenz.
Erstmals seit dem EM-Qualifikationsspiel 1974 gegen Ungarn begleiten wieder so viele Österreicher ihre Mannschaft ins Ausland.
Direkt vor dem jubelnden rot-weißroten Corner kommen Polster und Co. aus den Kabinen, mit Anpfiff spielen sie in Richtung eigener Fans, doch sie spielen sich nicht in deren Herzen. Die an vier Positionen veränderte Mannschaft – Pfeffer für Streiter, im Mittelfeld Zsak und Hörtnagl für den enttäuschenden Artner und den verletzten Linzmaier sowie Rodax statt Ogris im Sturm – läuft von Beginn weg dem Gegner hinterher. »Von der ersten Aktion an war mir klar, heut' läuft es wieder nicht«, bemerkt der Tiroler Linzmaier auf der versteinerten Ersatzbank. Während Trainer Hickersberger im Gras kauert, schreien sich Pfeffer, Aigner und Herzog bereits nach einer Viertelstunde gegenseitig an.
Wieder zeigt die Mannschaft ihr zerrissenes Nervenkostüm, und wieder hat sich Trainer Hickersberger, von dem Zsak noch vor dem Spiel sagte, »über die Tschechen kennt er sich sensationell gut aus«, etwas getäuscht. »Bis zum ersten Treffer werden beide Teams vorsichtig spielen und auf Konterangriffe vertrauen«, prognostizierte er vor dem Match: »Sobald eine Mannschaft in Rückstand gerät, wird es einen offenen Schlagabtausch geben.«

Während der Teamchef auf ein Unentschieden hofft, spekuliert die österreichische Sportpresse gar mit einem zweiten »Gijon«, dem Skandalspiel, das 1982 sowohl Deutschland als auch Österreich in die zweite Runde brachte. »Wenn Österreich mit einem Unentschieden zufrieden ist, bin ich es auch«, bluffte CSFR-Coach Dr. Josef Venglos seinen Freund Hickersberger. Doch die Tschechen spielen vom Anpfiff weg auf Sieg. In der 28. Minute paßte Pfeffer einen harmlosen Ball derart schlampig zu Tormann Lindenberger, daß dieser den anstürmenden Chovanec von den Beinen holen muß. Ein Eigentor in Form eines Foulelfmeters ließ die Tribüne verstummen.
Die wahren Gründe der Niederlage steckten jedoch im Kopf: geistige Trägheit verbunden mit mangelnder Laufbereitschaft, Spielintelligenz, Verantwortung und Mut. Für die neuaufgebaute Mannschaft Hickersbergers, die noch Wochen zuvor mit unbekümmertem Tempofußball für Furore sorgte, schien die WM um zwei Jahre zu früh gekommen zu sein.
»Ich weiß, daß meine Mannschaft nach dieser WM wieder besseren Fußball spielen wird, weil sie viel an Routine und Erfahrungen dazugewonnen haben wird«, fand der enttäuschte Teamchef auch etwas Positives in der Katastrophe.

Bei der Spielerbesprechung mittags vor dem Match hatte er für den Fall eines Rückstandes die Einwechslung von Ogris und »forciertes Forechecking« angekündigt. Als nach exakt 93:41 Minuten der Schlußpfiff ertönte, hatte Österreich seinen enttäuschten Fans gerade eine Torchance geboten – Rodax hatte in der 55. Minute den Ball rasiert. Der Blondschopf konnte sich bei dieser WM nur darüber freuen, daß er seinen Drei-Jahres-Vertrag bei Atletico Madrid bereits vor der WM unter Dach und Fach hatte.
»Ich hab' gelebt wie ein Heiliger, alles getan, um an diesem Tag hundertprozentig da zu sein. Aber ich weiß wirklich nicht, woran es liegt«, rätselte Rodax über sich und seine Kollegen.
68 Tore (35 Rodax, 33 Polster) hatte Österreichs 100-Millionen-Schilling-Sturm vor der WM erzielt. Doch als es ernst wurde, blieben die Alpenkicker als einzige aller 24 Teams selbst nach zwei WM-Spielen torlos. Als eigentliche Prunkformation war das Mittelfeld betrachtet worden, wo in den Vorbereitungsspielen gleich sechs Spieler geglänzt hatten. Gegen

Gruppenzweiter: Das Team der CSFR.

Italien und die CSFR leistete es sich jeweils einen Totalausfall. Zum Teil nahm das Coach Hickersberger auf seine Kappe (»vielleicht hätte ich nicht gleich nach dem ersten Match radikal umstellen sollen«), zum Großteil waren die Spieler aber auch Duckmäuser, »die keine Bälle verlangten und keine Verantwortung übernehmen wollten« (Hickersberger).

Klaus Lindenberger, Torhüter bei Happels FC Tirol und einziger Spieler in Topform, konnte sich einen Seitenhieb auf die »Nerverln« nicht verkneifen: »Es wird alles im Kopf entschieden. Die mentale Basis habe ich mir durch konsequente und gute Arbeit geschaffen.« Robert Pecl, sturmberannter Abwehrrecke, schloß sich trotz guter Leistung in den Kreis der Versager mit ein: »Wir haben alle elf verloren und damit müssen wir leben.«
Auch die vielen Tausend mitgereisten Fans müssen damit leben. Viele bewältigen das Problem auf bewährte österreichische Weise – sie trinken sich ihren Kummer von der Seele. Andere zerreißen verbittert ihre Tikkets für das USA-Match und packen die Koffer.

Bis zwei Uhr früh sitzen Österreichs Teamchef, Funktionäre und einige Spieler an jenem schwarzen Freitag noch beisammen und versuchen, sich das Unerklärliche zu erklären. Am nächsten Morgen ist der erste »Alles-Aus«-Pessimismus von Pepi Hickersberger gewichen: »Ich glaube jetzt wieder an unsere Chance«, sagt der sonst so nüchterne Realist: »Mit einem Sieg gegen die USA können wir uns nicht nur rehabilitieren, sondern auch unsere geringe Chance wahren.«

Gepfeffert: Österreichs Anton Pfeffer foult Skuhravy.

15. 6. 1990 in Florenz
Österreich – CSFR 0:1 (0:1)
ÖSTERREICH: Lindenberger – Aigner – Pecl, Pfeffer – Russ, Hörtnagl, Zsak, Schöttel, Herzog – Rodax, Polster – Trainer: Hickersberger. CSFR: Stejskal – Kocian – Kadlec, Nemecek – Hasek, Moravcik, Chovanec, Kubik, Bilek – Skuhravy, Knoflicek – Trainer: Dr. Venglos. Auswechselspieler: 46. Streiter für Schöttel, 46. Ogris für Russ – 30. Bielik für Chovanec, 82. Weiss für Knoflicek. Tor: 0:1 Bilek (29., Foulelfmeter) – Schiedsrichter: Smith (Schottland) – Zuschauer: 38962 – Gelbe Karten: Pecl, Pfeffer, Streiter, Zsak – Kubik, Moravcik.

anon
VINI

Der sitzt:
Bilek trifft per Elfer gegen
Klaus Lindenberger.

Ein Solo von Roberto und »Toto«

Ein Kopf mit edlen Zügen, wie geschaffen, um Modell zu sitzen für einen Bildhauer. Kantiges Äußeres, eine hohe Stirn, modischer Kurzhaarschnitt, pechschwarze Haare. Ein Gesicht, das jeder kennt in Italien. Das Gesicht während der ersten WM-Tage im verzückten Gastgeberland.

Es gehört einem, den sie von Verona bis Palermo in liebevoller Verkürzung seines Vornamens »Toto« nennen. Salvatore Schillaci, der Superstürmer, der aus Sizilien stammt und sich im Norden bei Juventus Turin verdingt hat, hat die Tifosi mit seinen Traumtoren in Trance versetzt und die »Squadra Azzurra« fast genau allein in die nächste Runde geschossen. Sein Kopf rettete Italiens Fußball-Helden. Erst das entscheidende Kopfballtor gegen Österreich bei der Premiere, nun das vorentscheidende Tor, abermals mit der markanten Denkerstirn erzielt, im Finale der Gruppe A gegen die CSFR. »Goldköpfchen« Schillaci ist mit gerade 1,75 Metern zwar der kleinste im südländischen Aufgebot, im Luftkampf erwies er sich aber als ein Riese.

Italien im Schillaci-Fieber. Das Stakkato in den Straßen mit seinem Namen. Prozessionen mit seinem Konterfei, nicht nur in den Gassen Siziliens. Bei dem ganzen Trubel blieb einer gelassen. »Ich bin und bleibe der Toto aus Palermo«, wehrte der 24jährige Torjäger ab, der eine atemberaubende Karriere hinter sich hat. Vor einem Jahr spielte er noch in der Zweiten Liga beim AC Messina, wechselte für acht Millionen Mark zu Juve, erzielte in der ersten Saison gleich 15 Tore für den Agnelli-Klub und schrieb nun WM-Geschichte – ein echter Senkrechtstarter!

19. 6. 1990 in Rom

Italien – CSFR 2:0 (1:0)

ITALIEN: Zenga – Baresi – Ferri, Bergomi – de Napoli, Donadoni, Berti, Giannini, Maldini – Schillaci, Baggio – Trainer: Vicini. CSFR: Stejskal – Kadlec – Nemecek, Kinier – Moravcik, Hasek, Chovanec, Weiss, Bilek – Skuhravy, Knoflicek – Trainer: Dr. Venglos. Auswechselspieler: 51. de Agostini für Donadoni, 66. Vierchowod für de Napoli – 46. Bielik für Nemecek, 59. Griga für Weiss. Tore: 1:0 Schillaci (9.), 2:0 Baggio (78.) – Schiedsrichter: Quiniou (Frankreich) – Zuschauer: 73303 (ausverkauft) – Gelbe Karten: Baggio, Berti – Chovanec, Skuhravy.

Sein Dank galt nach seinem Tor und dem 2:0-Sieg gegen die Tschechoslowakei, mit dem die Italiener ohne Verlustpunkt und ohne Gegentor ins Achtelfinale einzogen, in erster Linie dem Trainer. Schillaci über Azeglio Vicini, der ihm das Vertrauen schenkte: »Ich danke ihm, daß er mir die Gelegenheit gegeben hat, vor diesem großartigen Publikum zu spielen. Ich bin glücklich und habe große Lust, bei dieser WM noch mehr Tore zu schießen.«

Beim »Kampf um Rom«, wie die Partie im mit 73300 Zuschauern vollbesetzten Hexenkessel des Olympiastadions getauft wurde, brillierte noch ein zweiter Gladiator. Schillacis Nebenmann Roberto Baggio, in der kommenden Spielzeit ebenfalls bei

Blick nach vorn: Italiens neuer Stürmerstar Roberto Baggio.

Juventus Turin unter Vertrag. Das Traumduo stürzte die Tifosi, wie »Tuttosport« schrieb, in Ekstase. »Italien mit Schillaci und Baggio im Delirium«, formulierten es die Schlagzeilen-Macher der »Gazetta dello Sport« gleichlautend.

»Toto« trifft: Schillacis 1:0 gegen die CSFR.

Baggios Biographie ist ganz anders als die des feurigen Sizilianers Schillaci. Der 24jährige Florentiner, der wie ein italienischer Edelmann aus dem reichen Norden wirkt und auch so spielt, ist der mit beträchtlichem Abstand teuerste Spieler der Welt. Der Transfer des Wunderknaben, der für Aufsehen sorgte: Für umgerechnet 30 Millionen Mark wechselte Baggio vom AC Florenz zu Juventus Turin. Beim WM-Start saß der famose Techniker dennoch nur auf der Bank.

»Eine schlimme Zeit«, sagte der »schöne Roberto«, der mit seinem spektakulären Sololauf zum 2:0 für die endgültige Entscheidung im Match gegen die nicht einmal schlechten Spieler aus Prag und Bratislava sorgte – die Viertelfinalgegner der deutschen Elf.

Schön behütet: Eine attraktive Anhängerin der Italiener.

Azeglio Vicini, der bei seinen Personalentscheidungen oft umstrittene Teamchef der Italiener, hatte ein glückliches Händchen: Mit Schillaci und Baggio wechselte er den kommenden Juve-Sturm ein und verlieh somit der »Mailänder Stadtauswahl« die benötigte Gefährlichkeit in der Sturmspitze. »Ein ideales Paar«, rühmte Vicini später seine Super-Stürmer, die die CSFR im Alleingang besiegten.

Die Elf von Dr. Jozef Venglos hielt in der römischen Arena gut mit, konnte dem italienischen Sturmlauf jedoch auf Dauer nicht widerstehen. Die verletzten Bundesliga-Legionäre Kocian und Straka sowie der gesperrte Kubik fehlten an allen Ecken und Enden. Pech für die tapferen Schwejk-Landsleute: Ein korrekter Kopfballtreffer Grigas wurde von dem ansonsten ausgezeichnet leitenden Franzosen Joel Quiniou annulliert.

Applaus: Trainer Vicini spendet Beifall – fragt sich, wem ...?

Frühes Ende statt Happy-End

»Mich erinnert die Situation ein bißchen an die WM-Qualifikation nach der 0:3 Niederlage in Istanbul«, zeigt sich Teamchef Hickersberger vor dem letzten Vorrundenspiel zuversichtlich: »Ich hoffe – auch wenn nur noch zwei Tage Zeit sind –, daß wir auch diesmal den Spieß noch umdrehen können.«
Mit drei Toren hatte damals Toni Polster im allerletzten Spiel gegen die DDR die italienische Reise doch noch möglich gemacht. Und auf diesen Toni Polster setzt Hickersberger auch gegen die USA. »Du mußt dich mehr bewegen und gegen die Verteidiger wehren«, schürt der Trainer in seinem Goalgetter nach neuem Feuer, »von heute auf morgen kann sich alles für uns zum Positiven wenden.«
Als Moralinjektion führt der Coach seinen Spielern ein Video vom Sieg gegen Holland vor Augen und verabreicht ihnen einen freien Nachmittag, damit sie sich von ihren angereisten Frauen verwöhnen lassen können.
Auch die österreichischen Medien gehen mit den Erfolglosen ungewöhnlich zärtlich ins Gericht, was auch an der Besonnenheit des Teamchefs liegt. »Ich bin keiner, der die Spieler in der Öffentlichkeit fertigmachen will«, betont Hickersberger: »Bei uns fliegen keine Fetzen, das zeigt mir, daß die Mannschaft charakterlich in Ordnung ist.«
»Jetzt müssen wir zeigen, daß wir Persönlichkeiten sind«, appelliert Kapitän Polster an seine Gefolgsleute: »zeigen, daß wir gemeinsam durch dick und dünn gehen – und zwar nicht nur nach Siegen.«

Der dritte Teil des Nervenkrieges »Austria goes for the World Cup«, so steht es auf den Leitplanken der Straße zum Österreich-Quartier gesprüht, beginnt auf der Busfahrt zum USA-Match. Geschlossen fiebert Österreich vor dem Bord-TV mit der deutschen Nationalelf mit, die mit einem Sieg über Kolumbien die rot-weiß-roten Aufstiegschancen verbessern könnte. Bildausfall beim Stand von 0:0, Minuten später schließen Österreichs Spieler die Deutschen jubelnd in ihr Herz. Doch Kolumbiens Ausgleich trifft Polster und Co. dann wie ein Keulenschlag.
Knapp zwei Stunden später werden die Alpenkicker dann von den Amis abgeklopft. Besonders Bruce Murray legt sich ins Zeug: »Mr. Hickersberger has a big fucking mouth«, empörte sich der rotzfreche Mittelfeldspieler über dessen angebliche Äußerung, das US-Team sei nicht WM-reif. Das trifft eher auf den syrischen Schiedsrichter Al-Sharif zu. Wynalda sieht für ein ausschlußreifes Foul an

Richtung Heimat: Österreichs Teamchef Josef Hickersberger.

19. 6. 990 in Florenz
Österreich – USA 2:1 (0:0)
ÖSTERREICH: Lindenberger – Aigner – Pecl, Pfeffer – Artner, Zsak, Herzog, Streiter – Ogris, Polster, Rodax – Trainer: Hickersberger. USA: Meola – Windischmann – Armstrong, Doyle, Banks – Caligiuri, Ramos, Balboa, Harkes – Vermes, Murray – Trainer: Gansler. Auswechselspieler: 46. Reisinger für Polster, 85. Glatzmayer für Rodax – 56. Wynalda für Banks, 76. Bliss für Caligiuri. Tore: 1:0 Ogris (50.), 2:0 Rodax (63.), 2:1 Murray (84.) – Schiedsrichter: Jamal Al Sharif (Syrien) – Zuschauer: 34857 – Gelbe Karten: Zsak, Pecl, Streiter, Lindenberger, Reisinger – Banks, Windischmann, Caligiuri, Murray – Rote Karte: Artner (grobes Foulspiel).

WM-Splitter

NACHFOLGER: Als Sympathieträger galt US-Trainer Bob Gansler eigentlich noch nie. Ständig von der eigenen Presse und seinen Spielern unter der Hand kritisiert, mußte sich der 46jährige auch ständig die Meldungen gefallen lassen, er werde nach der WM von Franz Beckenbauer abgelöst.
US-Verbands-Präsident Werner Fricker ließ seinen Coach nicht im Regen stehen: »Er bleibt bis zur WM 1994.« Allerdings, schriftlich gab er es ihm nicht.

WIDMUNG: Rührende Szene nach dem Spiel zwischen der CSFR und den USA (5:1): »Wir widmen diesen Sieg unserem Volk, dem Bürgerforum und Präsident Havel«, erklärt Mannschaftskapitän Hasek stellvertretend für die ganze Mannschaft. In der CSFR fanden am gleichen Tag die ersten freien Wahlen des Landes statt, die tschechoslowakischen Spieler spielten dementsprechend befreit auf.

PAPST: Gegen die Überzeugungskraft der italienischen Fußballspieler rechnete sich nicht einmal Papst Johannes Paul II. eine Chance aus. Das sportbegeisterte Oberhaupt der katholischen Kirche verlegte gleich mehrmals den Beginn seiner Messen, vor dem Spiel der Italiener gegen die USA verschob er sogar die traditionelle Fronleichnams-Prozession.

PINKELPAUSE: Dopingkontrollen mit Italiens Spielmacher Giuseppe Giannini sind schlimmer als das Warten auf Godot. Nach dem Spiel gegen die USA braucht der Mittelfeldregisseur und Torschütze geschlagene zweieinhalb Stunden, ehe er das Fläschchen füllen kann.

Sie waren schneller zu Hause als erwartet: Die Elf Österreichs.

Pecl nur gelb. Dafür muß Österreichs Artner bei seinem ersten Foul in der 33. Minute vom Platz.

Doch mit nur zehn Mann raffen sich die Österreicher auf und finden zu ihrem Spiel. Allein der diesmal hervorragende Herzog hat in der 37. und 44. Minute die Erlösung von der Torlosigkeit auf dem Fuß. Doch der erste WM-Treffer gelingt fünf Minuten nach Wiederanpfiff – der wirkungslose Polster sitzt bereits in der Kabine – dem schnellsten Stürmer Österreichs, Andi Ogris. Dank seinem unwiderstehlichen Solo auf der linken Seite hat das Team plötzlich wieder Chancen auf das Achtelfinale. Als Streiter 13 Minuten später rechts durchbricht und Rodax das 2:0 auflegt, glaubt sich das glückliche Häuflein bereits weiter. Doch acht Minuten vor Schluß muß der beste Österreicher bei dieser WM, Tormann Lindenberger, einen Schuß Murrays zwischen den Beinen passieren lassen.

Um 22.48 Uhr laufen Herzog, Zsak & Co., die für den Erfolg diesmal das letzte Hemd zu opfern schienen, zu den Fans und danken diesen mit den durchgeschwitzten Trikots. Ob die WM für sie nun endgültig vorbei ist, wissen die Österreicher zu diesem Zeitpunkt noch nicht. Murrays Tor kann das Weiterkommen gekostet haben, genauso wie zehn Minuten zuvor eine unglückliche Aktion von Rodax, als er nach einem Herzog-Solo freistehend das 3:0 vergeben hat.
Doch diesmal verabschiedete sich die Mannschaft mit Anstand von Gegner, Schiedsrichter und Fans, die ihren Lieblingen treu die Stange gehalten haben. Ein Abgang nicht wie nach dem Spiel gegen die Tschechoslowakei, als Kapitän Polster entgegen den FIFA-Regeln grußlos und wutentbrannt in die Kabine stürmte. Und der sonst so beherrschte Libero Aigner hatte seine gegen sich selbst gestaute Aggression am tadellosen schottischen Referee Smith ausgelassen – und dafür als erster Spieler dieser WM eine gelbe Karte nach Spielschluß gesehen.

Hickersbergers Mannschaft hat bei dieser WM die Tiefen des Fußballs durchwatet und dabei einiges dazugelernt. Die Österreicher müssen am eigenen Leib spüren, daß das Zittern um Resultate vor dem Fernsehgerät viel schlimmer und aufreibender sein kann als die Nervosität, selbst am Spielfeld agieren zu müssen.

Mit allen fünf WM-Gruppen dürfen die Österreicher noch mitbangen, in der Hoffnung doch noch zu den vier besten Gruppendritten zu zählen. Doch tragisch stirbt eine Hoffnung nach der anderen: Zuerst das Remis zwischen Argentinien und Rumänien, dann Kolumbiens Ausgleich gegen die BRD in der 92. Minute. Mit dem glücklichen Siegestor gegen Südkorea in der 91. Minute rettet auch Uruguay sein Weiterkommen. Doch die Möglichkeit eines Losentscheids zwischen den punkt- und torgleichen Schotten und Österreichern besteht bis zum allerletzten Vorrundenspiel. Als jedoch Irland 19 Minuten vor Schluß gegen Holland ausgleicht, ist die mit so vielen Hoffnungen begonnene WM für Österreich endgültig vorbei.

Bereits zehn Minuten vor dem Schlußpfiff ruft Teamchef Hickersberger die anwesende Presse zu sich: »Wir haben nicht die nötigen drei Punkte gemacht, weil wir jeweils in den ersten 45 Minuten gegen Italien und die ČSFR schlecht gespielt haben«, lautet sein gefaßtes WM-Resümee. Daß seine und der Spieler großen Erwartungen in den letzten Wochen schwer enttäuscht worden sind, will er nicht verbergen. »Es gibt aber Schlimmeres im Leben«, sagt Hickersberger ohne eine Spur von Resignation.
Und es ist dies keine Floskel, sondern das Wort eines gescheiten, wenn auch diesmal erfolglosen Mannes.

Endstand	**1. Italien**	**4:0**	**6-0**
Gruppe A:	**2. ČSFR**	**6:3**	**4-2**
	3. Österreich	2:3	2-4
	4. USA	2:8	0-6

Gruppe B

Wer hätte das gedacht? Nicht Weltmeister Argentinien, nicht Vize-Europameister UdSSR und auch nicht die Rumänen hatten in der Gruppe B die Nase vorn. Kamerun eroberte sensationell die Spitze. Zum Auftakt besiegten sie Maradona und Co., und dann schlug (erstmals) Oldtimer Roger Milla (38) mit zwei Toren gegen Rumänien zu. Da machte es den Afrikanern wenig aus, daß sie zum Schluß gegen die Sowjets mit 0:4 untergingen. Dieses Ergebnis nutzte und schadete keinem mehr.

Argentinien
Kamerun
UdSSR
Rumänien

8. 6. 1990 in Mailand
Argentinien–Kamerun 0:1
9. 6. 1990 in Bari
UdSSR–Rumänien 0:2
13. 6. 1990 in Neapel
Argentinien–UdSSR 2:0
14. 6. 1990 in Bari
Kamerun–Rumänien 2:1
18. 6. 1990 in Neapel
Argentinien–Rumänien 1:1
18. 6. 1990 in Bari
Kamerun–UdSSR 0:4

Omam Biyik köpfte den Weltmeister

Wäre nicht dieses Tor gefallen, man hätte nach dem Spiel vielleicht ein wenig mehr über die Eröffnungsfeier – kurz gehalten, gestaltet mit rassigen Frauen, gewagter Mode und italienischer Musik, Klassik und Pop – sprechen können. Aber dieses Tor ist gefallen. Das Tor, das gleich zu Beginn dieser Titelkämpfe die Fußball-Welt auf den Kopf stellte. 67. Spielminute in der Auftaktpartie zwischen Weltmeister Argentinien und dem vermeintlichen Fußball-Zwerg aus dem afrikanischen Kamerun. Flanke von links, der Kameruner Omam Biyik steigt zum Kopfball hoch, schickt das Leder Richtung Tor von Nery Pumpido, der den Ball unter seinem Körper ins Netz rutschen läßt.

Das Tor, das Argentinien das Entsetzen ins Gesicht schreibt, das Tor, das ein paar tausend Kilometer weiter südlich, an Afrikas Westküste, die Hysterie eines ganzen Volkes auslöst. Auf die großen Reden der Politiker und Repräsentanten hatte man verzichtet während der Eröffnungsfeier im Mailänder Giuseppe-Meazza-Stadion. Die großen Worte folgten dennoch. Allerdings auf dem Rasen, in der Sprache des Fußballs. Gesprochen von den »Unzähmbaren Löwen« aus Kamerun, wie die Nationalmannschaft dort voller Stolz genannt wird. Die Löwen brüllten an diesem 8. Juni so laut, daß den argentinischen Stars die Ohren brumm-

La Ola': Die Welle der Begeisterung.

ten. So laut, daß man es im entferntesten Winkel der Fußball-Welt mitbekam.

Kamerun gegen Argentinien 1:0. Hinter diesem nackten Ergebnis steckt einer der größten Paukenschläge in der Geschichte der Fußball-Weltmeisterschaften. Das kleine Kamerun hatte das große Argentinien mit dem noch größeren Diego Maradona entzaubert. Blamiert, vor der Milliarden-Schar der Fußball-Fans bloßgestellt. François Omam Biyik, der 23jährige Stürmer, der in der französischen Zweiten Liga bei Stade Lavalle seine Baguettes verdient, erwarb in der 67. Minute den Status eines Volkshelden in Kamerun, während Diego Maradona, der Mega-Star, plötzlich mit seiner Truppe im WM-Abseits stand.
»Natürlich war Glück dabei«, schilderte Omam Biyik seinen Treffer. »Ich widme dieses Tor unserem Staatspräsidenten, der auf der Tribüne saß«, ließ er verlauten. So sind sie halt, diese Exoten: Voller Stolz und doch bescheiden.
73000 Zuschauer freuten sich diebisch darüber, wie der David dem Goliath bei der WM-Premiere die Schau stahl. In Kamerun mobilisierte der Erfolg Millionen. Die Hauptstadt Jaunde, so schien es, war ein einziger Auto-Korso. Hupend, johlend, sich immer wieder um den Hals fallend, kosteten die Kameruner diesen historischen Sieg aus. Die letzten Kneipen machten morgens um sechs zu. Armut und Wirtschaftskrise standen zurück, jeder war stolz, ein Kameruner zu sein. Die Stunde des Siegers.

Argentinien dagegen lag im Schockzustand. Reif für die Intensivstation. Menschenleere Straßen in Buenos Aires, Trauer, Kopfschütteln. Der Weltmeister hatte gegen am Ende nur neun Kameruner verloren, Kana Biyik und Massing waren vom Platz gestellt worden.
»Es war grausam«, drückte Trainer Dr. Carlos Bilardo aus, was eine ganze Nation dachte. Und sein Kameruner Kollege Valeri Nepomniachi versetzte ihm noch eine Ohrfeige dazu. »Wir haben«, sagte der Russe, »noch nicht einmal besonders gut gespielt«, dachte er gar nicht daran, nach dieser Sensation das Hohe Lied des Lobes auf seine Elf zu singen.

8. 6. 1990 in Mailand

Argentinien – Kamerun 0:1 (0:0)

ARGENTINIEN: Pumpido – Simon – Ruggeri, Fabbri – Basualdo, Burruchaga, Batista, Lorenzo, Sensini – Balbo, Maradona – Trainer: Dr. Bilardo. KAMERUN: N'Kono – N'Dip – Kunde, Massing – Tataw, Makanaky, Kana Biyik, M'Bouh, Ebwelle – Omam Biyik, M'Fede – Trainer: Nepomniachi. Auswechselspieler: 46. Caniggia für Ruggeri, 69. Calderon für Sensini – 66. Libiih für M'Fede, 83. Milla für Makanaky. Tor: 0:1 Omam Biyik (67.) – Schiedsrichter: Vautrot (Frankreich) – Zuschauer: 73780 in Mailand – Gelbe Karten: Sensini – N'Dip, M'Bouh, Massing – Rote Karten: Kana Biyik (62., Foulspiel), Massing (88., wiederholtes Foulspiel)

Welche Demütigung für den amtierenden Champion. »Die Leute müssen mal begreifen, daß wir in Afrika nicht mehr auf den Bäumen hocken und Bananen fressen«, triumphierte Torschütze Omam Biyik.
Dem großen Argentinien, aber auch der übrigen Fußballwelt war eine demütigende, aber heilsame Lektion erteilt worden.

Knaller Nummer 1: Omam Biyik trifft zum 1:0 gegen Argentinien.

Maradona malträtiert: Kameruns N'Dip tritt den Superstar. Der reagiert, schubst ihn weg.

PHILIPS

Neben dem »Delle Alpi« in Turin ist das neue städtische Stadion in Bari das zweite nagelneue und eigens für die Fußball-Weltmeisterschaft errichtete Stadion. Der 118 Millionen Mark teure Neubau, der mit lediglich neun Prozent die geringste Überschreitung der Kalkulation aller zwölf WM-Stadien aufwies, wirkt von außen wie eine fliegende Untertasse. Beim Anblick gewinnt der Besucher den Eindruck, daß die Anlage jederzeit vom Boden abheben könnte. Man kann aber das 58000 Besucher fassende »Raumschiff« auch als einen »Tausendfüßler« bezeichnen. Denn die Konstruktion der »Beine«, die die Tribünen nach außen abstützen, lassen derartige Assoziationen zu. Das Stadion wurde von Renzo Piano entworfen und von einem Konsortium lokaler Baufirmen erbaut. In Bari gab es einige WM-Überraschungen. Hier besiegte Kamerun durch den ersten Doppelschlag von Oldtimer Roger Milla die Rumänen mit 2:1. Die UdSSR verlor gegen Rumänien mit 0:2. Da nutzte den Mannen von Trainer Valerij Lobanowski auch der 4:0-Erfolg gegen Kamerun nichts mehr. Im »Stadio Vittoria« besiegte die CSFR im Achtelfinale Costa Rica mit 4:1. Zum Abschluß fand das Spiel um Platz 3 in Bari statt.

Das Stadion »Vittoria« in Bari

Das Stadion »San Paolo« in Neapel

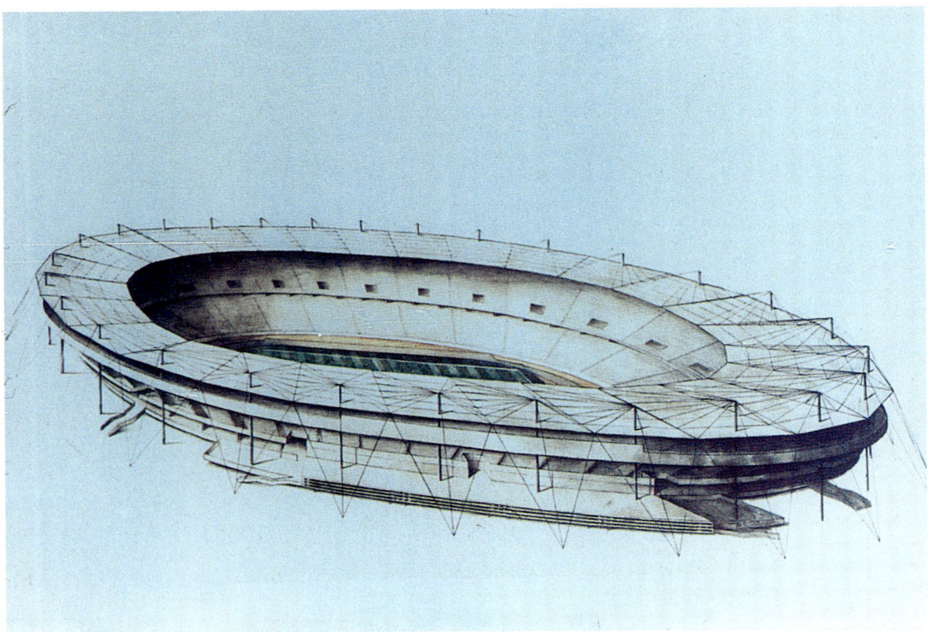

Die Heimat des italienischen Meisters SSC Neapel und des argentinischen Superstars Diego Maradona. 177 Millionen Mark kostete der Umbau der Arena am Fuße des Vesuvs. Das Fassungsvermögen hat sich geringfügig auf knapp 82000 Plätze verringert, doch dafür ist die Sicht auf das Spielfeld noch besser geworden. Die Überdachung der Riesenschüssel ist praktisch die größte Neuerung des Stadions. Immerhin 57000 Besucher haben nun ein Dach über dem Kopf. Beim Umbau wurde die Kalkulation um satte 80 Prozent übertroffen. Das »San Paolo« gilt als echter Hexenkessel, wenn die heißblütigen neapolitanischen Fans zur Höchstform auflaufen. Die bekam auch der VfB Stuttgart im UEFA-Pokal-Hinspiel bei der bitteren 1:2-Niederlage zu spüren. Werder Bremen siegte dort wenig später im UEFA-Pokal-Achtelfinale sensationell mit 3:2. In Neapel bezwang Weltmeister Argentinien in der Vorrunde die UdSSR mit 2:0 und spielte gegen Rumänien 1:1. Die Neapolitaner feierten den zweiten Doppelschlag des Kameruners Roger Milla beim 2:1-Achtelfinalsieg gegen Kolumbien. Dabei ließ der »alte Mann« besonders Kolumbiens exzentrischen Keeper Rene Higuita recht »alt« aussehen. »San Paolo« war zudem Schauplatz eines Viertelfinal- und eines Halbfinalspiels.

Pfiffiger »Pfeil«

Der Mann liebt blumige Worte. Marius Lacatus, 26jähriger Rumäne, dichtet für sein Leben gern. Mit Kostproben seiner Künste läßt der wieselflinke Torjäger von Steaua Bukarest da nicht lange auf sich warten. »Stadio Vittoria« zu Bari, ein Samstag im Juni. Lacatus diktiert den verdutzten Journalisten diesen Satz in die Schreibblöcke. »Er ist die Armbrust, ich bin sein Pfeil«, umschrieb er sein fußballerisches Verhältnis zu Mannschaftskamerad Gheorghe Hagi, dem großen Mittelfeldstar der Rumänen.

Ausgerechnet zum WM-Auftakt mußte Marius Lacatus seine Version vom »Wilhelm Tell« alleine spielen. Ein Solo-Auftritt, der zur Galavorstellung des leichtgewichtigen Technikers geriet. Auf den der Armbrust beraubten »Pfeil« konnten sich die gegnerischen Abwehrspieler jedenfalls keinen Reim machen. Wie einst der Tell visierte der Held des Tages sein Ziel an, traf dabei sogleich zweimal ins Schwarze. In der WM-Statistik verewigte sich Lacatus bei seinem gelungenen »Tell-Auftritt« als jenen Mann, der mit seinen beiden Toren den rumänischen Sieg über Vize-Europameister UdSSR besiegelte.

Der zweite Paukenschlag der jungen Weltmeisterschaft. Die Fußballwelt rieb sich abermals verwundert die Augen. Tags darauf fühlten sich die italienischen Zeitungen von Lacatus blumigen Worten und nicht minder eindrucksvollen Taten regelrecht angesteckt. »Tuttosport« feierte die Tore des rumänischen Matchwinner wie einst Meldungen vom Schlachtfeld: »Zwei rumänische Torpedos versenkten die Rote Armee!« Für die Sieger war jener Tag ein Erfolg »für das gesamte rumänische Volk« (Rumäniens Trainer Emerich Jenei), für den Verlierer eine Kette von persönlichen Fehlern.

UdSSR-Coach Valerij Lobanowski ging zum Angriff über, als seine Spieler mit ihrem halbherzigen und zaghaften Auftreten längst ins Hintertreffen geraten waren. »Sieben, acht Spieler haben ohne Kopf und Verstand gespielt«, schimpfte der sonst stille Nationaltrainer der Sowjets wie ein Rohrspatz. Allen voran Torhüter Rinat Dassajew zog sich Lobanowskis Zorn zu. Seine späte Reaktion beim ersten Gegentor kreidete er seinem Keeper in Diensten des spanischen Erstligisten FC Sevilla besonders dick an.

Der Gruppenzweite: Das Team Rumäniens.

Doch Lobanowskis Rundumschlag geriet selbst zum Bumerang. Ein verfehltes Trainingskonzept, der altmodische Fußball ohne jeglichen Überraschungseffekt sowie der Fehlgriff mit Verteidiger Wladimir Bessonow als »Notnagel« im Mittelfeld für den verletzten Mittelfeldstar Michailitschenko wurden ihm vorgeworfen. Von dem Unparteiischen, der der einst gefeierten Elf mit einem Elfmetergeschenk an die Rumänen den endgültigen K.o.-Schlag verpaßte, war da schon längst keine Rede mehr. Und Marius Lacatus? Der übte sich derweil in dichterischer Bescheidenheit. »Die Paraden von Lung waren wichtiger als meine Tore«, machte der Rumäne nicht viel Aufhebens um seine Person. Halt wie einst der Tell.

9. 6. 1990 in Bari

UdSSR – Rumänien 0:2 (0:1)

UdSSR: Dassajew – Chidijatulin – Gorlukowitsch, Kusnetzow, Raz – Litowtschenko, Bessonow, Aleijnikow, Sawarow – Protassow, Dobrowolski – Trainer: Lobanowski. RUMÄNIEN: Lung – Rednic – Klein, Andone – G. Pospescu, Sabau, Rotariu, Timofte, Lupescu – Lacatus, Raducioiu – Trainer: Jenei. Auswechselspieler: 66. Jaremtschuk für Litowtschenko, 72. Borodjuk für Dobrowolski – 81. Balint für Raducioiu, 87. Dumitrescu für Lacatus. Tore: 0:1 Lacatus (41.), 0:2 Lacatus (55., Handelfmeter) – Schiedsrichter: Cardellin (Uruguay) – Zuschauer: 20000 – Gelbe Karte: Chidijatulin

Schieri lag schief

Als erstes Aufeinandertreffen zweier Favoriten, ja, als vorweggenommenes Endspiel wurde im Vorfeld die Begegnung zwischen Weltmeister Argentinien und dem EM-Zweiten Sowjetunion angesehen. Ins Stadion »San Paolo« aber kamen zwei nach ihren Auftaktniederlagen schwer angeschlagene Mannschaften. Diego Maradona, in diesem Stadion zu Hause und erst wenige Wochen zuvor mit dem SSC Neapel Meister geworden, hatte seine neapolitanischen Fans angefleht »Helft uns!«.

Doch die Hilfe für ihn und die Argentinier kam von anderer Seite: Der schwedische Schiedsrichter Fredriksson muß mit seinen Gedanken wohl gerade ganz woanders gewesen sein, als unmittelbar neben ihm Maradona den Ball mit der Hand spielte. Vor vier Jahren, bei der WM in Mexiko, hatte »die Hand Gottes« so ein Tor gegen England erzielt, dieses Mal schlug er mit der Hand kurz vor dem eigenen Tor den Ball weg.

13. 6. 1990 in Neapel

Argentinien–UdSSR 2:0 (1:0)

ARGENTINIEN: Pumpido – Simon – Monzon, Serrizuela – Basualdo, Batista, Troglio, Burruchaga, Olarticochea – Caniggia, Maradona – Trainer: Dr. Bilardo. UdSSR: Uwarow – Chidijatulin – Bessonow, Kusnetzow, Gorlukowitsch – Schalimow, Aleijnikow, Sawarow, Sigmantowitsch, Dobrowolski – Protassow – Trainer: Lobanowski. Auswechselspieler: 10. Goicochea für Pumpido, 79. Lorenzo für Monzon – 74. Litowtschenko für Protassow, 86. Ljuty für Sawarow. Tore: 1:0 Troglio (27.), 2:0 Burruchaga (80.) – Schiedsrichter: Fredriksson (Schweden) – Zuschauer: 55759 – Rote Karte: Bessonow (48.) – Gelbe Karten: Serrizuela, Caniggia, Maradona, Batista, Olarticochea – Sigmantowitsch.

Gesehen haben muß das Fredriksson. Pfiff er nicht, weil ihm die Argentinier leid taten? Sie hatten Minuten zuvor ihren Torhüter Pumpido verloren, dem nach waghalsiger Abwehr sein eigener Mannschaftskamerad Olarticochea aufs Bein gefallen war. Pumpido mußte mit gebrochenem Schien- und Wadenbein vom Platz getragen werden. So nachsichtig zeigte sich der Schiedsrichter gegenüber den Sowjets nicht. Deren Verteidiger Bessonow schickte er in der 48. Minute vom Platz für ein Vergehen, das andere Schiedsrichter mit einer gelben Karte geahndet hätten. So ganz unrecht hatte der sowjetische Nationaltrainer Valerij Lobanowski doch nicht, als er schon vorher über die Schiedsrichter-Ansetzung klagte. Der gleiche Fredriksson war der UdSSR schon vier Jahre zuvor bei der WM in Mexiko in zwei ganz entscheidenden Szenen bei der 3:4-Niederlage gegen Belgien alles andere als »wohlgesonnen« gewesen.

Beide Mannschaften spielten nicht mehr ganz so schwach wie in ihren Auftaktspielen. Doch die auf jeder Seite vier neuen Spieler brachten auch nicht mehr Schwung und Linie ins Spiel. Das meiste blieb Stückwerk. Die Argentinier stellten sich beim Ausnutzen der wenigen Torchancen sehr viel geschickter an. Unbehindert konnte Pedro Troglio den Ball nach einer Flanke von Olarticochea mit dem Kopf ins Tor lenken. Das war nach 27 Minuten, und zehn Minuten vor Schluß nutzte Jorge Burruchaga (1986 in Mexiko schoß er das Tor zum 3:2 im Endspiel gegen Deutschland) einen Fehlpaß von Aleijnikow zum die letzten Zweifel beseitigenden Treffer Nummer zwei.

Im Mittelpunkt: Troglio köpft das 1:0 gegen die Sowjetunion.

Die Versager: Die Elf der UdSSR.

Oldie Milla wurde zum Top-Hit

Stellen Sie sich vor, Bundeskanzler Helmut Kohl würde heute verfügen, daß Horst Hrubesch oder Klaus Fischer wieder in der deutschen Nationalmannschaft zu spielen hätten. Und der Bundestrainer würde das nicht wollen, würde sich aber dem Willen des Regierungschefs beugen müssen. Unvorstellbar, sagen Sie? Sicher. In Kamerun aber ist so etwas nicht nur möglich, sondern tatsächlich passiert. In den Hauptrollen dieses Schauspiels: Staatspräsident Paul Biya und der schon 38 Jahre alte Stürmer Roger Milla, von Fans im ganzen Land verehrt, aber eigentlich schon im fußballerischen Ruhestand.
Die Pikanterie dieser Story offenbarte sich für die Fußball-Welt im zweiten WM-Spiel der Afrikaner, die zuvor den Weltmeister Argentinien beim 1:0-Sieg im Eröffnungsspiel zum internationalen Gespött gemacht hatten. Denn im zweiten Spiel landeten die »Löwen« aus Kamerun ihren zweiten großartigen Beutezug. Sie fraßen die Rumänen beim 2:1, zogen sensationell als erstes Team ins Achtelfinale ein. Zweifacher Torschütze: Roger Milla.

Damit wären wir bei diesem afrikanischen Märchen mit der eigenartigen Vorgeschichte und den triumphalen Folgen. Staatspräsident Biya hatte Milla, einen der besten Fußballer, die Afrika je hatte, ins Team zurückbeordert, obwohl Trainer und Mannschaft dagegen waren. Als Joker vorgesehen für die WM. Und dieser Rolle wurde er mit großem Getöse so gerecht, daß ganz Kamerun nach dem Sieg gegen Argentinien in einen zweiten Rausch verfiel. Milla, der Oldie, wurde gegen Rumänien zum Top-Hit. Wurde eingewechselt nach knapp einer Stunde, schoß zwei Tore, tanzte zweimal Lambada mit der Eckfahne und versetzte Millionen Kameruner, oft zu fünft auf einem Stuhl vor den wenigen Fernsehern hockend, in einen neuen Freudentaumel.

Milla macht's möglich: Roger Milla (rechts) jubelt nach seinen zwei Treffern gegen Rumänien.

Das einzige Tor der Rumänen zum 2:1 durch Balint in der 88. Minute bekamen die meisten in Kamerun schon gar nicht mehr mit. Sie waren schon nach dem zweiten Tor von Milla zum Feiern auf die Straßen gezogen.

Roger Milla, der Held. Ungeheuer populär in der Heimat, oft präsent in Werbespots oder in Talkshows. Er war der große Star. Wieder einmal. »1982 bei der WM habe ich gegen Peru getroffen, das Tor zählte nicht und wir schieden aus. Jetzt habe ich uns eine Runde weiter geschossen«, war der Fußball-Opa stolz. Dabei hatte er sich schon darauf eingestellt, beim drittklassigen Klub St. Pierroise auf der Insel Mauritius seine Rente zu genießen. Als Trainer Nepomniachi ihn aufs Feld schickte, war das der Beginn eines neuen Kapitels in der Erfolgsstory des Paradiesvogels Roger Milla, den man in seiner Zeit als Frankreich-Legionär bei St. Etienne aufgrund seiner Spielweise oft mit Michel Platini verglich.
In der Heimat feierten sie Milla. Enthusiastisch und immer wieder. Die ganze Nacht durch. Und auch am anderen Morgen, als die »Cameroon Tribune«, größte Tageszeitung des Landes, auf Seite eins nur den Namen des Torschützen druckte. In handgroßen Lettern, neben einem Foto im Riesenposter-Format. Ein Held feierte Renaissance. Und das mit 38 Jahren.

Methusalem Milla machte der rumänischen Dressur-Nummer, mit der die »Löwen« aus Kamerun gebändigt werden sollten, einen gewaltigen Strich durch die Rechnung. Und sorgte in seinem Lager für grenzenlosen Optimismus, der sogar seinen ehemaligen Kritiker Nepomniachi erfaßte.
»Wir können Weltmeister werden«, frohlockte er nach dem neuerlichen Coup. Worte, die vor der WM fraglos belächelt worden wären. Der Sieg gegen Argentinien, die Tore von Fußball-Rentner Milla hatten nun aber fast allen Gegnern das Lachen verdorben.

14. 6. 1990 in Bari
Kamerun – Rumänien 2:1 (0:0)
KAMERUN: N'Kono – Tataw, Kunde, Onana, Ebwelle – N'Dip, M'Bouh, M'Fede, Mabdan Kessack – Omam Biyik, Makanaky – Trainer: Nepomniachi. RUMÄNIEN: Lung – Rednic – Klein, Andone – Popescu, Sabau, Rotariu, Hagi, Timofte – Lacatus, Raducioiu – Trainer: Jenei. Auswechselspieler: 57. Milla für Mabdan Kessack, 70. Pagal für Kunde – 56. Dumitrescu für Hagi, 63. Balint für Raducioiu. Tore: 1:0 Milla (77.), 2:0 Milla (87.), 2:1 Balint (88.) – Schiedsrichter: Silva Arce (Chile) – Zuschauer: 25000 – Gelbe Karten: Onana, N'Kono – Klein

Hagi bot Maradona Paroli

Diego Armando Maradona, Fußball-Gott (nicht nur) von eigenen Gnaden, bot ein Bild des Jammers. Sein Blick aus tiefbraunen Augen ging ins schwarze Nichts. Wie von fern nur spürte er seinen schmerzenden Knöchel, hörte das Schluchzen von Töchterchen Dalmita und die bohrenden Fragen der Reporter nach den Gründen für die schwache Form des Titelverteidigers und seiner selbst.

18. 6. 1990 in Neapel
Argentinien – Rumänien 1:1 (0:0)
ARGENTINIEN: Goicochea – Simon – Monzon, Serrizuela – Basualdo, Troglio, Batista, Burruchaga, Olarticochea – Caniggia, Maradona – Trainer: Dr. Bilardo. RUMÄNIEN: Lung – Popescu – Andone, Rotariu – Rednic, Sabau, Hagi, Lupescu, Klein – Lacatus, Balint – Trainer: Jenei. Auswechselspieler: 55. Giusti für Troglio, 60. Dezotti für Burruchaga – 74. Lupu für Balint, 81. Mateut für Sabau. Tore: 1:0 Monzon (61.), 1:1 Balint (69.) – Schiedsrichter: Valente (Portugal) – Zuschauer: 45000 – Gelbe Karten: Serrizuela, Batista – Lacatus, Hagi, Lupescu

Kurz vor Mitternacht vor den Katakomben des San-Paolo-Stadions zu Neapel. Argentinien hatte den Gruppensieg ganze acht Minuten in der Tasche. Verteidiger Pedro Monzon hatte eine göttliche Ecke von Maradona zum 1:0 in die Maschen der Rumänen gesetzt. Das passierte in der 61. Minute. Doch Gavrila Balint schlug zurück. 69. Minute: 1:1 – Endstand.

Ein Weltstar am Boden. Und das in Neapel, wo sie ihn anbeten, wo er vor wenigen Monaten mit dem SSC die Meisterschaft bejubeln durfte. Platz drei nach der Vorrunde – eine große Enttäuschung. Eine mit Konsequenzen: Statt eines vermeintlich leichten Gegners für das Achtelfinale in Neapel (dort verblieb Gruppensie-

Deprimierter Diego: Maradona hatte anfangs nichts zu lachen.

Lachender Lacatus: Der Rumäne (7) und seine Kameraden in Jubelpose.

Nur Gruppendritter: Die Elf Argentiniens.

ger Kamerun) lautete die Paarung Brasilien – Argentinien endspielverdächtig. Und sie mußte in Turin ohne den Maradona-Heimvorteil gespielt werden.
Grund zur Abrechnung für den 29jährigen Spielgestalter. Unrasiert vertrat er ungeschminkte Ansichten. Das kurze Zusammentreffen mit seiner Familie nach dem Spiel tröstete ihn nicht. »Wir haben keine Siegertypen, keine Champions mehr. Nur noch gute Spieler. Aber ohne Champions können wir uns nicht vom Durchschnitt abheben«, schimpfte der knuddelige Ballvirtuose.

Allerdings: Maradona höchstselbst durfte sich in der Partie gegen die Rumänen nicht zu jener Spezies Fußballer rechnen, die er so sehr vermißte. Die Ecke zum Tor, ein paar technische Geniestücke, von Kritikern als brotlose Kunst verurteilt, viel mehr hatte Maradona nicht zu bieten.
Das Duell mit der mit Nummer »10« des Gegners hatte er jedenfalls um Längen verloren. Gheorghe Hagi, der in der kommenden Saison bei Real Madrid spielt, deutete an, daß er die Ablöse von 3,5 Millionen Mark an Steaua Bukarest rechtfertigen kann. Ein technisch perfekter Spieler mit grandioser Übersicht und großem Offensivdrang. Und mit 25 Jahren im besten Alter. Wie Maradona bei der WM in Mexico . . .

Aber nicht nur Hagi war es, der die Rumänen zu Begeisterungsstürmen hinriß. Die Mannen um Trainer Emerich Jenei, übrigens bei gleichem Punktverhältnis und Tordifferenz aufgrund eines mehr erzielten Treffers Gruppenzweiter, berauschten sich am Weiterkommen. Grund: Es war das erste Mal, daß die Osteuropäer eine WM-Vorrunde schadlos überstanden. »Ich freue mich, Trainer einer Mannschaft zu sein, die solche großartigen Qualitäten besitzt«, sagte Jenei.
Er durfte mit Recht stolz sein. Denn angesichts der kriegsähnlichen Bilder aus der Heimat, die via TV zur Mannschaft kamen, war es fast ein Wunder, daß sich Rumänien gegen Argentinien so wehren konnte.

Lobanowski: Ende einer Legende

Valerij Lobanowski bemühte ein altes russisches Sprichwort, um seiner Gemütslage Ausdruck zu geben. »Zuletzt stirbt die Hoffnung«, stammelte der Trainer der sowjetischen Nationalmannschaft, begleitet von einem Gesichtsausdruck Marke Bergwerk. Versteinert, enttäuscht, geschlagen.
Der Mann, der als Synonym für den Aufschwung des UdSSR-Fußballs im vergangenen Jahrzehnt steht, erlebte seine größte Pleite. Stand trotz eines überzeugenden 4:0 gegen Kamerun vor den Scherben seiner Arbeit. Und das in der Stunde des Abschieds. Nach der Weltmeisterschaft nahm der 51jährige Lobanowski seinen Hut, gab seinen Posten als Nationaltrainer ab, wie er es angekündigt hat-

Hiergeblieben: Kameruns Stephen Tataw hält Aleijnikow fest.

te. Ein Ende, wie er es sich am wenigsten vorgestellt hatte, dieser große Fußballkenner, der große Schweiger, dessen Stimme nun endgültig verstummte.
Er hatte sich hinweggesetzt über die Kritiker, die ihm nicht nur falsche Vorbereitung auf die WM vorwarfen. Er hatte festgehalten an den altgedienten Stars wie Bessonow, Chidijatulin, Demjanenko, Raz oder Sawarow. Hatte sich auf die Leute verlassen, die schon 1986 in Mexiko spielten, die 1988 Vize-Europameister wurden. Routiniers, erfahrene Spieler, die aber den Erwartungen in Italien nicht mehr gerecht werden konnten. Die ihren Leistungszenit überschritten hatten, zum Aufbäumen, zum letzten Einsatz nicht mehr fähig waren.

Dieses 4:0. Endlich hatten Protassow und Co. zu ihrer Form gefunden, die »unzähmbaren Löwen« aus Kamerun wie zahnlose Kuschel-Kätzchen aussehen lassen. Aber dieser Sieg kam zu spät. »Der schmerzliche Erfolg: Schön, wunderschön, aber vollkommen nutzlos«, titelte die italienische Gazette »Il Messagero« und traf damit den Nagel auf den Kopf. Die Tore von Protassow, Sigmantowitsch, Sawarow und Dobrowolski waren Ausdruck der klaren Überlegenheit, mit der die Sowjets die Löwen an die Kette gelegt hatten.
Als sich jedoch im anderen Spiel zwischen Argentinien und Rumänien das Unentschieden abzeichnete, war der russische Bär erlegt. Nur für sechs Minuten, nach dem 1:0 für Argentinien, durfte man auf der UdSSR-Bank auf das Weiterkommen hoffen, mit Balints Treffer für Rumänien zum 1:1 jedoch war dieser Traum schnell und endgültig ausgeträumt.

18. 6. 1990 in Bari

Kamerun – UdSSR 0:4 (0:2)

KAMERUN: N'Kono – Tataw, Kunde, Onana, Ebwelle – N'Dip, M'Bouh, M'Fede, Kana Biyik – Omam Biyik, Makanaky – Trainer: Nepomniachi. UdSSR: Uwarow – Chidijatulin – Gorlukowitsch, Sigmantowitsch – Schalimow, Kusnetzow, Demjanenko, Litowtschenko, Aleijnikow – Protassow, Dobrowolski – Trainer: Lobanowski. Auswechselspieler: 34. Milla für Kunde, 57. Pagal für Makanaky – 46. Sawarow für Schalimow, 73. Jaremtschuk für Litowtschenko. Tore: 0:1 Protassow (20.), 0:2 Sigmantowitsch (29.), 0:3 Sawarow (53.), 0:4 Dobrowolski (63.) – Schiedsrichter: Wright (Brasilien) – Zuschauer: 20000 – Gelbe Karten: Chidijatulin, Protassow – Kana Biyik, Milla

Die »unzähmbaren Löwen«: Das tolle Team Kameruns.

Konsterniert: Der enttäuschte UdSSR-Trainer Valerij Lobanowski.

Endstand	**1. Kamerun**	**3:5**	**4-2**
Gruppe B:	**2. Rumänien**	**4:3**	**3-3**
	3. Argentinien	**3:2**	**3-3**
	4. UdSSR	4:4	2-4

WM-Splitter

ANGST: Fans aus Rumänien bitten nach den erneuten Unruhen in ihrem Heimatland in Italien um politisches Asyl. Der Sprecher der Nationalmannschaft findet dies »nicht nötig«. Auch Superstar Gheorghe Hagi zeigt sich der Situation nicht gewachsen. »Auch ich werde nach Rumänien zurückgehen«, sagt er. Was er dabei vergißt: Er spielt die nächsten vier Jahre bei Spaniens Meister Real Madrid.

VERWIRRUNG: »Wann wird denn gelost?« fragt ein argentinischer Journalist. Aufregung und minutenlange Verwirrung nach dem Spiel Argentinien – Rumänien. Die Kicker vom Balkan haben 4:3 Tore, der Titelverteidiger 3:2, Punktestand jeweils 3:3. Und im Mitteilungszettel der FIFA steht: Losentscheid bei gleicher Punktzahl und Tordifferenz. Die FIFA-Offiziellen müssen zähneknirschend ihren Fehler eingestehen – das Reglement gibt eindeutig der Mannschaft mit den mehr erzielten Toren die bessere Ausgangsposition.

Gruppe C

Sie zauberten weniger, aber sie waren erfolgreich. Die Brasilianer hatten in der Gruppe C die Nase vorn. Die Devise von Trainer Lazaroni hieß: Zunächst effektiv, erst dann elegant. Für die Überraschung sorgte das Team aus Costa Rica. Das Team des jugoslawischen Trainers »Bora« Milutinovic besiegte sowohl die Schotten als auch die Schweden. Am Ende war die Mannschaft aus dem mittelamerikanischen Kleinstaat (2,8 Millionen Einwohner) Zweiter. Nicht ein Pünktchen erhaschten die Schweden. Bei ihnen fiel nur Stürmer Brolin positiv auf.

Careca tanzte Lambada

Nach seinem zweiten, dem entscheidenden Tor gegen Schweden, legte er für seine Fans erst einmal einen gekonnten Lambada auf den Rasen. Das italienische Fernsehen fing ihn in Großaufnahme ein, wie er mit dem Allerwertesten wakkelnd vor seinen Fans tanzte: Antonio Oliveira de Filho, Künstername Careca.
Der brasilianische Stürmerstar vom SSC Neapel hatte im Alleingang dafür gesorgt, daß der erste Auftritt des südamerikanischen Favoriten ein glückliches Ende nahm, daß Brasilien die Skandinavier mit 2:1 besiegte.
Nach 41 Minuten nahm Careca einen Traumpaß von Branco auf, tanzte an Schwedens Torhüter Ravelli vorbei, nach 63 Minuten schob er eine Muller-Vorlage aus fünf Metern ins leere Tor – ein 2:0-Vorsprung, den die Schweden nicht mehr wettmachen konnten, obwohl Brolin 12 Minuten vor Schluß noch den Anschlußtreffer schaffte.
Kein Wunder, daß Trainer Olle Nordin Trübsal blies: »Es ist nie angenehm, als Verlierer vom Platz zu gehen. Aber ich muß meiner Mannschaft ein Kompliment machen. Wir waren nahe am Ausgleich.« Nordin durfte der Niederlage aber auch positive Seiten abgewinnen. Hatte er doch mit dem erst 20jährigen Tomas Brolin vom IFK Norrköping einen Rohdiamanten entdeckt, der in Turin schon hell funkelte. Aber Schwedens Coach wehrte alle Komplimente für den Jungstar erst einmal ab: »Brolin ist ein sehr guter Spieler, aber man sollte ihn nicht zu früh hochjubeln«. Abheben, meinte Nordin, dürfe der Junge jetzt auf keinen Fall.
»Mit diesem Anfang können wir zufrieden sein«, zog Brasiliens Trainer Sebastiao Lazaroni eine nüchterne Bilanz. Genauso nüchtern hatte seine Mannschaft die 90 Minuten im Turiner »Stadio delle Alpi« abgespult. Brasilianische Fußballkunst, traumhaft sichere Kombinationen, Solo-Einlagen der Rastellis vom Zuckerhut – das alles gab's nur selten in Turin.

Gegen die starken, aber zu respektvollen Schweden wurde deutlich, daß Brasilien unter Lazaroni seinen Stil umgestellt hat. Die Zauberer zaubern nicht mehr, sondern spielen erfolgsorientiert. Die Magie ist nüchternem Ergebnisdenken gewichen – zu oft wachten die Hexer mit einem gewaltigen Kater aus ihren Titelträumen auf. Was nicht heißt, daß sie nicht mehr zaubern könnten. Aber sie ordnen die Kunst dem Handwerk erst einmal unter.
Sehr zum Unwillen der brasilianischen Medien. Leverkusens Jorginho warfen sie trotz des Sieges Passivität vor, Stürmer Muller kriegte es noch schlimmer: »Völlig konfus« habe er gespielt, schrieben Rios Zeitungen. Und – natürlich – forderten sie Änderungen. Was wiederum Lazaroni auf die Palme jagte: »Wir können sicher besser spielen. Aber ehe ich etwas ändere, bespreche ich das mit den Spielern. Und nicht mit der Presse.«

Und was sagte eigentlich Triumphator Careca zu diesem Theater? Gar nichts. Er redet nicht mehr

Karneval à la Careca: Zwei Tore gegen Schweden.

Brasilien
Schweden
Costa Rica
Schottland

10. 6. 1990 in Turin
Brasilien–Schweden 2:1

11. 6. 1990 in Genua
Costa Rica–Schottland 1:0

16. 6. 1990 in Turin
Brasilien–Costa Rica 1:0

16. 6. 1990 in Genua
Schweden–Schottland 1:2

20. 6. 1990 in Turin
Brasilien–Schottland 1:0

20. 6. 1990 in Genua
Schweden–Costa Rica 1:2

Ohne Punktverlust Erster: Die Elf Brasiliens.

La-La Lambada: Ein temperamentvolles Paar aus Brasilien.

mit den Journalisten, besonders mit den italienischen und brasilianischen. Die hatten ihn nämlich nach Neapels Europacup-Knockout gegen Werder Bremen, nach dem 1:5 im Weserstadion, voller Häme als »Hasenfuß« bezeichnet.

Seitdem schweigt Antonio Oliveira de Filho hartnäckig. Antworten gibt er nur auf dem grünen Rasen. Hoffentlich!

10. 6. 1990 in Turin

Brasilien – Schweden 2:1 (1:0)

BRASILIEN: Taffarel – Galvao – Jorginho, Mozer, Ricardo Gomez – Alemao, Dunga, Valdo, Branco – Muller, Careca – Trainer: Lazaroni. SCHWEDEN: Ravelli – R. Nilsson, Larsson, Ljung, Schwarz – Limpar, Thern, Ingesson, J. Nilsson – Brolin, Magnusson – Trainer: Nordin. Auswechselspieler: 70. Strömberg für Ljung – 82. Silas für Valdo. Tore: 1:0, 2:0 Careca (41., 63.), 2:1 Brolin (78.) – Schiedsrichter: Tullio Lanese (Italien) – Zuschauer: 62626 – Gelbe Karten: Branco, Mozer, Dunga

Das Stadion »Luigi Ferraris« in Genua

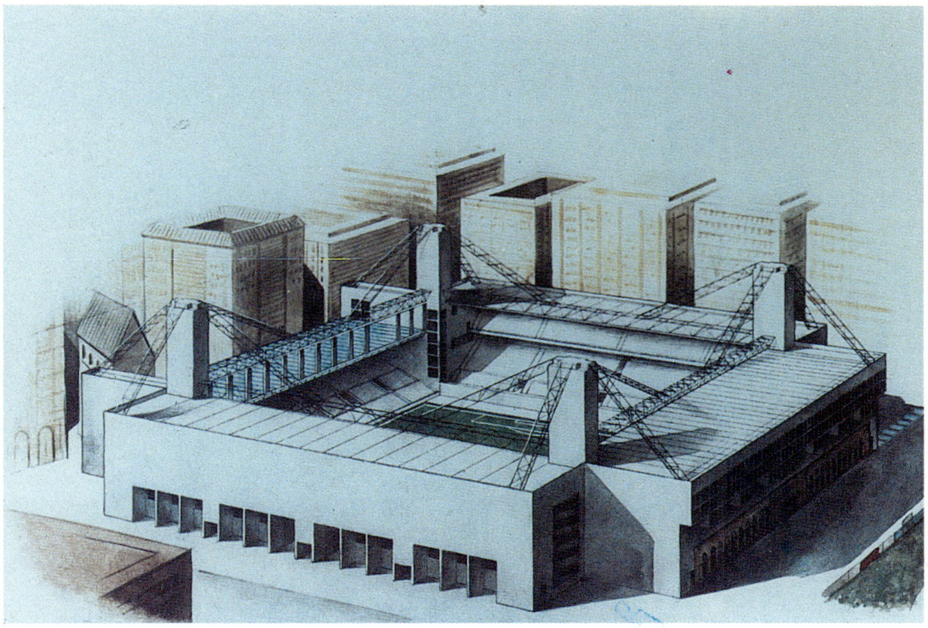

Das Stadion »Delle Alpi« in Turin

Das Stadion »Luigi Ferraris« ist der Farbtupfer unter den WM-Stadien. Das Dach ist weiß, die Außenwände sind knallrot. Geschmacksache: Für die einen ist es die schönste WM-Arena, die anderen meinen, daß sämtliche Geschmacksnerven hier arg strapaziert werden. Architekt Gregotti ließ die Hälfte des Stadions abreißen. Für den Umbau in ein reines Fußball-Stadion mit jetzt 44000 Plätzen waren rund 70 Millionen Mark vorgesehen. Die Kalkulation konnte jedoch (auch hier) nicht eingehalten werden. Letztlich mußten 84 Millionen Mark für den leuchtenden Bau hingeblättert werden. Zuvor konnte man von einigen Sitzen die Eckfahnen nicht sehen, deshalb wurde das Spielfeld angehoben. Probleme bereitete auch die Drainage. Bei Regen lief das Wasser nicht ab. Der Lauf des Balls wurde durch große Pfützen gestoppt. Genua war in der Vorrunde ein gutes Pflaster für das Team aus Costa Rica. Dort besiegte die Mannschaft von Trainer »Bora« Milutinovic überraschend die Schotten durch das Tor von Cayasso mit 1:0 und beendete mit dem 2:1-Erfolg im famosen Endspurt gegen die Schweden auch deren kleine Hoffnungen auf ein Weiterkommen. Nach dem Achtelfinalspiel Irland–Rumänien war die WM für Genua zu Ende.

Die Vergabe der WM nach Italien war für die Fußball-Fans in Turin ein Glücksfall. Neben Bari wurde dort ein nagelneues Stadion errichtet. Für rund 99 Millionen Mark entstand ein »Schmuckkästchen«, das 71000 Zuschauer faßt. Das »Delle Alpi« wird nach der WM Heimat des UEFA-Pokal-Siegers Juventus Turin mit den Neuzugängen Thomas Häßler und Roberto Baggio. Zudem wird dort Erstliga-Aufsteiger AC Turin seine Heimspiele austragen. Bisher spielten beide Klubs im bereits 1932 erbauten »Stadio Communale« im Zentrum der Stadt. 1934 wurden dort einige WM-Spiele ausgetragen, doch es war inzwischen derart baufällig, daß sich die Stadtväter entschlossen, eine neue Arena zu errichten, die den heutigen Sicherheits- und Komfort-Ansprüchen genügt. Am 27. Mai wurde das Stadion, dem vor allem das Aluminium-Dach ein markantes Aussehen verleiht, offiziell mit einem großen Fest eingeweiht. Das sportliche Debüt fand jedoch drei Tage vorher statt, als sich eine Auswahl der Stadion-Arbeiter und Alt-Profis des AC Turin gegenüberstanden. Im »Delle Alpi« feierte Brasilien in der Vorrunde seine drei Siege gegen Schweden, Costa Rica und Schottland. Bestritt dort auch sein Achtelfinalspiel gegen Argentinien.

Costa Rica machte die Schotten dicht

Beim Anpfiff der Partie Costa Rica gegen Schottland zählte Juan Arnoldo Cayasso zu der Vielzahl von Nobodies unter den 528 WM-Spielern. Beim Abpfiff war er in aller Munde, hatte WM-Geschichte geschrieben. Die wunderbare Wandlung vom unbekannten Betriebswirtschafts-Studenten zum Star geschah in der 49. Minute. Nach einem herrlichen Hackentrick von Claudio Jara (nicht verwandt oder verschwägert mit dem einstigen österreichischen Nationalspieler Kurt Jara) hob Cayasso den Ball geschickt über Schotten-Keeper Jim Leighton. Das bejubelte 1:0 für den krassen Außenseiter.
Ungestüm und einfallslos stürmten die Favoriten von der Insel an. »Kick and rush«, mehr fiel den Männern von Trainer Andy Roxburgh nicht ein. Doch die Spieler aus dem mittelamerikanischen Kleinstaat (rund 2,8 Millionen Einwohner) machten die »Schotten dicht«. Schottlands Stürmer »Mo« Johnston und Alan McInally verzweifelten an Torhüter Luis Conejo. Egal wo sie hinschossen, das »Kaninchen« war schon da. Zudem organisierte Libero Roger Flores seine Abwehr brillant. Mit rund 1100 Mark im Monat war der 33jährige von Meister Deportivo Saprissa bislang bestbezahlter Kicker im Land. Als Schiedsrichter Lousteau zum letzten Mal in seine Trillerpfeife blies, war die Sensation perfekt.

Im siebten Himmel war Costa Ricas Trainer Velibor Milutinovic. Erst seit drei Monaten im Amt, feierte er den Triumph mit dem WM-Debütanten. Mit einem Blatt Papier und einem Stift hatte er an der Seitenlinie

Bravissimo Cayasso: Der Costaricaner hebt den Ball über Leighton zum 1:0 gegen die Schotten ins Netz und dreht dann jubelnd ab.

seinen Jungs immer wieder den Weg zum Erfolg aufgemalt.
Das Schlitzohr, den alle nur »Bora« nennen, sagte: »Ein kleiner Traum ist für uns in Erfüllung gegangen. Ich selbst und die Mannschaft erlebten eine große Stunde. Wir müssen erst begreifen, daß wir es geschafft haben.« Anschließend wurde der Jugoslawe pathetisch: »Mein Herz schlägt für Costa Rica. Ich widme diesen Sieg dem Volk und ganz besonders Staatspräsident Rafael Angel Calderon.«

11. 6. 1990 in Genua
Costa Rica – Schottland 1:0 (0:0)
COSTA RICA: Conejo – Flores – Montero, Marchena – Chavarria, Gomez, Ramirez, Cayasso, Chaves, Gonzalez – Jara – Trainer: Milutinovic. SCHOTTLAND: Leighton – Gough, McLeish, McPherson, Malpas – McStay, Aitken, McCall, Bett – Johnston, McInally – Trainer: Roxburgh. Auswechselspieler: 86. Medford für Jara – 74. McCoist für Bett. Tor: 1:0 Cayasso (49.) – Schiedsrichter: Lousteau (Argentinien) – Zuschauer: 30867

Das Staatsoberhaupt schickte noch während des Spiels ein Glückwunsch-Telegramm an seine Helden: »So gut habe ich meine Mannschaft noch nie spielen sehen.« Anschließend griff Calderon zum Telefonhörer, um seine Glückwünsche für diesen historischen Sieg auch mündlich zu übermitteln. In den Straßen der Hauptstadt San José versammelten sich derweil Tausende zum Freudenfest. Mit »Viva-Viva«-Rufen ließen sie ihre Nationalmannschaft immer wieder hochleben.
Doch nicht nur in der Heimat wurden die Sensationssieger gebührend gefeiert. »Danke Costa Rica für diesen wunderbaren Triumph« hatten Einwohner der piemontesischen Provinzstadt Mondovi in Windeseile mit Ölfarbe auf das Straßenpflaster gepinselt, bevor die Mannschaft in ihr Quartier zurückkehrte und dort mit einem Konfettiregen empfangen wurde. Für diese Nacht wurde Mondovi zum »Klein-San-José«.

Riesenjubel bei den Siegern, Katzenjammer bei den Verlierern. Unter den Augen von »James Bond« Sean Connery und Pop-Star Rod Stewart hatten die Schotten im Genuaer Stadion »Luigi Ferraris« mit spielerischem Glanz wahrlich gegeizt.
Trainer Roxburgh fand für die kopflose Vorstellung seiner selbst im Kopfballspiel den mittelamerikanischen »Zwergen« unterlegenen Spieler keine Erklärung. »Wir sind alle sehr frustriert«, meinte der konsternierte Coach. Ansonsten ging es ihm wie seinen Kämpfern: Er war ratlos.
Für »Bora« Milutinovic war der Erfolg indes ein doppelter Triumph. 1987 war er in Italien als Trainer von Udine nach nur zwei Siegen in neun Spielen gefeuert worden...

Schottische »Rocker«: Fans im traditionellen Kilt.

Nur Muller hatte den Dreh raus

Das Achtelfinale war erreicht, aber die Fans im fernen Südamerika und im WM-Land Italien vertraten die gleiche Meinung wie die einstigen Idole Pelé und Zico: Brasilien siegte, jedoch ohne den Glanz und Glimmer, ohne die spielerische, fast tänzerische Leichtigkeit, die die Zauberer vom Zuckerhut seit jeher auszeichnete.
Jetzt gab Trainer Sebastiao Lazaroni eine neue Maxime aus: Erfolg geht vor Schönheit. »Das ist Hochverrat an der brasilianischen Tradition«, jaulten die Kritiker, an ihrer Spitze der einst geniale Filigrantechniker Pelé, auf.

Aber auch gegen den mittelamerikanischen Zwerg Costa Rica, Weltmeisterschaftsneuling in Italien,

Wo ist er denn?
Fünf Costaricaner und Brasiliens Alemao auf der Suche nach dem runden Leder.

ging Lazaroni unbeirrt seinen Weg: »Ich respektiere jede Meinung, auch die von Pelé. Aber ich bin der Trainer, und die Mannschaft wird so weiterspielen. Gegenüber dem Schweden-Spiel war eine wesentliche Steigerung zu erkennen. Daß Costa Rica nicht einmal auf unser Tor geschossen hat, bestätigt meine Analyse.«
Und der Coach erhielt Rückendekkung von seinem Team – zumindest von seinen Stammspielern. Der europäische Stil läßt sich nur durchziehen, weil neun der ersten Elf ihr Geld in Europa verdienen. Brasilianische Cruzeiros, die mit einer 1000prozentigen Inflationsrate behaftet sind, kassieren nur noch Torhüter Taffarel und Libero Galvao. Auch der im Stadion mit lauten Sprechchören immer wieder geforderte und sieben Minuten vor dem Abpfiff eingewechselte Bebeto kickt noch in Brasilien, beim Meister Vasco da Gama.
Wie schon gegen Schweden dominierte auch gegen Costa Rica der europäische Einfluß. Der Treffer, den Lokalmatador Muller (AC Turin) mit einem technisch perfekten, aber zweimal abgefälschten Drehschuß erzielte, genügte den Brasilianern, ließ ihre Angriffsbemühungen spätestens nach einer Stunde Spielzeit gegen Null sinken.
Die Ehrfurcht Costa Ricas, dessen Spieler ihre Vorbilder aus Südamerika über lange Jahre aus der Ferne mit Respekt betrachtet hatten, verhinderte eine Überraschung wie beim 1:0-Triumph über Schottland.

Torhüter Taffarel, den eine brasilianische TV-Moderatorin zuvor zum schönsten Spieler des Kaders gekürt hatte, hätte mit dieser jungen Dame während der 90 Minuten in einem Turiner Café sitzen können, es wäre wohl kaum jemand aufgefallen. Zwei Rückgaben waren die einzige Abwechslung für den blonden Modellathleten.

16. 6. 1990 in Turin
Brasilien – Costa Rica 1:0 (1:0)
BRASILIEN: Taffarel – Galvao – Mozer, Gomez – Jorginho, Dunga, Alemao, Valdo, Branco – Muller, Careca – Trainer: Lazaroni. COSTA RICA: Conejo – Flores – Marchena, Montero – Gonzales, Chavarria, Ramirez, Gomez, Cayasso, Chaves – Jara – Trainer: Milutinovic. Auswechselspieler: 83. Bebeto für Careca, 88. Silas für Valdo – 71. Mayers für Jara, 78. Guimaraes für Cayasso. Tor: 1:0 Muller (35.) – Schiedsrichter: Jouini (Tunesien) – Zuschauer: 55000 – Gelbe Karten: Jorginho, Mozer – Jara, Gomez

Trotzdem war Costa Ricas Trainer »Bora« Milutinovic mit der Leistung seiner Mannschaft zufrieden: »Es war für uns eine ehrenvolle Niederlage. Meine Spieler haben in den letzten Wochen viel dazugelernt. Wir haben immer noch die Möglichkeit, ins Achtelfinale vorzustoßen.«

Besonders Torhüter Conejo machte wieder positiv auf sich aufmerksam. Cayasso und Jara hingegen, die erklärten Volkshelden nach dem Sieg über Schottland, konnten diesmal in der Offensive keine Akzente setzen und wurden ausgewechselt.

Der Gruppenzweite: Das Team Costa Ricas.

Schwede sah eine »Schwalbe«

Krasser hätte der modisch-optische Gegensatz nicht sein können. Hier die schwedische Blondine im blau-gelben Minirock, dort der schottische, zahnlose Fan im karierten Kilt. Beide Arm in Arm. Fan-Verbrüderung. »When the Scots go marchin' in«, dröhnte es aus der Fan-Kurve der Schotten – und normalerweise bebt und zittert alles, wenn Fans von der Insel kommen. Doch die Schotten sind zwar Briten, aber keine Engländer und deshalb längst nicht so randalelüstern.

In Genua, beim Spiel gegen Schweden, beweisen sie es. Statt Chaos erzeugten sie dort allerbeste, phonstarke Fußball-Stimmung. Mit Dudelsack und Schlachtrufen, die das »Ferraris«-Stadion in dieser Phonstärke auch noch nicht ertragen mußte. Gerade hier mußten sich die Schotten wie zu Hause fühlen, denn die Arena in Genua ist ein echtes Fußball-Stadion, dem »Ibrox-Park« in Glasgow zum Verwechseln ähnlich.

Also ein Heimspiel für die schottische Mannschaft. »Here we go!« brüllten die Schlachtenbummler von der Insel – und die McLeod und Co. marschierten. 90 Minuten lang. Sie wußten: Nach der 0:1-Blamage gegen Costa Rica hatten sie nur die eine Wahl – sie mußten gegen die Schweden gewinnen.

»Wir haben 110 Prozent für Schottland gegeben«, erklärte Maurice Johnston nach dem Abpfiff. Per Elfmeter hatte er für das vorentscheidende 2:0 gesorgt. Aitken war nach einer Attacke von Nilsson gefallen, Carlos Maciel aus Paraguay deutete sofort auf den Punkt, auch wenn Nilsson beteuerte, er habe den Schotten nicht berührt, sei vorher beiseite gegangen. McCall hatte nach einer von McPherson verlängerten McLeod-Ecke die 1:0-Führung erzielt, Schwedens Anschlußtreffer durch Strömberg kam zu spät.

16. 6. 1990 in Genua

Schweden – Schottland 1:2 (0:1)

SCHWEDEN: Ravelli – Roland Nilsson, Hysen, Larsson, Schwarz – Limpar, Ingesson, Thern, Joakim Nilsson – Brolin, Pettersson – Trainer: Nordin. SCHOTTLAND: Leighton – McPherson, Levein, McLeish, Malpas – Aitken, McCall, McLeod, Durie – Fleck, Johnston – Trainer: Roxburgh. Auswechselspieler: 62. Ekström für Pettersson, 75. Strömberg für Larsson – 75. McStay für Durie, 84. McCoist für Fleck. Tore: 0:1 McCall (10.), 0:2 Johnston (81., Foulelfmeter), 1:2 Strömberg (85.) – Schiedsrichter: Maciel (Paraguay) – Zuschauer: 31 823 – Gelbe Karten: Thern – McPherson

Geizten mit Toren: Die Elf Schottlands.

Oben (fast) ohne: Schottlands »bissiger« Keeper Jim Leighton nach dem 2:1-Sieg gegen die Schweden.

Für die Schweden war es eine unglückliche Niederlage, die sich die Mannschaft von Trainer Nordin selbst zuzuschreiben hatte. Statt zu kombinieren, den Ball flach auf dem Rasen zu lassen und mit kurzen Pässen und Flügelspiel zum Erfolg zu kommen, ließen sich die technisch besseren Nordeuropäer den grausamen, simplen Hauruck-Fußball der Briten aufzwingen. Hoch und weit, das war der Briten Freud an diesem Abend.

»Mit ihrer Aggressivität haben die Schotten unseren Spielaufbau verhindert«, sagte Schweden-Trainer Nordin. Kollege Andrew Roxburgh lobte seine Elf für ihren unglaublichen Einsatz, ihren großen Kampf und ihr gutes Spiel. Letzteres muß eine Streicheleinheit gewesen sein. Aber er ist halt ein Gentleman, dieser Andrew Roxburgh. Das war schon an seinem dunklen Anzug, seiner dunklen Krawatte und dem karierten Schal zu erkennen.

Schotten reif für die Insel

Auf dem Spiel stand nicht weniger als alles. »Das ist das wichtigste Match in der Geschichte unseres Fußballs«, erklärte Andy Roxburgh, Trainer der schottischen Nationalmannschaft seit Juli 1986, vor dem Anpfiff. Große Worte.
Zum erstenmal überhaupt winkte den Blau-Weißen die Chance, in die zweite Runde einer Welt- oder Europameisterschaft vorzudringen. Ein 0:0 gegen die hoch favorisierten brasilianischen Ballzauberer hätte den Männern von der britischen Insel gereicht, und auf dieses 0:0 gingen sie von Anfang an aus. Allzu offensichtlich: Die Schotten machten die Schotten dicht.

Bis zum Ende der ersten Halbzeit tauchten sie nicht ein einziges Mal gefährlich vor Taffarels Tor auf. Die Sturmspitzen Johnston und McCoist – Bayern Münchens Alan McInally saß nach seiner schwachen Leistung im Auftaktspiel gegen Costa Rica nicht einmal auf der Bank – trieben sich meist in der eigenen Hälfte herum.
Schon nach einer Viertelstunde dröhnten erstmals laute »Italia, Italia«-Rufe der gelangweilten Zuschauer durchs »Stadio delle Alpi« von Turin. Das »forward, men, forward« der schottischen Anhänger dagegen verhallte ungehört.
Und die Brasilianer? Der trotz der Erfolge in den ersten beiden Begegnungen scharf kritisierte Trainer Sebastiao Lazaroni hatte erstmals nach dessen Wadenbeinbruch wieder Stürmerstar Romario aufgeboten, doch dem Torjäger des PSV Eindhoven merkte man die dreieinhalbmonatige Verletzungspause bei jeder Bewegung an. Die schottische Abwehr um den überragenden Hünen McPherson jedenfalls hatte alle und alles im Griff.

In der aufregendsten Szene der ersten 80 Minuten spielte Murdo McLeod die Hauptrolle, der von einem fulminanten Freistoß Brancos voll im Gesicht getroffen und kurz darauf mit einer schweren Gehirnerschütterung ausgetauscht wurde.

Platte Profis: Brasilianer und Schotten am Boden.

»Ich weiß überhaupt nichts mehr vom Spiel«, meinte der Dortmunder Schotte hinterher. Schlimm, auf der anderen Seite aber auch wieder schön für ihn, denn keiner seiner Mitspieler wird sich heute gern an diese Begegnung zurückerinnern. Vor allem nicht an die 81. Minute:

20. 6. 1990 in Turin
Brasilien – Schottland 1:0 (0:0)
BRASILIEN: Taffarel – Mauro Galvao – Ricardo Gomez, Ricardo Rocha – Jorginho, Alemao, Valdo, Dunga, Branco – Romario, Careca – Trainer: Lazaroni. SCHOTTLAND: Leighton – Aitken – McPherson, McLeish – McKimmie, McCall, McStay, MacLeod, Malpas – McCoist, Johnston – Trainer: Roxburgh. Auswechselspieler: 64. Muller für Romario – 40. Gillespie für MacLeod, 78. Fleck für McCoist. Tor: 1:0 Muller (81.) – Schiedsrichter: Kohl (Österreich) – Zuschauer: 62502 – Gelbe Karten: Johnston, McLeod

Der umstrittene Torhüter Leighton läßt einen 25-Meter-Schuß Alemaos nach vorne abprallen, Careca und Gillespie stochern nach dem Leder, das schließlich Richtung Torlinie trudelt. Der für Romario eingewechselte Muller steht goldrichtig am rechten Pfosten und schiebt den Ball ins Tor.

Sambatrommeln feiern bereits den dritten brasilianischen Sieg, als »Mo« Johnston Sekunden vor Schluß aus vier Metern an Taffarel scheitert. Aus.
»Wir haben eine große Chance verpaßt«, meinte Andy Roxburgh zerknirscht. Das »wichtigste Spiel in der Geschichte des schottischen Fußballs war verloren: Auch bei ihrer siebten WM-Teilnahme waren die Briten aus der Heimat des Whiskys schon nach der ersten Runde wieder reif für die Insel«.

Conejos Gebet wurde erhört

Luis Conejo kniete auf der weißen Fünf-Meter-Linie. Den Blick in den wolkenlosen Himmel über Genua gerichtet, die Hände gefaltet. Der Torhüter von Costa Rica betete. Leise, in sich versunken. Sekunden vor dem Anpfiff des entscheidenden Spiels gegen Schweden. Es half ganz offensichtlich.
Sekunden nach dem Abpfiff. Nicht nur Luis Conejo liegt auf dem Grün des »Ferraris«-Stadions. Auch die anderen Spieler strecken alle viere von sich. Neben-, aufeinander. Jubel, Trubel, Siegesfreude. 2:1 hat Costa Rica Schweden bezwungen, ist damit in das Achtelfinale eingezogen.
Im fernen San José spricht Staatspräsident Calderon voll Begeisterung von einer »historischen Glanztat«, Trainer Velibor Milutinovic meint ebenfalls, es sei »ein historischer Tag für Costa Rica«. Und ein Tag der Genugtuung, der Bestätigung für den Jugoslawen selbst.
Erst knapp vier Monate zuvor war er für den gefeuerten Marvin Rodriguez geholt worden. Ein Alleingang des Präsidenten, mit dem einige Spieler zunächst nicht einverstanden waren. Doch Milutinovic überzeugte die Zweifler und Nörgler, versprach nicht zuviel, als er selbstbewußt sagte: »Über uns werden sich noch einige wundern.«

Die Schweden erlebten ihr blaues Wunder. Dabei hatte es so gut begonnen für sie. Über eine Stunde lang beherrschten sie die Mannschaft aus Costa Rica wie ein Bundesligist einen Amateurligisten. Die Mittelamerikaner tauchten so oft im Strafraum der Nordeuropäer auf wie Eskimos in der Wüste. Schwedens Torwart Ravelli hätte sich eine Hollywood-Schaukel zwischen beide Torpfosten binden und ungestört reinlegen können – so harmlos waren die

Alles verloren: Die Elf aus Schweden.

WM-Splitter

RAUSWURF: In der Presse wird über den internen Prämienstreit der Brasilianer berichtet. Große Ratlosigkeit, weil über dieses Thema absolutes Stillschweigen vereinbart wurde. Des Rätsels Lösung für das Durchsickern der vertraulichen Information: die bildhübsche Journalistin Andrea de Angelis. Sie ist die Verlobte von Brasiliens Torhüter Taffarel.

007: Im »Geheimdienst ihrer Majestät« verfolgte Sean Connery, James Bond-Darsteller, das erste Spiel seiner Schotten gegen Costa Rica. Wie »007« war auch sein Tribünennachbar Rod Stewart, der Rockstar mit dem Reibeisen in der Kehle und verhinderter Nationalspieler, vom 0:1 der Kicker aus ihrem Heimatland enttäuscht.

TRIKOTTAUSCH: In den Stadien tragen sie gelbe Trikots, zu Tausenden stimmen sie ihre »Brazil-Brazil«-Sprechchöre an. Sie gelten als die vorbildlichsten, die begeisterungsfähigsten, die fröhlichsten Zuschauer. Wer allerdings genau hinsieht, stellt fest, daß die wenigsten der Fans kaffeebraun sind. Nach dem Schlußpfiff steigen sie in ihre Autos – mit italienischen, deutschen oder französischen Kennzeichen. Von wegen Rio liegt nur am Zuckerhut ...

JUBILÄUM: Johnny Ekström, lange in Diensten des FC Bayern München, geht als dritter Schwede als Jubiläumsschütze in die WM-Geschichte ein. Sein Treffer zum 1:0 gegen Costa Rica war der 1400. Treffer bei allen 14 WM-Turnieren. Seine Landsleute Jonasson und Wetterström hatten die Treffer 100 (1934) und 200 (1938) erzielt.

Strahlemänner:
Conejo und Chavez nach dem 2:1 gegen Schweden (oben).

Schwedenhappen:
Tomas Brolin rückte sich ins Rampenlicht.

Feierabend-Kicker von Coach Milutinovic.
Bis dann wohl doch Conejos Stoßgebot erhört wurde und der liebe Gott dem Costa-Rica-Trainer die Erleuchtung schickte: Nach einer Stunde wechselte er Hernan Medford ein. Und der hatte innerhalb von fünf Minuten mehr Torgelegenheiten als die gesamte Mannschaft von Costa Rica in den 60 Minuten zuvor. Doch es dauerte bis zur 75. Minute, ehe die 1:0-Führung der Schweden durch den früheren Stürmer des FC Bayern München, Johnny Ekström, ausgeglichen war: Wieder war Medford in Ben-Johnson-Manier losgespurtet, Gegenspieler Schwarz riß den Sprinter nieder. Freistoß-Flanke von rechts, Kapitän Flores verlängert den Ball per Kopf in die lange Ecke. 1:1. Und dann die endgültige Sensation: Abschlag vom schwedischen Tor, Chavez köpft den Ball in den Lauf von Medford, der wieselt in Richtung schwedisches Tor, schiebt den Ball kühl wie ein Eisklotz in die lange Ecke.
»So darf man einen Gegner nicht durchlaufen lassen«, sagte der schwedische Trainer Olle Nordin nach der 1:2-Pleite. Er war zu Recht mit der ersten Halbzeit zufrieden. In diesem Spielabschnitt war seine Elf lauf- und spielstärker, in jeder Beziehung überlegen. Lediglich im Angriff fehlte die Durchschlagskraft. Und das war letztlich auch der entscheidende Grund für »die große Enttäuschung«, von der Trainer Nordin sprach. Der gab offen zu: »Wir wollten die zweite Runde hier erreichen. Wir haben es nicht geschafft und deshalb versagt.«

20. 6. 1990 in Genua
Schweden – Costa Rica 1:2 (1:0)
SCHWEDEN: Ravelli – R. Nilsson, Hysen, Larsson, Schwarz – Pettersson, Strömberg, Ingesson, J. Nilsson – Ekström, Brolin – Trainer: Nordin. COSTA RICA: Conejo – Flores – Marchena, Montero – Chavarria, Gomez, Gonzales, Ramirez, Chavez – Cayasso, Jara – Trainer: Milutinovic. Auswechselspieler: 34. Gren für Brolin, 82. Engqvist für Strömberg – 60. Medford für Gomez, 74. Guimaraes für Chavarria. Tore: 1:0 Ekström (32.), 1:1 Flores (75.), 1:2 Medford (87.) – Schiedsrichter: Petrovic (Jugoslawien) – Zuschauer: 30223 – Gelbe Karten: Strömberg, Schwarz – Gomez, Marchena

Ganz anders die Mannschaft aus Costa Rica. »Für mich ist es der größte Erfolg in meiner Karriere, daß wir die zweite Runde erreicht haben«, sagte Kapitän und Torschütze Roger Flores. Trainer Milutinovic bezeichnete er als den alleinigen Vater dieses Erfolges. Der hatte derweil schon andere Sorgen. »Eigentlich wollte ich nach der Vorrunde nach Rom«, erzählte er, »jetzt aber muß ich nach Bari.« Nach Rom wäre er zur Wallfahrt, nach Bari »mußte« er zum Achtelfinale.

Endstand	**1. Brasilien**	**4:1**	**6-0**
Gruppe C:	**2. Costa Rica**	**3:2**	**4-2**
	3. Schottland	2:3	2-4
	4. Schweden	3:6	0-6

Gruppe D

Selten hat eine deutsche Mannschaft bei der WM einen solchen Traumstart hingelegt. Mit 4:1 wurden zum Auftakt die hoch eingeschätzten Jugoslawen regelrecht überrollt. Auf Touren brachte den deutschen Motor vor allem ein Mann: Kapitän Lothar Matthäus! Schwer tat sich Deutschland in der Vorrunde nur gegen die technisch versierten und frechen Kolumbianer. Das Team von Trainer Maturana zog denn auch als einer der vier besten Gruppendritten ins Achtelfinale ein. Lehrgeld mußten (noch) die Vereinigten Arabischen Emirate zahlen.

Scheichs wurden bleich

Mag ein großes Auto – möglicherweise das mit dem Stern auf der Haube – in Europa ein Indiz dafür sein, daß ein Fußballer etwas taugt. In den Vereinigten Arabischen Emiraten verhält sich dies anders. Denn einen Mercedes samt Autotelefon zu fahren ist in den VAE nichts Besonderes. »Ohne Moos nichts los« – diesen Satz kennen sie im Reich der Petro-Dollars nicht.
So war die Öffentlichkeit gespannt darauf, was die oft belächelten Amateure aus der Golf-Region bei der WM in Italien fertigbringen würden. Mit Spannung wurde das Spiel gegen Kolumbien erwartet. Und die Erkenntnisse? Schon nach 90 Minuten schien der Traum aus Tausendundeiner Nacht ausgeträumt. Zu schwach das Niveau, auf dem Torjäger Al Taliyani und Co. spielten. 0:2 gegen Kolumbien – eine Niederlage, die deshalb im Rahmen blieb, weil Kolumbien auf Angriffe der »Scheichlinge« wartete, die sich aber am eigenen Strafraum zusammenrotteten, um Gegentore zu verhindern.

Als der Groschen bei König Valderrama und seinen Gefolgsleuten fiel, fielen auch die Tore, die Redin per Kopf und Valderrama per Fuß erzielten. Kolumbien, dies wurde überdeutlich, ist in erster Linie eine Kontermannschaft, die das Spiel selbst kaum aufziehen kann. Zu viele Akteure im Mittelfeld traten sich fast gegenseitig auf die Füße, während der einzige Stürmer Iguaran sich vorkommen mußte wie ein Lonesome Cowboy.
»Das ist eben unsere Taktik«, sagten anschließend Valderrama und Rene Higuita unisono. Der eigenwillige Torwart hatte als erster erkannt, daß die arabischen Falken flügellahm waren und deshalb mehrere seiner viel umjubelten Ausflüge gestartet.
Petar Radenkovic hätte seine Freude daran gehabt!
Das Oberligaformat der Spieler von Trainer Carlos Alberto Pereira, das seine Vorgänger Mario Zagallo und Bernhard Blaut den Kopf kostete, weil sie es laut ansprachen, trug nicht eben zur Attraktivität der Partie bei. Da schon eher der Auftritt der Männer in den weißen Gewändern (sie werden »Dish Dash« genannt – und nicht etwa darin gewaschen), die teilweise darüber empört waren, daß sie nicht mit ihren geliebten lebenden Falken ins Stadion durften.
Also wenig Farbe im Spiel – dafür aber um so mehr auf den Rängen, wo vor allem Kolumbianer karnevalsmäßig unterwegs waren. Ein Fan, verkleidet als Kondor mit riesigen Schwingen, genäht aus der kolumbianischen Flagge, wurde an einem Seil über die Brüstung gehalten. Er flatterte so lange, bis seinen Kameraden das Seil zu schnell aus den Händen glitt. Ganz Vogel landete er gekonnt wie ein Albatros.

Nase vorn: Kolumbiens Carlos Valderrama.

Deutschland Jugoslawien V.A. Emirate Kolumbien

9. 6. 1990 in Bologna
V.A. Emirate–Kolumbien 0:2

10. 6. 1990 in Mailand
Deutschland–Jugoslawien 4:1

14. 6. 1990 in Bologna
Jugoslawien–Kolumbien 1:0

15. 6. 1990 in Mailand
Deutschland–V.A. Emirate 5:1

19. 6. 1990 in Mailand
Deutschland–Kolumbien 1:1

19. 6. 1990 in Bologna
Jugoslawien–V.A. Emirate 4:1

9. 6. 1990 in Bologna
Vereinigte Arabische Emirate – Kolumbien 0:2 (0:0)
VAE: Faraj – E. M. Abdulrahman, Mohamed, K. G. Mubarak, I. M. Abdulrahman – Abdullah, N. K. Mubarek, Juma'a, Abbas – F. K. Mubarak, Al Taliyani – Trainer: Carlos Alberto Pereira. KOLUMBIEN: Higuita – Herrera, Perea, Escobar, Gilardo Gomez – Rincon, Alvarez, Valderrama, Gabriel Gomez, Redin – Iguaran – Trainer: Maturana. Auswechselspieler: 60. Bilal für F. K. Mubarak, 78. Sultan für E. M. Abdulrahman – 79. Estrada für Iguaran. Tore: 0:1 Redin (52.), 0:2 Valderrama (85.) – Schiedsrichter: Courtney (England) – Zuschauer: 30791 – Gelbe Karten: I. M. Abdulrahman, Mohamed, N. K. Mubarak

Teamchef Franz Beckenbauer

Bodo Illgner

Raimond Aumann

Guido Buchwald

Thomas Berthold

Stefan Reuter

Günter Hermann

Thomas Häßler

Lothar Matthäus

Pierre Littbarski

Rudi Völler

Jürgen Klinsmann

Andreas Köpke

Klaus Augenthaler

Jürgen Kohler

Hans Pflügler

Das deutsche Team

Auf diese 22 Spieler vertraute Teamchef Franz Beckenbauer in Italien. Der »Benjamin« ist Andreas Möller (22), der »Oldtimer« Paul Steiner (33). Der Kölner rückte erst im letzten Moment in den Kader.

Andreas Brehme

Andreas Möller

Olaf Thon

Uwe Bein

Karlheinz Riedle

Frank Mill

Paul Steiner

Traumstart: Matthäus machte mobil

Franco, Giovanni und Ricardo stammen aus Mailand. Sie sind Freunde – und Anhänger von Inter, »Interisti«. Deshalb verehren sie auch Lothar Matthäus, Andreas Brehme und Jürgen Klinsmann. Ob die drei nun im schwarzblauen Inter-Trikot oder im weißen mit dem Bundesadler spielen, die drei Jungs aus Milano drücken den drei Stars aus Deutschland immer und überall die Daumen. Nach dem 4:1-WM-Auftaktsieg der deutschen Mannschaft allerdings hatten Franco, Giovanni und Ricardo heftigen Streit. Schuld war Lothar Matthäus.

Mailand, 10. Juni. Kurz vor Mitternacht. Sirenen heulen, das Blaulicht auf fünf Polizeiautos kreischt und blinkt. Die deutsche Mannschaft verläßt mit einer Eskorte »Carabinieri« den Ort ihres ersten Erfolges. Die zirka 50 Kilometer vom Meazza-Stadion zum Quartier in Erba werden zur Triumphfahrt. »So etwas«, sagt Franz Beckenbauer, der deutsche Teamchef, »habe ich in meiner ganzen Laufbahn noch nicht erlebt.« Und Beckenbauer hat schon viel erlebt. Nicht aber diese Euphorie, diese der deutschen Mannschaft entgegenschwappende, sie fast wegschwemmende Sympathiewelle.

Die Fans liegen sich in den Armen, tausende Fahnen in Schwarz-Rot-Gold flattern im Nachthimmel, zahllose Hände winken den Spielern zu. Und die winken zurück. Ganz hinten im Bus sitzt Lothar Matthäus, winkt auch. Irgendwo im Stadtteil San Siro hat er das gemacht – und damit die drei Freunde gegeneinander aufgebracht. Denn jeder fühlt sich persönlich von der freundlichen Geste des deutschen Kapitäns angesprochen, jeder meint, Lothar Matthäus habe nur ihn gegrüßt.

Traumpaar: Jürgen Klinsmann im Freudentaumel mit dem Torschützen Lothar Matthäus (unten).

Es ist nicht bekannt, wie lange die drei Tifosi aus Milano in Fehde miteinander lagen, bekannt ist jedoch der Grund für die Verehrung, für die Ovationen, die Lothar Matthäus gerade an diesem Tage entgegengebracht wurden. Der Mann mit der Nummer zehn im deutschen Team war im Spiel gegen die Jugoslawen der Mann des Tages.

29. Minute: Matthäus nimmt einen Außenrist-Paß von Reuter mit dem Rücken zum jugoslawischen Tor an, mit einer blitzschnellen Drehung läßt er Libero Davor Jozic ins Leere laufen und zieht mit dem linken Fuß aus 17 Metern ab. Der Ball saust in die linke untere Ecke. 1:0 für Deutschland. Ein Schuß des gebürtigen Franken, so trocken wie ein Frankenwein. Und der Anfang vom Ende für die Jugoslawen.

Scharfschütze: Lothar Matthäus in Aktion.

40. Minute: Augenthaler schlägt einen weiten Paß auf Brehme, der flankt von der linken Seite, Klinsmann sprintet dem Ball entgegen, wirft sich in die Flugbahn und verlängert ihn mit dem Kopf in die lange Ecke. 2:0. Schöner kann ein Tor nicht sein.
Oder doch?
64. Minute: Wieder Matthäus. Im Mittelfeld erhält er den Ball, tritt an, läßt die Gegenspieler stehen wie ein rasender Autofahrer die Bäume am Straßenrand, hämmert den Ball aus etwa 20 Metern flach in die linke Ekke. Das 3:1, so schön oder noch schöner als die anderen beiden Treffer. Aber in jedem Falle enorm wichtig, denn nach dem Anschlußtor von Jozic per Kopf (55.) hatten die Deutschen kurzfristig leichte Spiel-Rhythmus-Störungen bekommen. Nun aber rollte die Lawine unaufhaltsam Richtung jugoslawisches Tor, es waren noch mehr Treffer als der von Völler (70.) nach Fangfehler von Tomislav Ivkovic möglich. Einmal spielte Pierre Littbarski, kurz zuvor eingewechselt und deshalb besonders ehrgeizig, zu eigensinnig, als er allein auf Ivkovic zudribbelte, den Ball aber nicht zum freistehenden Klinsmann paßte, ihn stattdessen verlor. Und dann wühlte sich Rudi Völler noch durch, kam an mehreren jugoslawischen Abwehrspielern vorbei, doch Ivkovic fischte den Ball.
»Für uns war das heute ein Lehrspiel«, gesteht Jugoslawiens Trainer Ivica Osim nach dem Schlußpfiff. »Wir haben eine starke deutsche Mannschaft erwartet, aber nicht so stark.« Der Mann, der sonst so aussieht wie eine Mischung aus John Wayne und Erich Kühnhackl, also ein Schrank von Mannsbild ist, sitzt auf seinem Stuhl wie ein Häufchen Pudding.

Franz Beckenbauer hat's da schon leichter. Rundum zufrieden sei er gewesen mit dem Spiel seiner Mannschaft, sagt er. »Sieben, acht Spieler hatten ihre Bestform.« Allen voran die Legionäre, die »Italiener«. Und da in erster Linie Andreas Brehme und Lothar Matthäus. »Maradona gibt die Krone ab«, titelte Italiens größte Sportzeitung »Gazzetta dello Sport« auf Seite eins in Riesen-Lettern. Und an wen? Dumme Frage: »E Matthäus il Primo re« – Matthäus ist der erste König.

Nun ist ja bekannt, daß die Italiener in ihrer Fußball-Begeisterung schnell mit blumigen Ausdrük-

Computer-Analyse ... Computer-Analyse ... Computer-Analyse

Name	Kurzpässe zum Mitspieler	Kurzpässe Fehlpaß	Pässe über mehr als 25 m zum Mitspieler	Pässe über mehr als 25 m Fehlpaß	Zweikämpfe gewonnen	Zweikämpfe verloren	Fouls gefoult worden	Fouls Foul gespielt	Kopfballduelle gewonnen	Kopfballduelle verloren	Freistöße/Eckbälle ausgeführt	Torschüsse	Ballkontakte
Klaus Augenthaler	58	1	15	2	5	6	1	1	2	0	4	1	95
Thomas Berthold	46	0	8	1	10	0	0	3	5	0	0	0	72
Guido Buchwald	35	1	0	1	10	4	0	1	6	1	1	2	61
Stefan Reuter	38	3	5	1	8	6	3	1	0	0	3	0	73
Andreas Brehme	41	0	16	4	9	6	1	6	0	0	7	2	95
Thomas Häßler bis 75. Min.	28	3	4	0	11	5	4	1	0	1	2	3	62
Lothar Matthäus	49	0	19	2	10	7	1	1	2	0	1	4	95
Uwe Bein bis 75. Min.	30	7	3	0	7	7	2	0	0	0	2	2	67
Jürgen Klinsmann	9	3	1	0	3	4	3	2	2	4	0	3	31
Rudi Völler	12	2	1	1	12	6	2	2	1	1	0	5	48
Pierre Littbarski ab 75. Min.	17	0	1	0	1	5	1	0	0	0	0	1	26
Andreas Möller ab 75. Min.	11	1	0	0	0	4	0	0	0	0	1	1	19

Schwabenpfeil:
Jürgen Klinsmann enteilt Jugoslawiens Spasic.

**Spitze, Rudi:
Völler stochert den Ball zum
4:1 ins Netz.**

ken wedeln. Vor allem die Zeitungen. In Matthäus' Fall aber waren sie sich mit den Experten einig. »Seit einem Jahr«, erzählte Inter-Trainer Giovanni Trapattoni, »arbeitet Lothar zweimal in der Woche ganz intensiv daran, seinen linken Fuß zu verbessern.« Sein Tor zum 1:0 war der Lohn für seine Überstunden und Sonderschichten. Und Franz Bekkenbauer intonierte eine Lobeshymne auf den Gala-Auftritt seines Kapitäns, wie sie Placido Domingo an der Mailänder Scala nicht heftiger hätte schmettern können. »Lothar Matthäus«, so Beckenbauer, »hat alle Fähigkeiten, die ein Fußballer braucht. Er kann einer der besten, wenn nicht der beste Spieler der Welt werden.« Ein schönes Geschenk zum Jubiläum. Denn Matthäus spielte gegen Jugoslawien zum 75. Mal im Nationaldreß. Und große Worte, die Matthäus verlegen und stolz machten.

»Ich bin hier in Italien als Fußballer und als Mensch reifer geworden«, erklärte der deutsche Kapitän am Tag nach seiner Weltklasse-Leistung. In Italien werde er – wie die anderen deutschen Spieler auch, die im Fußball-Schlaraffenland Italien ihre Spaghetti verdienen – jede Woche voll gefordert, »weil hier halt die besten Fußballer der Welt spielen«.

Und dann habe ihn noch ein privates Erlebnis geprägt, die Geburt seiner zweiten Tochter. »Eine Frühgeburt, bei der es um Leben oder Tod ging«, berichtet Matthäus. »Da habe ich kapiert, daß es im Leben noch wichtigere Dinge gibt als Fußball.« Die Distanz, die er dadurch zu seinem Beruf gewonnen habe, lasse ihn lockerer an die verschiedenen großen Aufgaben herangehen. Und diplomatischer, reifer urteilen.

»Es war nicht der Sieg des Lothar Matthäus«, stellte er klar, »sondern der Sieg der gesamten Mannschaft.« Beides stimmt. Und beides war überraschend. Gerade nach den eher durchschnittlichen Vorstellungen der deutschen Mannschaft in den Testspielen. »Die Vorbereitung war dennoch optimal«, betonte der Teamchef, »jeder Spieler ist topfit. Wir haben auf die Minute hin gearbeitet.«

Gegen die Tschechoslowakei und Dänemark, als die deutsche Mannschaft wenige Wochen zuvor noch mühevolle 1:0-Siege herausgewürgt hatte, war der Deutschland-Expreß noch stockend dahingezukkelt. Jetzt fuhr er mit Volldampf. In rasender Fahrt. Klaus Augenthaler erklärt die Wandlung so: »Einige sind römisch-katholisch, andere evangelisch. Da mußten wir uns erst aufeinander einstellen.« Um dann allerdings ernsthaft zu erklären: »Wir haben schon während der gesamten Vorbereitung gemerkt, daß Harmonie und Spielstärke vorhanden waren. Diesen Optimismus haben wir umgesetzt, das war enorm wichtig.«

Und dieser Optimismus wurde noch verstärkt durch diesen Raketenstart. »Wir sind eine Mannschaft, die offensiv spielen muß«, erklärte Franz Beckenbauer energisch und kündigte weiterhin Power-Fußball an.

Sehr zur Freude der deutschen Schlachtenbummler. Die an diesem Tag allerdings für schlimme Schlagzeilen sorgten, als einige von ihnen in der Innenstadt Mailands direkt neben dem Dom eine wunderschöne Galerie verwüsteten, Schaufenster einschlugen, plünderten und Polizisten verletzten.

10. 6. 1990 in Mailand

Deutschland – Jugoslawien 4:1 (2:0)

DEUTSCHLAND: Illgner – Augenthaler – Berthold, Buchwald – Reuter, Häßler, Matthäus, Bein, Brehme – Klinsmann, Völler – Trainer: Beckenbauer. JUGOSLAWIEN: Ivkovic – Jozic – Hadzibegic, Spasic, Baljic – Vulic, Susic, Katanec, Stojkovic – Savicevic, Vujovic. Trainer: Osim. Auswechselspieler: 75. Littbarski und Möller für Häßler und Bein – 56. Prosinecki für Susic. Tore: 1:0 Matthäus (29.), 2:0 Klinsmann (40.), 2:1 Jozic (55.), 3:1 Matthäus (64.), 4:1 Völler (70.) – Schiedsrichter: Peter Mikkelsen (Dänemark) – Zuschauer: 74765 – Gelbe Karte: Brehme

»Diesen Randalierern muß das Handwerk gelegt werden«, schimpften die aufgebrachten deutschen Spieler unisono.

Franco, Giovanni und Riccardo gehörten nicht zu diesen Chaoten. Sie sind echte Fußball-Freunde, keine Randalierer. Außerdem hatten sie an diesem Abend auch ganz andere Probleme. Das eine mit Matthäus. Und dann natürlich noch eines: Wem sollten sie die Daumen drücken, falls das Endspiel am 8. Juli tatsächlich Italien gegen Deutschland heißen würde?

Das Stadion »Giuseppe Meazza« in Mailand

Früher hieß das Stadion »San Siro«, benannt nach dem Stadtteil. Es entstand bereits 1926. Später wurde die Arena nach dem Inter-Idol der 30er Jahre, Giuseppe Meazza, umbenannt. Für die WM wurde es um ein drittes Stockwerk erweitert. Die Konstruktion umfaßt elf runde Treppen-Türme, von denen die vier äußeren die nahezu quadratische Überdachung aus Stahl abstützen. Nach dem Umbau bietet die Arena Platz für 83500 Zuschauer. Rund 177 Millionen Mark hat der Umbau gekostet, etwa 45 Prozent mehr, als zuvor veranschlagt. Das »Meazza-Stadion« war Schauplatz der Eröffnungsfeier und der Auftaktpartie zwischen Argentinien und Kamerun. Dabei besiegten die Afrikaner den Weltmeister sensationell mit 1:0. Einen besseren Auftakt als Maradona und Co. erwischte Deutschland beim glänzenden 4:1 gegen Jugoslawien. Es folgte der 5:1-Erfolg gegen die Vereinigten Arabischen Emirate und das 1:1 gegen Kolumbien. Das Team von Franz Beckenbauer erlebte nicht zuletzt wegen der drei Inter-Spieler Matthäus, Brehme und Klinsmann in Mailand stets »Heimspiel-Atmosphäre«. Auch den Krimi im Achtelfinale gegen Europameister Holland und das Viertelfinalspiel gegen die Tschechen bestritt Deutschland in Mailand.

Das Stadion »Dall' Ara« in Bologna

Ein geschichtsträchtiges Stadion in neuem Gewand. Das Stadion »Dall' Ara« gehört zu den WM-Arenen, die auch nach der Modernisierung ihr Gesicht am wenigsten verändert haben. Die Fassade des 1927 eingeweihten Stadions steht ebenso unter Denkmalschutz wie der alte Zeitnehmerturm. Renoviert wurde allerdings der Innenraum und zwar mit hohem Kostenaufwand. Der ursprüngliche Kostenrahmen von 53 Millionen Mark wurde klar gesprengt. Letztlich mußten rund 90 Millionen Mark auf den Tisch geblättert werden. Dafür finden nun 41000 Zuschauer modernsten Komfort in einem geschichtsträchtigen Umfeld. Ein Viertel der Plätze ist überdacht. Nach der Weltmeisterschaft wird im neuen »Dall' Ara« der Erstligist AC Bologna, bei dem der ehemalige deutsche Nationalspieler Herbert Waas unter Vertrag steht, seine Heimspiele austragen. In den sechziger Jahren spielte Nationalspieler Helmut Haller für (den FC) Bologna. Er wurde sogar Meister mit dem Verein, ehe er zu Juventus Turin wechselte (auch dort Meister wurde). In der Hauptstadt der »Emilia Romagnia« fanden Vorrunden-Spiele der Gruppe D statt. Das Achtelfinalspiel England gegen Belgien war für Bologna der Ausklang dieser Weltmeisterschaft.

Nur im Sturm war der Wurm

Ihr Sombrero ist gelb, ihr knallenges T-Shirt blau, ihre Jeans sind rot. Die Farbkonstellation verrät es: Die junge Dame mit den großen braunen Augen und den langen schwarzen Locken kommt aus Kolumbien. Sie ist nur eine von vielen äußerst hübschen Fußball-Anhängerinnen aus diesem südamerikanischen Land. Aber nicht nur die ziehen bewundernde Blicke auf sich, auch die Männer, derentwegen sie nach Italien gekommen sind. Higuita, Valderrama und Co. zeigen gegen Jugoslawien, warum es sich allemal lohnt, sogar in einen anderen Kontinent zu reisen, um sie Fußball spielen zu sehen.
Weil für sie Fußball ein begeisterndes Spiel ist, keine schwere Arbeit, kein harter Kampf. Auch wenn sie doch hin und wieder rustikal dazwischenschlagen und die Achillessehnen der jugoslawischen Spieler ab und zu böse quietschen. Im großen und ganzen sind die Kolumbianer jedoch eine Truppe, die den Ball wunderbar beherrscht, ihn blitzschnell mit zwei drei Kurz- oder Doppelpässen aus der eigenen Abwehr herauslaufen läßt wie ein ferngesteuertes Auto. Das dann aber vor dem gegnerischen Strafraum zumeist auf eine rote Ampel trifft: Der Sturm der Kolumbianer scheint einen Nicht-Angriffspakt mit den Gegnern – heute in Bologna mit den Jugoslawen – geschlossen zu haben. Von Tordrang keine Spur!
Dabei wären die zu Beginn unsicheren, geradezu verängstigten Stojkovic und Co. zu packen gewesen. Doch selbst der ansonsten sehr gute, hochaufgeschossene Rincon schaffte es nicht, aus fünf Metern allein vor dem jugoslawischen Kasten eine Flanke von Herrera einzuköpfen (62.).
Besser machte es da auf der anderen Seite schon Davor Jozic. In der 75. Minute schaufelt Safet Susic aus halbrechter Position eine Flanke in den Strafraum, die nimmt Jozic mit der Brust an, läßt den Ball noch einmal auftupfen und wuchtet ihn dann mit Vollspann unter die Latte. Ein Treffer aus dem Lehrbuch für perfekte Schußübungen. Es sollte das goldene Tor sein, da Higuita in der 82. Minute einen Elfmeter von Hadzibegic aus der rechten unteren Ecke fischt.

Dies war nicht die einzige Glanztat des kolumbianischen Keepers, der mehr durch seine Feldspieler-Qualitäten denn durch seine Fangkünste begeistert, ja fasziniert.

Der Gruppenzweite: Die Elf Jugoslawiens.

Abflug: Der Kolumbianer Redin hebt ab. Fragt sich, warum?

Higuita ist auch gegen Jugoslawien immer und überall. Mal an der linken Eckfahne, mal kurz vor der Mittellinie, mal an der rechten Strafraum-Ecke. Eine Mixtur aus Torwart und Libero, ein Unikum.
»Higuita«, sagt Jugoslawiens Trainer Ivica Osim ohne erkennbare Ironie, »stellt einen neuen Torwart-Typ dar. Viele Mannschaften würden sich mit Sicherheit auch solch einen Torwart wünschen.« Wie viele Herzinfarkte ein Trainer bei solch einem Torsteher, besser: Torläufer, stirbt, verriet Osim nicht.

Ebensowenig sein unmittelbar betroffener Kollege Francisco Maturana. Ganz ruhig, äußerlich von der Niederlage völlig unberührt, saß er da, sprach davon, daß dieser doppelte Punktverlust sofort abgehakt werden müsse. »Schließlich steht ja noch das Spiel gegen Deutschland aus, und da wollen wir zumindest einen Punkt«, so der Trainer selbstbewußt. »Vorher ist ein Spiel nie verloren. Auch nicht gegen einen solch haushohen Favoriten wie Deutschland.«

Genauso kämpferisch gab sich Rene Higuita. Die schulterlangen Zotteln noch naß, erklärte er, daß Kolumbien gegen die deutsche Mannschaft voll dagegenhalten müsse. »Wir sind jetzt zwar alle sehr traurig«, gestand er, »aber noch haben wir die Chance weiterzukommen.« Und wenn die nicht genutzt werden sollte, gibt es für die Südamerikaner immerhin einen guten Trost: So hübsche Anhängerinnen wie die Fußballer aus Kolumbien haben die wenigsten Mannschaften.

14. 6. 1990 in Bologna
Jugoslawien – Kolumbien 1:0 (0:0)
JUGOSLAWIEN: Ivkovic – Hadzibegic – Spasic – Stanojkovic, Sabanadzovic, Stojkovic, Katanec, Susic, Jozic, Brnovic – Vujovic – Trainer: Osim. KOLUMBIEN: Higuita – Herrera, Perea, Escobar, Gilardo Gomez – Alvarez, Valderrama, Gabriel Gomez, Rincon, Redin – Iguaran – Trainer: Maturana. Auswechselspieler: 46. Jarni für Katanec, 55. Pancev für Vujovic – 69. Hernandez für Rincon, 81. Estrada für Redin. Tor: 1:0 Jozic (75.) – Schiedsrichter: Luigi Agnolin (Italien) – Zuschauer: 32000 – Gelbe Karte: Stojkovic

Arabische Anfeuerung: Während der Partie gegen Deutschland.

Brillantes Feuerwerk: Zwei Böller von Völler

Blitz und Donner tobten über San Siro, als die deutsche Nationalmannschaft im Stadion »Giuseppe Meazza« ein Fußball-Feuerwerk vom Feinsten abbrannte. Und als der Himmel über Mailand seine Schleusen öffnete, sintflutartige Regengüsse in alle Winkel der futuristischen Fußballarena hineinstürzten, drohte eine Toreflut die Mannschaft der Vereinigten Arabischen Emirate am zweiten Spieltag der Gruppe D hinwegzuspülen.
Vom Anpfiff an führten alle deutschen Wege Richtung Tor der Araber. Mit Sturm und Drang und Zielstrebigkeit öffnete die Mannschaft von Franz Beckenbauer bereits einen Spieltag vor Ende der Gruppenspiele das Tor zum Achtelfinale. Konzentriert und engagiert beeindruckte der Vizeweltmeister von 1986 die Konkurrenz und begeisterte die eigenen Fans, von denen knapp 50000 unter den 71000 Zuschauern in San Siro im wahrsten Sinne des Wortes Farbe bekannten. In Frohsinn und Farbenpracht haben die deutschen Fans bei dieser WM aufgeschlossen zu den führenden Anhängerschaften. Und im Gegensatz zum Auftaktspiel gegen Jugoslawien zerstörte diesmal auch nicht eine Minderheit tobsüchtiger Krawallmacher den rundum positiven Gesamteindruck in Mailand.

Dazu gehörte vor allem die bis zum Schluß stürmische Einstellung der deutschen Mannschaft gegen einen in allen Belangen unterlegenen Gegner. Was kritisiert werden mußte an jenem Freitagabend in San Siro war allein die mangelnde Konsequenz bei der Chancenauswertung. Vor allem Rudi Völler und Jürgen Klinsmann hatten in den ersten zwanzig Minuten gleich fünf Riesenmöglichkeiten, sich im Kampf um die Krone des Torschützenkönigs bei diesem Turnier deutlich in den Vordergrund zu schießen. Die Chancen blieben zunächst freilich noch ungenutzt.
Dennoch: Am Ende bildeten zwei Böller von Völler, ein Kracher von Bein, eine Rakete von Matthäus und ein Knaller von Klinsmann die Höhepunkte dieses Brillantfeuerwerks, summierten sich die Kunstkniffe und

Kunstschüsse der deutschen Fußball-Pyrotechniker zum höchsten Vorrundensieg bei dieser Weltmeisterschaft.

Zufrieden waren am Ende alle. Die Mannschaft, weil sie im Gegensatz zu früheren Großveranstaltungen sich über einen schwachen Gegner mit einer starken Leistung hinweggesetzt hatte. Die Fans, die sich euphorisch noch heftiger den Träumen vom Finale in Rom hingaben. Aber auch die Emirate, die heilfroh waren, mit dem 1:5 noch glimpflich davongekommen zu sein. Lachend verwies Carlos Alberto Pereira, der brasilianische Trainer der VAE, auf die beachtliche Ausbeute seiner Wüstensöhne: Ein Tor und vier Eckbälle gegen Deutschland, das kann sich sehen lassen. Ein Debakel sei mit Erfolg verhindert worden, betonte Pereira. Und das unter widrigen Umständen: »Wie Sie wissen, regnet es in den Emiraten nur einmal im Jahr.«
Wie der sprichwörtliche Regenmacher wurde im Team der Wüstensöhne Khalid Ismail Mubarak gefeiert. Dem Mann mit der Nummer acht auf dem roten Trikot war beim Stande von 0:2 das erste Tor der Emirate bei einer WM gelungen. Voller Demut und Dankbarkeit widmete der Held vom Persischen Golf diesen Treffer seinem Landesherrn und obersten Scheich. Der ließ sich nicht lumpen und schenkte dem tüchtigen Untertan zum Lohn für seinen prestigebeladenen Volltreffer einen Rolls Royce. Die Übergabe der englischen Luxuslimousine ist gewissermaßen der Epilog in diesem Märchen aus Tausendundeiner Nacht, in dem Pereira und seine arabischen Fußball-Emire überfordert waren in der Rolle von »Ali Baba und die elf Räuber«. Für sie war die vorzeitige Rückkehr heim in die Wüste mit dieser Niederlage beschlossene Sache.

Die deutsche Mannschaft wurde dagegen nach diesem Furioso in der Mailänder Fußball-Scala plötzlich als Topfavorit vor allem in den ausländischen Zeitungen gefeiert. »Was die Mannschaft um Franz Beckenbauer zeigte, grenzt an Perfektion«, schwärmte »Mundo Deportivo« in Barcelona. »Politica« in Belgrad befand: »Die deutsche Mannschaft spielte so ernsthaft, als wenn es das WM-Endspiel gewesen wäre.« Und die Wiener »Kronenzeitung« stellte fest: »Die Deutschen müssen weiterhin als der große WM-Favorit angesehen werden.«

15. 6. 1990 in Mailand
Deutschland –
Ver. Arab. Emirate 5:1 (2:0)
DEUTSCHLAND: Illgner – Augenthaler – Berthold, Buchwald – Reuter, Häßler, Matthäus, Bein, Brehme – Klinsmann, Völler – Trainer: Beckenbauer. VER. ARAB. EMIRATE: Faraj – K. G. Mubarak, Abdullah – I. M. Abdulrahman, Mohamed – E. M. Abdulrahman, Abbas, F. K. Mubarak, K. I. Mubarak – Juma'a, Al Taliyani – Trainer: Carlos Alberto Pereira. Auswechselspieler: 46. Littbarski für Berthold, 72. Riedle für Klinsmann – 84. Hussain (Al-Wasl) für K. I. Mubarak, 87. Al Hadda (Sharjah) für I. M. Abdulrahman. Tore: 1:0 Völler (36.), 2:0 Klinsmann (38.), 2:1 K. I. Mubarak (46.), 3:1 Matthäus (47.), 4:1 Bein (59.), 5:1 Völler (75.) – Schiedsrichter: Alexej Spirin (Sowjetunion) – Zuschauer: 71 167 – Gelbe Karten: Brehme – Mohamed, Abbas

Bein-Schuß:
Der Frankfurter trifft gegen die Emirate.

Vor allem die erfolgreichen Italien-Legionäre im deutschen Team waren in aller Munde. Hatten sie beim Auftakt gegen Jugoslawien noch im Alleingang für die Torausbeute gesorgt, so konnte sich diesmal wenigstens Uwe Bein in ihren Kreis als Torschütze hineinschießen. Rudi Völler aus Rom präsentierte sich nicht nur als zweifacher Torschütze, sondern weiter in glänzender Verfassung.
Jürgen Klinsmann ärgerte sich in »seinem« Stadion zwar mächtig: »Ich konnte es selbst kaum glauben, daß ich solche Chancen ausgelassen habe. Drei Tore hätte ich schießen müssen. Das wurmt mich mächtig.« Doch wie schon zuvor gegen Jugoslawien war auch diesmal sein herrlicher Kopfballtreffer nach Flanke von

Reuter zum 2:0 aller Torjäger-Ehren wert.
Andreas Brehme forcierte an seiner italienischen Arbeitsstätte mit perfekten Direktpässen das deutsche Spiel. Der Inter-Außenverteidiger bekam allerdings als erster deutscher Spieler bei diesem Turnier zum zweiten Mal die Gelbe Karte gezeigt und mußte im nächsten Spiel gegen Kolumbien eine Zwangspause einlegen.
Das von der FIFA in diesem Fall geforderte Zwangsgeld in Höhe von 5000 Schweizer Franken übernahm großzügigerweise der Deutsche Fußball-Bund.
Thomas Berthold, der zur Pause wegen leichter Adduktorenbeschwerden vorsichtshalber ausgewechselt wurde, bekam als Bewacher des angeblich so gefährlichen Al Taliyani ein Sonderlob von Franz Beckenbauer ab: »Der Thomas hat sehr gut gespielt.«
Über allen stand aber auch diesmal Lothar Matthäus. »Besser als er kann man nicht spielen«, meinte Beckenbauer. »Il Tempo«, eine römische Tageszeitung, übte gar Kommentar-Chirurgie, als sie die operative Leistung der deutschen Mannschaft im allgemeinen und die ihres Kapitäns so beschrieb: »Die Deutschen sezierten ihren Gegner, das Skalpell war dabei fest in der Hand von Matthäus.«
Klar, daß die italienische Öffentlichkeit vor allem den Beitrag des Quintetts der deutschen Gastarbeiter für sich vereinnahmte. »Die deutschen Italiener blieben super«, freute sich »Il Tempo«. Und »Tuttosport«, Turins führende Sportzeitung, betitelte die Taten der deutschen Donnerblitzbuben aus Rom und Mailand an diesem Gewitter-Abend überschwenglich: »Ital-Germania eröffnet wieder das Feuer.«

Mag Franz Beckenbauer hinterher auch relativiert haben: »Bei uns herrschen Gelassenheit und Selbstvertrauen, aber keine Euphorie«, mag Berti Vogts den Emiraten das Format »einer sehr gut spielenden Juniorenmannschaft« zugebilligt haben, und mag Guido Buchwald, eine der großen positiven Erscheinungen in der deutschen Mannschaft während der Vorrunde, den Wert dieses Länderspiels gegen die Vereinigten Arabischen Emirate auch so eingeschätzt haben: »Das war kein richtiger Test, das war höchstens ein Freundschaftsspiel wie gegen eine Amateur-Oberligamannschaft« – der Überschwang im Umfeld der deutschen Nationalmannschaft kannte nach neun Toren in den ersten zwei Spielen kaum noch Grenzen. Kein Wunder! Das Team von Franz Beckenbauer hatte wie aus einem Guß gespielt.
Allerdings hatte eine wirklich ernsthafte Prüfung der Schwachstellen in der bundesdeutschen Fußball-Auswahl bis dahin auch noch nicht stattgefunden.

**Augen auf:
Pierre Littbarski konzentriert am Pfosten.**

**Zum Verzweifeln:
Jürgen Klinsmann nach einer vergebenen Chance.**

Computer-Analyse ... Computer-Analyse ... Computer-Analyse

Name	Kurzpässe zum Mitspieler	Kurzpässe Fehlpaß	Pässe über mehr als 25 m zum Mitspieler	Pässe über mehr als 25 m Fehlpaß	Zweikämpfe gewonnen	Zweikämpfe verloren	Fouls gefoult worden	Fouls foul gespielt	Kopfballduelle gewonnen	Kopfballduelle verloren	Freistöße/Eckbälle ausgeführt	Torschüsse	Ballkontakte
Klaus Augenthaler	52	4	13	5	5	2	0	0	3	0	1	1	87
Thomas Berthold bis 45. Min.	14	1	2	0	4	0	1	1	4	4	1	0	30
Guido Buchwald	39	3	1	1	4	6	0	2	2	1	0	0	57
Stefan Reuter	39	0	8	1	4	1	2	1	0	3	2	0	64
Andreas Brehme	48	1	18	2	6	0	1	1	0	0	5	2	96
Thomas Häßler	59	6	5	1	12	12	0	0	0	0	0	2	105
Lothar Matthäus	60	5	16	4	11	7	2	3	1	0	3	4	116
Uwe Bein	52	3	10	2	8	3	0	1	1	1	0	1	82
Jürgen Klinsmann bis 72. Min.	9	3	0	1	3	3	2	4	0	0	0	5	47
Rudi Völler	15	2	0	0	10	5	3	2	5	3	0	7	51
Pierre Littbarski ab 46. Min.	14	0	3	1	4	2	1	1	0	0	2	2	36
Karlheinz Riedle ab 72. Min.	2	2	0	0	1	1	0	1	1	0	0	0	7

»El Loco« lockte Völler auf die Palme

Psychologische Kriegsführung bestimmte die 90 Minuten der deutschen Mannschaft gegen Kolumbien. Beispiel Rene Higuita. Der Fußballer mit den schwarzen Locken trieb die Profis des Franz Beckenbauer durch seine Spielweise bis zur Weißglut. Er stand noch weiter als sonst vor dem Tor, um Klaus Augenthaler und Co. zu Weitschüssen zu provozieren. »Die haben doch permanent mit dem Gedanken gespielt, mir ein 50-Meter-Tor zu verpassen«, grinste nach dem Spiel »El Loco« (»Der Verrückte«).
Auch die Tatsache, daß er den Ball kaum in die Hand nahm, sondern immer nur abklatschte, um dann Zeit zu schinden, registrierten die Nationalspieler mit aggressiven Gefühlen. Rudi Völler beispielsweise trieb es die Zornesröte ins Gesicht. »So etwas bringt einen aus dem Konzept. Da verliert man schnell den Rhythmus«, belächelte Higuita später noch die vehementen Versuche Völlers, ihm den Ball abzunehmen.
Pierre Littbarski gar wettete schon auf der Reservebank mit Ersatztorwart Andreas Köpke um eine Flasche Champagner, daß er diesem »arroganten Kerl« einen Ball ins Netz legt. Auch diese Aussage verdeutlicht, daß die Spieler der DFB-Auswahl die Köder schluckten, die Maturanas Leute ausgelegt hatten.

Beispiel Carlos Valderrama. Das Theaterstück um seine Verletzung war nur dazu angetan, Matthäus und seine Kollegen gedanklich zu beschäftigen. Der Haß baute sich sichtbar auf, als der Mann mit den blonden Locken nach fünf Minuten Behandlung weiterspielte, als habe ihn nie ein Wehwehchen geplagt. Dabei hatte er sich so theatralisch mit der Trage verabschiedet, daß man um seine Karriere fürchten mußte. Stocksauer klatschten die Deutschen hämisch Beifall.
All dies aber hätten die Kolumbianer gar nicht nötig gehabt, denn sie sind zum Teil Fußballästheten. Wenn überhaupt eine Mannschaft einen Sieg verdient gehabt hätte, dann Kolumbien. Dies sah wohl auch Franz Beckenbauer so, der sich allerdings zu dem wenig überzeugenden Satz hinreißen ließ: »Ich habe mich über das Ausgleichstor gefreut.«

Fränkischer Flieger: Lothar Matthäus fährt Alvarez in die Parade.

Kompliment: Das Team aus Kolumbien.

Verladen:
Higuita läßt Rudi Völler
ins Leere laufen.

19. 6. 1990 in Mailand
Deutschland – Kolumbien 1:1 (0:0)
DEUTSCHLAND: Illgner – Augenthaler – Berthold, Buchwald – Reuter, Häßler, Matthäus, Bein, Pflügler – Klinsmann, Völler – Trainer: Beckenbauer. KOLUMBIEN: Higuita – Herrera, Perea, Escobar, Gilardo Gomez – Alvarez, Fajardo, Valderrama, Gabriel Gomez – Estrada, Rincon – Trainer: Maturana. Auswechselspieler: 46. Littbarski für Bein, 84. Thon für Häßler. Tore: 1:0 Littbarski (88.), 1:1 Rincon (90.) – Schiedsrichter: Alan Snoddy (Nordirland) – Zuschauer: 72510 – Gelbe Karten: Berthold – Herrera, Gabriel Gomez, Alvarez

Ein Novum in der Geschichte der Weltmeisterschaft, daß ein Teamchef ein Gegentor begrüßt, das noch dazu einen Punktverlust für die eigene Mannschaft bedeutet!

Um einen sicher geglaubten Zähler sahen sich die Schützlinge Francisco Maturanas fast gebracht, als Pierre Littbarski an seine Wette dachte und den ungeliebten Zottelkopf der Kolumbianer überwand. Ein Klassetor, durch ein Dribbling Rudi Völlers ausgezeichnet vorbereitet – es bedeutete eigentlich das Aus für Kolumbien nur zwei Minuten vor dem Abpfiff.
Doch dann bewies das Team aus Südamerika nicht nur Moral, sondern der Laienspieler Valderrama auch seine Klasse als Fußballer. Aus dem Fußgelenk schlug er einen sogenannten »tödlichen Paß« auf Freddy Rincon, und der lange Schlacks rettete sein Team ins Achtelfinale, indem er per Beinschuß Bodo Illgner überwand.

Der Erstickungstod war abgewendet, die Luft zum Atmen wieder da. Völlig fertig meinte nach dem Schlußpfiff Carlos Enrique Estrada: »Ich habe gebetet, daß Freddy es schafft. Es gibt doch einen Fußballgott.« Estrada hatte kurz vor Rincon in ähnlicher Situation zu überhastet geschossen.

Überraschend nahm Franz Beckenbauer das 1:1 gegen den in der Raumdeckung spielenden Gegner gelassen hin. Selbst die krassen Abwehrfehler und den Leichtsinn eines Klaus Augenthaler bedachte er kaum mit einem kritischen Wort. »Es war ein Spiel, das wir zwar gewinnen wollten, es aber nicht mußten«, erteilte er der Mannschaft eine Generalabsolution.
Dabei waren die Fehler der bundesdeutschen Elitekicker mehr als gravierend. Es gab kein Flügelspiel, das die einzig wirksame Waffe gewesen wäre, gegen die mit einer Viererabwehrkette operierenden Kolumbianer, die Klinsmann, Völler, Matthäus oder Häßler gleich reihenweise in die geschickt praktizierte Abseitsfalle tappen ließen.
Auf der linken Seite, wo der gesperrte Andreas Brehme fehlte, zeigte Pflügler, daß er eines nicht kann: Brehme kopieren oder gar ersetzen. Der Münchner, der vor der Pause noch den einen oder anderen Vorstoß wagte, resignierte später und beschränkte sich auf seine Defensivaufgaben. Die allerdings löste er auch nicht optimal. So fiel das 1:1 ausgerechnet auf seiner Seite. Sein Pendant auf rechts, Reuter, blieb ebenfalls blaß. »Dreimal habe ich Flankenläufe versucht, dreimal haben sie mich erwischt«, so sein deprimierendes Fazit.

Besser drauf war da schon Freddy Rincon, der sich erst im Verlauf der Vorrunde gegen etablierte Spieler wie Redin durchgesetzt hatte: »Ich widme das Tor dem gesamten kolumbianischen Volk.« Der lange Lulatsch, der als Filigrantechniker die deutschen Spieler narrte, hofft, daß er schon bald einen lukrativen Vertrag unterschreiben kann. Nach Kolumbien zurück, zum Klub America Cali, wollte er eigentlich nie.
Rincon ist ein sympathischer Typ, der später zugab, daß er den Beinschuß bei Bodo Illgner nicht geplant hatte. »Ich wollte plaziert schießen und nicht mit Gewalt. Daß ich Illgner getunnelt habe, war keine Absicht, sondern lediglich Glück.«
Bodo Illgner hatte nicht den Eindruck, war überzeugt davon, daß Rincon ihn auf diese Art bezwingen wollte: »Ich bin so schnell raus und habe eigentlich alle Möglichkeiten abgedeckt, da blieb ihm nur der Tunnel.« Vorwürfe aber habe man ihm nicht gemacht. Warum auch, haltbar war Rincons Maßarbeit ohnehin nicht.

Bester Spieler im Team Franz Beckenbauers aber war Guido Buchwald. Der Abwehrrecke mußte zwar in der ersten Halbzeit auch einen Beinschuß hinnehmen, noch dazu per Hacke (Estrada), doch anschließend war er ständig auf Achse, um Löcher zu stopfen, die die Kolumbianer gerissen hatten. Berti Vogts verstieg sich sogar zu der Aussage, Buchwald habe in allen drei Vorrundenspielen eine »Weltklasseleistung« erbracht.

Nicht tragisch: Valderrama läßt sich vom Platz tragen. Minuten später war er wieder quicklebendig.

WM-Splitter

HERBERGE: Wenn er gewollt hätte, Jürgen Klinsmann hätte seine ohnehin schon üppigen WM-Prämien mit Hilfe von Mieteinnahmen locker noch um einiges erhöhen können. In seiner Wohnung in Cernobbio am Comer See gaben sich Freunde und die Familie des blonden Mittelstürmers die Klinke in die Hand. Seine alte Clique aus Geislingen war da, zwei Freunde aus den USA, die Eltern und Brüder.

KRACH: Den größten Krach zwischen Trainer und Spieler gab es ausgerechnet in der deutschen Vorrundengruppe. Aber keine Angst, Franz Bekkenbauer blieb diesmal verschont. Dejan Savicevic, 23jähriger Hitzkopf in Reihen der Jugoslawen, giftete seinen Trainer Ivica Osim an, nachdem dieser ihn zweimal nur auf die Ersatzbank gesetzt hatte. »Du hast mich praktisch zerstört, du existierst für mich nicht mehr.«

WERBUNG: Der Mann mit der längsten Berufsbezeichnung in der deutschen Nationalmannschaft, Bundes-Torwart-Trainer Sepp Maier, rührte kräftig die Werbetrommel für seinen bayerischen Heimatort Anzing. Als ihm im deutschen WM-Quartier Miss Erba vorgestellt wurde, entgegnete der Maier Sepp selbstbewußt: »Gestatten, Mister Anzing.«

SUCHE: Mit Orientierungsproblemen kämpfte im »Castello di Casiglio« in Erba Thomas Berthold. Der tägliche Weg zum Speisesaal im weitläufigen WM-Quartier raubte dem früheren Frankfurter so den letzten Nerv, bis er bekannte: »Um den Weg zum Essen zu finden, benötigt man hier einen Kompaß.«

Völlig losgelöst: Rudi Völler fliegt nach einer Attacke von Alvarez durch die Luft.

Bescheiden wie immer nahm der Stuttgarter dieses Lob entgegen, rückte aber dann die Verhältnisse zurecht: »Es ehrt mich, wenn der künftige Bundestrainer dies sagt, doch in der ersten Halbzeit war es wohl nicht ganz so. Später aber habe ich beispielsweise Estrada beherrscht.«
Der wiederum zog den Hut vor Buchwalds Leistung. Estrada: »Ich habe noch nie gegen einen Abwehrspieler gekämpft, der so faire Mittel einsetzt wie Buchwald. Da bin ich linkere Dinger gewohnt.«

Auch Klaus Augenthaler stellte seinem Manndecker ein positives Zeugnis aus. »Der Guido kommt viel zu schlecht weg. Während wir alle heute nur 80 bis 90 Prozent gegangen sind, war er voll da.« Und zu seiner eigenen miserablen Vorstellung meinte der Münchner: »Ich habe schon auf dem Weg zum Stadion nicht dieses Kribbeln gespürt wie gegen Jugoslawien und die Vereinigten Arabischen Emirate. Die Einstellung war schon nicht gut, und dementsprechend geriet das Spiel.«
Dem war in der Tat nichts hinzuzufügen.

Computer-Analyse . . . Computer-Analyse . . . Computer-Analyse

Name	Kurzpässe		Pässe über mehr als 25 m		Zweikämpfe		Fouls		Kopfballduelle		Freistöße/ Eckbälle ausgeführt	Torschüsse	Ball-kontakte
	zum Mitspieler	Fehlpaß	zum Mitspieler	Fehlpaß	gewonnen	verloren	gefoult worden	foul gespielt	gewonnen	verloren			
Klaus Augenthaler	38	3	20	9	3	5	1	2	1	0	2	2	87
Guido Buchwald	36	0	5	2	16	7	1	4	4	1	4	0	76
Thomas Berthold	27	1	6	4	9	10	0	2	7	1	1	1	58
Stefan Reuter	38	5	3	3	5	7	3	0	0	1	0	0	69
Hans Pflügler	38	1	2	4	5	11	2	1	6	0	0	0	74
Thomas Häßler bis 84. Min.	46	4	4	1	14	11	2	0	0	1	3	2	89
Lothar Matthäus	26	2	17	5	13	11	4	0	0	0	4	3	92
Uwe Bein bis 45. Min.	15	2	4	1	3	2	0	0	0	0	4	0	32
Jürgen Klinsmann	4	4	3	0	7	7	0	1	1	2	0	2	36
Rudi Völler	12	3	0	0	7	12	2	0	1	3	0	3	42
Pierre Littbarski ab 46. Min.	19	3	0	3	10	7	1	1	0	0	2	2	56
Olaf Thon ab 84. Min.	0	2	0	0	0	0	0	0	0	0	0	0	3

Die Wüstensöhne: Die Elf der Vereinigten Arabischen Emirate.

Emirate gewannen: Erfahrung

Einigkeit macht stark. Ob's an ihrem Namen liegt, daß die Fußballer der Vereinigten Arabischen Emirate so denken. Jedenfalls stehen sie vor jedem Spiel, wenn die Nationalhymne erklingt, ganz eng aneinandergedrängt. Wie Fahrgäste in einem überfüllten Aufzug. Schulterschluß im wahrsten Sinne des Wortes. Genützt hat die symbolische Aktion wenig. Auch gegen Jugoslawien unterlagen die wackeren Wüstensöhne.

1:4 sieht zwar auf den ersten Blick deutlich aus, doch ganz so überlegen waren die Jugoslawen nicht. Denn nach der schnellen Führung durch zwei blitzsaubere Treffer von Susic – er nickte eine Sabanadzovic-Flanke ein – und Pancev, der aus elf Metern in Gerd-Müller-Manier vollstreckte, ließen es die Ballzauberer vom Balkan langsamer angehen.

Prompt wurden die anfangs verängstigten, feigen Scheichlinge dreister, erspielten sich die ersten Torchancen und den 1:2-Anschlußtreffer. Ibrahim Abdulrahman zirkelt Juma'a eine Bananenflanke auf die Stirn, von wo der Ball ins Netz flog. Im Anschluß hatten die vereinten Araber zwar weitere gute Szenen, doch die großen Möglichkeiten erspielten sich die Jugoslawen. Allein Mittelstürmer Pancev, dem sie vor dem Tor den tödlichen Biß einer giftigen Schlange nachsagen, hatte wohl seinen Giftzahn zu Hause im Wasserglas liegengelassen: Der Torschützenkönig der jugoslawischen Liga vergab drei allerbeste Chancen.

In der Pause steckte er sich dann aber die richtigen Zähne in den Mund, denn unmittelbar nach Wiederanpfiff wuchtete er den Ball, den Vujovic mit der Brust hatte abtropfen lassen, volley in die Maschen. 3:1, alles klar für die Jugoslawen. Nächste Runde erreicht und damit wieder Kunst nach Vorschrift.

Fußball spielen können sie nämlich wunderschön, die Kicker vom Balkan, nur den Zweck dieses Spiels vergessen sie zuweilen bis oft. Der dennoch hervorragend spielende Oldtimer Safet Susic hätte drei Tore machen müssen, Pancev versiebte noch einmal, ehe der eingewechselte Robert Prosinecki mit dem Schlußpfiff für den 4:1-Endstand sorgte.

Gerade über diesen letzten Treffer ärgerte sich VAE-Coach Carlos Pereira einige graue Strähnen in das schwarze Haupthaar. »Für die Nachspielzeit gab es überhaupt keine Veranlassung«, schimpfte er. Wandte sich dann aber trotz der 0:6 Punkte bei dieser WM den positiven Aspekten zu. »Meine Mannschaft hat viel an Erfahrung dazugewonnen«, sagte er, »ich selbst habe auch viel gelernt.«

Auch wenn die Ergebnisse nicht für seine Elf sprächen – was sie ja tatsächlich nicht taten –, so hätten die Zuschauer doch gemerkt, daß die Fußball-Lehrlinge ihr Bestes gaben. »Wir werden hoffentlich zur nächsten WM wiederkommen«, sagte Pereira. Seine Spieler schickte er zurück in die Wüste, er selbst blieb zur Fortbildung in Italien.

Ivica Osim, sein jugoslawischer Berufsgenosse, durfte das auch. Und mit ihm der gesamte Kader. Mit dem Vordringen in das Achtelfinale hatten die Jugoslawen ihr Minimalziel bei dieser WM erreicht. »Vor allem dank einer verbesserten Leistung im Angriff«, so Osim, der allerdings aus gutem Grund das Abwehrverhalten seiner Mannschaft bemängelte. Er führte das auf die große Schwüle und die Nervosität innerhalb seines Kaders zurück. Libero Faruk Hadzibegic bestätigte seinen Coach: »Wir hatten Angst, daß wir doch noch ausscheiden könnten.«

19. 6. 1990 in Bologna
Jugoslawien – Vereinigte Arabische Emirate 4:1 (2:1)
JUGOSLAWIEN: Ivkovic – Hadzibegic – Jozic, Spasic – Stanojkovic, Stojkovic, Susic, Sabanadzovic, Brnovic – Pancev, Vujovic – Trainer: Osim. VAE: Faraj – Eissa Abdulrahman, Al Hadda, Khaleel Mubarak, Ibrahim Abdulrahman – Nasser Mubarak, Abdullah, Abbas, Khalid Mubarak – Juma'a, Al Taliyani – Trainer: Pereira. Auswechselspieler: 64. Vulic für Vujovic, 79. Prosinecki für Sabanadzovic – 35. Sultan für Nasser Mubarak, 46. Fahad Mubarak für Juma'a. Tore: 1:0 Susic (5.), 2:0 Pancev (9.), 2:1 Juma'a (22.), 3:1 Pancev (46.), 4:1 Prosinecki (90.) – Schiedsrichter: Takada (Japan) – Zuschauer: 27833 – Gelbe Karten: Brnovic, Pancev – Khaleel Mubarak – Rote Karte: Khaleel Mubarak (78., wegen wiederholten Foulspiels)

Endstand	**1. Deutschland**	**10:3**	**5-1**
Gruppe D:	**2. Jugoslawien**	**6:5**	**4-2**
	3. Kolumbien	**3:2**	**3-3**
	4. V.A. Emirate	2:11	0-6

Gruppe E

In der Gruppe E hatte Spanien die Nase vorn. Dabei starteten Butragueño und Co. zum Auftakt beim 0:0 gegen Uruguay nicht gerade glanzvoll. Im entscheidenden Spiel um den ersten Platz besiegte die Mannschaft von Trainer Suarez Belgien allerdings mit 2:1. Dabei vergab Enzo Scifo die Chance zum Ausgleich, als er einen Elfmeter an die Latte schoß. Erst in allerletzter Minute rettete Fonseca mit seinem Treffer zum 1:0 gegen die Südkoreaner dem zweimaligen Weltmeister Uruguay doch noch den Einzug in das Achtelfinale.

Torheit des Torhüters

Und dann geht sie los, unsere Polonaise – nicht die von Blankenese bis hinter Wuppertal, sondern die von Südkorea bis Belgien.
Eine gute halbe Stunde ist gespielt im »Bentegodi«-Stadion zu Verona. Es steht noch immer 0:0. Nach einer starken Anfangsphase der Belgier tröpfelt das Spiel nur noch träge dahin. Dennoch herrscht auf den Rängen Karnevalsstimmung. Zirka 50 weißgekleidete Fußball-Freunde aus der südkoreanischen Kurve ziehen, die weißen Nationalflaggen in der einen Hand, die andere auf der Schulter des Vordermannes, in die belgische Ecke, die Europäer schließen sich den Asiaten an – Polonaise Südkoreanese–Belgenese.
Trommeln dröhnen, Rasseln klappern, Schellen scheppern. Vor allem die Südkoreaner machen diesen Juni-Dienstag zum Rosenmontag. Jubel, Trubel, Heiterkeit. Die auch die zwei Gegentore nicht auslöschen können.
53. Minute. Enzo Scifo legt mit einem raffinierten Rückzieher Degryse den Ball in die Gasse, Südkoreas Keeper In-Yong Choi rennt völlig grundlos aus seinem Kasten, der belgische Stürmer ist vor ihm am Ball und lupft ihn aus 20 Metern ins Netz.

Blick nach vorn: Belgiens Enzo Scifo.

Belgien
Südkorea
Uruguay
Spanien

12. 6. 1990 in Verona
Belgien–Südkorea 2:0
13. 6. 1990 in Udine
Uruguay–Spanien 0:0
17. 6. 1990 in Verona
Belgien–Uruguay 3:1
17. 6. 1990 in Udine
Südkorea–Spanien 1:3
21. 6. 1990 in Verona
Belgien–Spanien 1:2
21. 6. 1990 in Udine
Südkorea–Uruguay 0:1

Südkoreas eisig dreinschauender Trainer Hoe-Taik Lee – der Mann hat Gesichtszüge wie in Stein gemeißelt – spricht hinterher von einem »halben Eigentor«, das seine Mannschaft aus dem Rhythmus und auf die Verliererstraße gebracht habe. Er hat recht.
Zuvor machten die Asiaten den Belgiern das Fußballer-Leben sehr schwer. Imponierten mit ausgefeilter Technik, gekonnter Ballbehandlung, starkem Kopfballspiel, kompromißlosem Zweikampfverhalten. Mit Doppelpässen und überraschendem Zuspiel in die Tiefe versuchten sie, die belgische Deckung zu knacken. Das klappte freilich nie – das große Manko im Spiel der Südkoreaner. Deshalb schaffen sie es auch nicht, das 0:1 oder gar den zweiten Treffer der Belgier wettzumachen. De Wolf hatte in der 65. Minute den Ball aus 23 Metern unter die Latte gehämmert.
Das war die Entscheidung zugunsten der Mannen von Trainer-Methusalem Guy Thys, der nach der Begegnung zugibt, daß seine Mannschaft im ersten Durchgang zu langsam gespielt habe. Erst nach der glücklichen Führung boten die Belgier flüssige Kombinationen, deuteten an, daß sie »eine kompakte Mannschaft« haben, wie Spion Rainer Bonhof, künftig Bundes-Co-Trainer, sagte.

Vor allem die laufstarken Emmers und van der Elst trieben ihre Kollegen immer wieder nach vorne, von Enzo Scifo gingen die entscheidenden Ideen aus. Hätte er nicht in den letzten fünf Minuten zwei Riesenchancen allein vor dem Torwart In-Yong Choi vergeben, wäre er der unumstrittene Mann des Tages gewesen.

12. 6. 1990 in Verona
Belgien – Südkorea 2:0 (0:0)
BELGIEN: Preud'homme – Clijsters – Gerets, Demol – Emmers, van der Elst, Scifo, Versavel, De Wolf – Degryse, van der Linden – Trainer: Thys. SÜDKOREA: I. Y. Choi – Hong – Park, Y. H. Chung – K. H. Choi, S. H. Choi, Lee, Noh, Gu-Hwang, Kim – Trainer: Hoe-Taik Lee. Auswechselspieler: 46. Ceulemans für van der Linden – 46. Cho für Lee. Tore: 1:0 Degryse (53.), 2:0 de Wolf (65.) – Schiedsrichter: Mauro (USA) – Zuschauer: 32486 – Gelbe Karte: S. H. Choi.

Das Stadion »Friuli« in Udine

Das Stadion »Bentegodi« in Verona

Zumindest was die Renovierungskosten betrifft, ist das »Stadio Friuli« in Udine für italienische Verhältnisse Spitze. Während das Olympia-Stadion in Rom den Kosten-Voranschlag um fast 150 Prozent überschritt, genügte für den Umbau der vor 14 Jahren errichteten Anlage in Udine ein Mehraufwand von »nur« rund 30 Prozent. Etwa acht Millionen Mark mußten die Stadtväter zusätzlich aufbringen. Damit wurden insgesamt rund 34 Millionen Mark ausgegeben. Doch das Geld scheint gut angelegt. Das »Friuli«-Stadion ist ein kleines »Schmuckkästchen« geworden. Zwar wurde das Fassungsvermögen von ursprünglich 48000 Plätzen auf 42000 abgespeckt, aber jetzt können es sich die Zuschauer auf komfortablen Sitzplätzen bequem machen. Udine war nur während der Vorrunde WM-Gastgeber. Die Zuschauer erlebten im »Friuli« das 0:0 zwischen Spanien und Uruguay, dann den 3:1-Erfolg der Spanier über Südkorea. Zum Abschluß folgte der schmeichelhafte 1:0-Sieg Uruguays über die Asiaten. Erst in der letzten Spielminute rettete Daniel Fonseca mit seinem Kopfballtor zum 1:0-Sieg das Weiterkommen des zweifachen Weltmeisters. Größtes Pech für die vielen Fußball-Fans in Udine: Ihr geliebter Heimatklub ist in die Zweite Liga abgestiegen.

Die italienischen Fußball-Fans nennen es liebevoll »Arena«. Das Stadion in Verona, nach der Veroneser Persönlichkeit Marc-Antonio Bentegodi benannt, liegt nur wenige Kilometer von dem weltberühmten Amphitheater, der Pilgerstätte für Opernfans aus aller Welt, entfernt. 1963 wurde das 2,5 Kilometer vom Stadtzentrum entfernte Stadion gebaut. Die Umbauarbeiten für die Weltmeisterschaft wurden 1987 begonnen und im Gegensatz zu den meisten anderen Austragungsstätten frühzeitig und ohne Zwischenfälle beendet. Nach dem Vorbild des Köln-Müngersdorfer-Stadions wurde der komplette Rundbau nahezu gänzlich überdacht. Die Zuschauerkapazität wurde von 42000 auf 50000 erhöht. Aus Sicherheitsgründen wurden bei der WM aber lediglich 43000 Plätze freigegeben. Rund 60 Millionen Mark verschlang der Umbau durch den bekannten italienischen Architekten Armani. Neben der hufeisenförmigen Überdachung wurden neue Pressebereiche geschaffen. Nach den drei Vorrundenspielen der Gruppe E fand im »Bentegodi«-Stadion lediglich noch das Achtelfinalspiel zwischen Spanien und Jugoslawien statt. Sehr gute Erinnerungen an Verona hat Deutschlands Ex-Nationalspieler Hans-Peter Briegel, der 1985 mit Hellas Verona Meister wurde.

Ruben Sosa brillierte und patzte

Der tragische Held des Spiels hieß Ruben Sosa. Der quirlige Stürmer von Lazio Rom wirbelte die Abwehrreihen der Spanier durcheinander, spielte exzellente Pässe, avancierte zum besten Spieler auf dem Platz. Doch die Krönung seiner Leistung, ein Tor, blieb ihm versagt. Selbst einen Handelfmeter (Villaroya wehrte einen Herrera-Kopfball auf der Torlinie ab) brachte er nicht in die Maschen. Er drosch den Ball stattdessen über die Latte.

So gesehen überraschte es, daß der künftige Kollege von Karlheinz Riedle nicht etwa Trübsal blies, sondern freudestrahlend erklärte, man werde trotzdem Weltmeister. »Wir haben toll gespielt und so einen Elfmeter, den verschießt man schon einmal.« Ein Fußballer mit einem sonnigen Gemüt. Sein Trainer Oscar Washington Tabarez hatte da schon weniger zu lachen. »So ein Spiel muß man gewinnen«, grollte er. »Spanien hat doch überhaupt keine Chance gehabt.«

Allenfalls eine durch Butragueño, der sich im Verlaufe des Spiels so sehr schonte, daß er anschließend mit noch trockenem Trikot zur Pressekonferenz erschien. Hatte er während der 90 Minuten allenfalls in der Rolle des »Stehgeigers« überzeugt, so traf seine Analyse später den Nagel auf den Kopf: »Wir haben schlecht gespielt.«

Weiß der Geier, warum »El Buetre« und seine Kollegen so ängstlich agierten. Sicher, Spanien ist bekannt als Kontermannschaft, doch was das Team von Trainer Luis Suarez den Zuschauern bot, war Schlafwagenfußball allerersterGüte.

Dies lag sicher auch daran, daß Stars wie Miguel Gonzales, besser bekannt als »Michel«, sich weit unter Form präsentierten und das Vorurteil, Spanien sei ein »Ein-Mann-Team«, wieder einmal dadurch genährt wurde, daß Martin Vazquez als Regisseur vollkommen versagte. Von seinen Ideen lebt normalerweise das spanische Spiel und vor allem Leute wie Butragueño.

Schade, daß Uruguay nicht für seinen Mut belohnt wurde, denn Tabarez hatte nicht nur offensiven Fußball angekündigt, sondern auch gehalten, was er versprochen hatte. Enzo Francescoli, der normalerweise hinter den Spitzen spielt, wurde von Tabarez an die vorderste Front geschickt. Neben ihm komplettierten Alzamendi und Sosa den Drei-Mann-Sturm.

Die Duelle zwischen Manuel Sanchis und Francescoli zählten zu den Lekkerbissen des Spiels, wobei der Kapitän Uruguays alle Register seines Könnens zog und mit einem Fall-

Der Gruppensieger: Die Elf der Spanier.

Der »Geier« fliegt:
Butragueño setzt zum Sturmlauf
gegen Uruguay an.

13. 6. 1990 in Udine

Uruguay – Spanien 0:0

URUGUAY: Alvez – de Leon – Gutierrez, Herrera, Dominguez – Pereira, Perdomo, Paz – Alzamendi, Francescoli, Sosa. – Trainer: Tabarez. SPANIEN: Zubizarreta – Andrinua – Jimenez, Sanchis, Chendo – Michel, Roberto, Martin Vazquez, Villaroya – Manolo, Butragueño. – Trainer: Suarez. Auswechselspieler: 66. Aguilera für Alzamendi, Correa für Pereira – 83. Gorriz für Manolo, Paz für Villaroya. Tore: – Schiedsrichter: Kohl (Österreich) – Zuschauer: 35713 – Gelbe Karten: Perdomo, Francescoli – Villaroya, Jimenez

rückzieher fast auch ein spektakuläres Tor erzielt hätte. Doch Zubizarreta, Spaniens Keeper, war hellwach und parierte glänzend.
Spaniens Minimalisten registrierten anschließend den Punktgewinn als einziges positives Ergebnis des Spiels. Luis Suarez, der in die stocksauren Gesichter seiner journalistischen Landsleute blickte, versuchte schließlich um Verständnis zu werben. »Wir sind eben noch nicht ganz so weit. Aber das wird sich ändern. Ich spiele allerdings lieber schlecht und nehme einen Punkt mit, als daß ich mit fliegenden Fahnen untergehe.«

Enzo Francescoli sagte, wie weit sie von den fliegenden Fahnen entfernt waren: »Spanien war sehr enttäuschend für mich. Bei so vielen großen Namen muß man einfach mehr erwarten. Mir tut es nur leid, daß wir kein Kapital daraus geschlagen haben. Am Ende bleibt nur der eine Punkt und Spanien hat ihn auch.«
Frust schwang mit in diesen Worten. Nicht nur er hatte erkannt, daß Uruguay etwas verschenkt hatte, was später womöglich fehlen konnte.

Dribbelkönig: Ruben Sosa in der Partie gegen Spanien.

Torhüter am Tresen

Die Zeiger der Uhr rückten unaufhörlich vor. Verona, Montagmorgen, kurz nach drei Uhr. Der Wirt der kleinen Bar in Verona hatte längst die Stühle hochgestellt, den Tresen abgewischt. Doch von Feierabend keine Spur. Auf der Terrasse mußte er noch ein Bier servieren, noch eins, und noch eins. Torhüter Michel Preud'homme hatte großen Durst.
Er konnte schließlich einen Sieg begießen. Der Nationalspieler feierte den 3:1-Sieg seiner Belgier gegen Uruguay, der wenige Stunden zuvor unter Dach und Fach gebracht worden war.
Und Keeper Preud'homme, ein großer Rückhalt der belgischen Elf, konnte gleich auf das Wohl von zwei »Kollegen« anstoßen. Kollege Jan Ceulemans und »Kollege« Guy Thys. Der eine ist Rekord-Nationalspieler und hatte die Belgier mit dem dritten Tor kurz nach der Pause endgültig auf die Siegerstraße gebracht – nachdem zuvor Clijsters und der überragende Scifo für die 2:0-Führung der Belgier gesorgt hatten. Der andere, Coach Thys, ist ein cleverer Fuchs. Denn ohne die »taktische Meisterleistung« (Preud'homme) des Nationaltrainers hätten die Urus bei diesem Spiel möglicherweise das bessere Ende für sich gehabt.

Der »Trick« von Thys? Routinier Ceulemans, wochenlang nur Reservist, durfte nach der langen Zeit des Wartens endlich wieder von Beginn an ran. Das zahlte sich aus. Ceulemans war in seinem 90. Länderspiel, zusammen mit Scifo, der Vater des Erfolges – und Thys sozusagen der »Übervater«. Ausgerechnet der 67jährige, der bei der WM eigentlich gar nicht mehr auf der Bank sitzen sollte. Sein Nachfolger hieß Walter Meeuws, doch Thys kehrte vor der WM zurück. Mit Erfolg, wie sich gezeigt hat.
Die südamerikanischen Stürmer Sosa, Francescoli und Alzamendi zogen gegen die belgische Abwehr stets den

Der Gruppenzweite:
Die Elf der Belgier.

17. 6. 1990 in Verona

Belgien – Uruguay 3:1 (2:0)

BELGIEN: Preud'homme – Demol – Gerets, Grun, de Wolf – Clijsters, van der Elst, Scifo, Versavel – Ceulemans, Degryse – Trainer: Thys. URUGUAY: Alvez – De Leon – Herrera, Gutierrez, Dominguez – Ostolaza, Perdomo, Paz – Alzamendi, Francescoli, Sosa – Trainer: Tabarez. Auswechselspieler: 46. Emmers für Clijsters, 74. Vervoort für Versavel – 46. Aguilera für Alzamendi, 74. Bengoechea für Ostolaza. Tore: 1:0 Clijsters (15.), 2:0 Scifo (23.), 3:0 Ceulemans (47.), 3:1 Aguilera (71.) – Schiedsrichter: Kirschen (DDR) – Zuschauer: 33729 – Gelbe Karten: Gerets – Sosa – Rote Karte: Gerets (42.)

kürzeren. Zwar hatte Uruguay in dieser Partie vor knapp 34000 Zuschauern, darunter 15000 Fans aus Belgien, den besseren Start erwischt, doch je länger das Spiel dauerte, desto sicherer organisierte Libero Stephane Demol die belgische Abwehr.
Der Gegentreffer des eingewechselten Aguilera schien nurmehr ein Schönheitsfehler zu sein. Der zweimalige Weltmeister Uruguay hatte in dieser Phase des Spiels nicht mehr viel hinzuzusetzen, um das Spiel noch herumzureißen.

Ein Prosit von Preud'homme also auf den Sieg, auf »Oldie« Ceulemans und auf Trainer Thys. Einziger Wermutstropfen: Der Platzverweis für Eric Gerets nach einem Foul an Sosa. Zuvor hatte Gerets bereits Gelb gesehen.
Wie gesagt, nur ein Wermutstropfen im Freudenbecher. Keeper Preud'homme nahm seine Freundin Ingrid in den Arm, in der anderen Hand sein Glas, und starrte versonnen in den dunklen Himmel. Da sah er schwarz – aber nicht für Belgien.
Preud'homme hat's jedenfalls gefallen an diesem Abend in der kleinen Bar. Und er hat dem schlaftrunkenen Wirt feierlich versprochen, wiederzukommen. Wenn Belgien weiter siegt.

Und dann kann der Zeiger der Uhr unaufhörlich weiter rasen. Drei Uhr morgens? Da wäre im Falle des WM-Titels für die belgische Mannschaft erst die erste Halbzeit der Feierstunde angebrochen...

**Kniefall:
Enzo Francescoli umspielt drei Belgier.**

Michel als »Speedy Gonzales«

Das war der große Tag des spanischen Michel. Und der seiner Eltern.
Das Spiel zwischen Spanien und Südkorea ist seit wenigen Sekunden abgepfiffen. Die spanischen Spieler traben in die Fankurve auf der Gegengeraden. Einer nicht: Miguel Gonzales, genannt »Michel«. Er läuft Richtung Haupttribüne, dort strecken sich ihm zig Hände entgegen, die nur nach einem Gegenstand gieren: nach dem schweißdurchnäßten roten Trikot mit der gelben Nummer 21. Doch das hat der Mann des Tages schon vor dem Spiel Mama und Papa versprochen.
Es ist ein besonderes Stück Stoff. Eine Siegestrophäe. Drei Tore haben die Spanier gegen die Südkoreaner geschossen, dreimal heißt der Schütze Michel, flink wie »Speedy Gonzales«. In der 24. Minute setzt er eine Flanke von Villaroya aus fünf Metern in die lange linke Ecke, in der 61. Minute zirkelt er einen Freistoß aus halblinker Position, 17 Meter vom Tor entfernt, in den Winkel. Und neun Minuten vor dem Abpfiff umkurvt er drei Südkoreaner auf engstem Raum wie Ingemar Stenmark in seinen besten Zeiten die Slalomstangen und knallt den Ball ins Netz.
Zwischendurch hat Hwangbo mit einem ebenso wunderschönen Treffer für den 1:1-Ausgleich gesorgt: Einen Freistoß aus 23 Metern Entfernung hämmerte er an der spanischen Mauer vorbei unters Torgebälk. Ein Schuß wie der Strich eines Düsenjägers am Himmel.
»Dieses Tor war eine große Erleichterung für mich«, sagt der Torschütze aus Südkorea nach dem Abpfiff. Nach der 0:2-Niederlage im ersten Spiel habe er schwere Schuldgefühle gehabt.
Die können einen südkoreanischen Spieler schon befallen, wenn er die Miene seines Trainers sieht. Hoe-Taik Lee ist ein Mann, der 1000 Jahre Eiszeit im Gesicht trägt. Kein Zucken, die Kanten wie in Stein gemeißelt. »Wir haben viel gelernt hier«, sagt er nach der zweiten Niederlage in Italien und dem damit verbundenen Ausscheiden. Aber Kondition und damit Konzentration hätten eben nicht gereicht. Das war's dann schon.

17. 6. 1990 in Udine
Südkorea – Spanien 1:3 (1:1)
SÜDKOREA: I. Y. Choi – Hong – K. H. Choi, Yoon – Park, H. W. Chung, J. S. Kim, Hwangbo, Gu – Byun, S. H. Choi – Trainer: Hoe-Taik Lee. SPANIEN: Zubizarreta – Andrinua – Gorriz, Sanchis – Chendo, Michel, Roberto, Vazquez, Villaroya – Butragueno, Salinas – Trainer: Suarez. Auswechselspieler: 53. Noh für H. W. Chung, 70. J. S. Chung für Park – 77. Gomez für Butragueno, 82. Bakero für Roberto. Tore: 0:1 Michel (24.), 1:1 Hwangbo (43.), 1:2 Michel (61.), 1:3 Michel (81.) – Schiedsrichter: Guerrero (Ecuador) – Zuschauer: 32733 – Gelbe Karten: H. W. Chung, Yoon, Hwangbo

Genauso zugeknöpft präsentiert sich der spanische Kollege Luis Suarez. Der hatte in den Tagen zuvor Streit mit den spanischen Medien, die ihn und die Mannschaft boykottierten. Jetzt revanchiert er sich. »Wenn

Das Schlußlicht: Die Elf aus Südkorea.

ich auf die Meinung der Journalisten gehört hätte«, sagt Suarez im arrogant-verärgerten Ton, »dann hätte Michel heute gar nicht gespielt.«
Gut, daß der Coach tat, was er für richtig hielt. Daß ein dreifacher Torschütze der Matchwinner ist, versteht sich. Doch Michel sorgte nicht im Alleingang für diesen wichtigen Sieg und – endlich – den nötigen Schwung im spanischen Angriff. Auch Kapitän Butragueño – kurz vor Schluß ausgewechselt – spielte besser als zuvor. Und vor allem Martin Vazquez war ein unermüdlicher Antreiber, brachte das Sturmspiel auf Touren. Kein Wunder, daß die vielen spanischen Anhänger begeistert waren und, unterstützt von einer neunköpfigen Blaskapelle, sangen: »Eviva España«.

König kam in die Kabine

Nicht nur Vater sein ist schwer, manchmal ist es auch gar nicht so einfach, Vater zu werden. Enzo Scifo, der belgische Mittelfeld-Regisseur, ist das beste Beispiel dafür. Der Mann mit der Nummer »10« in der belgischen Mannschaft kann alles mit dem Ball. Wenn er antritt, klebt ihm die runde Kugel am Außenrist. Wenn er einen kurzen oder langen Paß spielt, landet das Leder wie ferngesteuert beim angepeilten Mitspieler. Nur beim Elfmeterschießen, da hat auch ein solch exzellenter Techniker wie Enzo Scifo seine Probleme.
58. Minute in Verona. Nach einem Stolperer von Staelens – Spaniens Libero Andrinua hatte ihn angehaucht – pfeift Schiedsrichter Loustau aus Argentinien Strafstoß für Belgien. Enzo Scifo, der bis zu diesem Zeitpunkt gut gespielt hat, läuft an,

Abgezogen:
Der Spanier Villaroya (oben) gegen Südkorea.

Dritter Streich:
Michel hat sein drittes Tor gegen Südkorea erzielt.

WM-Splitter

VIDEO: Ein Video-Vergnügen besonderer Art gönnten sich Ruben Sosa, Carlos Aguilera und Adolfo Zeoli im Lager Uruguays. Alle drei waren nach der Abreise aus Südamerika Vater geworden und hatten noch keine Gelegenheit, den eigenen Nachwuchs in Augenschein zu nehmen. Sie ließen sich Video-Bänder aus der Heimat nachschicken, auf denen die Neugeborenen zu sehen waren. Bis zu dieser Film-Premiere hatten sich die »Urus« mit telefonischen Informationen begnügen müssen.

SPENDER: Sonderprämien innerhalb der belgischen Mannschaft wurden blitzartig auf ein Konto ins Ausland transferiert. Krumme Geschäfte? Keine Spur. Enzo Scifo zum Beispiel überwies einen Preis von 1000 Dollar für seine Leistung im Spiel gegen Uruguay ebenso nach Mexiko wie Michel de Wolf, der für den zweiten Treffer gegen Südkorea mit 1700 Mark entlohnt worden war. Hintergrund: Seit der WM in Mexiko unterstützen die Belgier ein Kinderheim in Toluca.

NACHFOLGER: Das schon sprichwörtliche asiatische Lächeln verging Hoe-Taik Lee, dem Nationaltrainer Südkoreas, mit schöner Regelmäßigkeit. Ursache dafür war sein Landsmann Bum-Kun Cha, in der Bundesliga zuletzt in Diensten von Bayer Leverkusen. Der war in Italien in »halboffizieller Funktion« für seinen Verband tätig, kreuzte immer wieder mal im Trainingslager der Koreaner auf, und – wird in seiner Heimat längst als Nachfolger Lees gehandelt. Bum-Kun Cha vielsagend: »Meine Zeit wird schon kommen. Ich habe Geduld.«

Fröhlicher »Fuchs«: Belgiens Trainer Guy Thys.

schießt – doch der Ball zappelt nicht im Netz, sondern klatscht gegen die Querlatte. Die Riesenchance zum 2:2 vergeben, doch dem Schützen sei verziehen: Seine Frau Pierre-Marie erwartete gerade in diesen Stunden ihr erstes Baby.

Auch Trainer Guy Thys, der während der 90 Minuten zuvor gequalmt hatte wie eine alte Dampflok, so extensiv war sein Zigarillo-Konsum, wollte dem werdenden Vater nicht die Schuld für die Niederlage und den verpaßten Gruppensieg zuschieben. »Scifo bot eine sehr gute Leistung«, sagte er, »auch wenn er den Elfmeter verschossen hat.« Der Trainer-Methusalem (67) sah vielmehr in der unmenschlichen Hitze (31 Grad Celsius) den einen Hauptgrund für den 2:1-Erfolg der Spanier, den anderen darin, »daß wir ja schon vor dem Anpfiff qualifiziert waren«. Aus dem Flämischen ins Deutsche übersetzt heißt das: Die Belgier zogen den zweiten Platz in der Gruppe E vor.
»Wenn wir jetzt gegen Ägypten spielen«, erklärte er nach dem Schlußpfiff, »dann habe ich gerne verloren.« Was er zu diesem Zeitpunkt noch nicht wissen konnte: Die Ägypter erreichten das Achtelfinale gar nicht. Das kühle Bier, das sich Ceulemans aus dem Kühlschrank im

Fußball-Ballett: Belgiens Degryse und Spaniens Chendo (links).

Mannschaftsbus holte, hätte ihm aber auch so geschmeckt. »Ich bin total fertig«, gestand er. Es war schon fast 20 Uhr, als er das sagte, und die Sonne knallte noch immer unbarmherzig auf die Gegend rund um den Gardasee. Und dennoch sahen die Zuschauer – darunter auch der spanische König Juan Carlos, der nach dem Schlußpfiff in die Kabine ging, um der Mannschaft zu gratulieren – ein schnelles, packendes, zeitweise sogar hochklassiges Spiel. Mit siedend heißen 180 Sekunden:
27. Minute: Michel verwandelt einen Foulelfmeter, nachdem Belgiens nicht immer sicher wirkender Torhüter Preud'homme Salinas die Beine weggezogen hat. In der 30. Minute hämmert Vervoort aus 20 Metern halbrechter Position einen direkten Freistoß ins Netz. 1:1. So bleibt es bis zur 39. Minute: Michel hebt einen Freistoß nahe der linken Eckfahne vor das belgische Tor, Preud'homme scheint wie schon zuvor einige Male mit Pattex auf die Linie geklebt, Gorriz sagt Danke und nickt den Ball aus fünf Metern ins Tor.
Es sollte der Siegestreffer sein, obgleich die Belgier nach der Pause noch mächtig Druck entwickelten. Insbesondere van der Elst und de Wolf waren unermüdliche Dauerläufer im Mittelfeld, Enzo Scifo der Lenker, Degryse und Ceulemans zwei bewegliche Spitzen.

Die Besten im spanischen Team waren der fangsichere Torwart Zubizarreta sowie die beiden Mittelfeldmotoren Michel und Martin Vazquez. Aber die wurden an diesem Tag ja auch nicht Vater...

21. 6. in Verona
Belgien – Spanien 1:2 (1:2)
BELGIEN: Preud'homme – Demol – Staelens, Albert, de Wolf – Emmers, van der Elst, Scifo, Degryse, Vervoort – Ceulemans – Trainer: Thys. SPANIEN: Zubizarreta – Andrinua – Chendo, Sanchis, Gorriz – Michel, Villaroya, Vazquez, Roberto – Butragueño, Salinas – Trainer: Suarez. Auswechselspieler: 31. Plovie für Emmers, 76. van der Linden für Staelens, 82. Alcorta für Butragueño, 86. Pardeza für Salinas. Tore: 0:1 Michel (27., Foulelfmeter), 1:1 Vervoort (30.), 1:2 Gorriz (39.) – Schiedsrichter: Lousteau (Argentinien) – Zuschauer: 36000 – Gelbe Karten: keine – Bes. Vorkommnisse: Scifo schießt Foulelfmeter an die Latte (59.)

»El Tigre« vernaschte die »Tiger«

Der König ist tot, es lebe der König. Ruben Sosa ging, Daniel Fonseca kam. Und ausgerechnet dieser »Nobody« aus Montevideo stieß Uruguays großen Stürmerstar sogleich vom Thron. Ein Fußball-Märchen mit Happy-End. Unsere Geschichte vom Mann, der über Nacht in seiner Heimat zum neuen Volkshelden aufstieg, begann an einem Donnerstag-Nachmittag im Juni.
Letztes Gruppenspiel der Südamerikaner gegen Fußballzwerg Südkorea. Seit einer guten Stunde bemühen sich auf dem Rasen Freund und Feind nach Kräften, diese Partie als »schlechtestes aller WM-Spiele« in die Annalen von »Italia '90« zu verewigen. Bis Oscar Washington Tabarez der Kragen platzte. Uruguays Nationalcoach ersparte seinem glücklosen Mittelstürmer Ruben Sosa eine weitere Mitwirkung am gemeinsamen »Rekordversuch« beider Teams. Wobei Tabarez gar nicht einmal sauer auf seinen Star-Kicker war, der ansonsten beim italienischen Erstligisten Lazio Rom Angst und Schrecken in gegnerischen Abwehrreihen verbreitet. Doch der Uru-Coach kennt seine Pappenheimer: »Entweder«, so plauderte Tabarez aus seinem Erfahrungsschatz, »...sind meine Männer alle Stars oder allesamt Flaschen. Diesmal waren sie letzteres.«

21. 6. 1990 in Udine
Südkorea – Uruguay 0:1 (0:0)
SÜDKOREA: I. Y. Choi – Hong – Park, K. H. Choi, J. S. Chung, Yoon, Hwangbo, Lee, Kim, Byun, S. H. Choi – Trainer: Hoe-Taik Lee. URUGUAY: Alvez – Herrera, Gutierrez, de Leon, Dominguez – Ostolaza, Perdomo, Francescoli, Paz – Martinez, Sosa – Trainer: Tabarez. Auswechselspieler: 43. Hwang für Byun, 79. H. W. Chung für Hwangbo – 46. Aguilera für Ostolaza, 62. Fonseca für Sosa. Tor: 0:1 Fonseca (90.) – Schiedsrichter: Lanese (Italien) – Zuschauer: 29000 – Gelbe Karten: Lee, Hwangbo, Yoon – Ostolaza, Paz, de Leon – Rote Karte: Deuk-Yeo Yoon (70.)

Blau-Weiß '90: Eine Anhängerin aus Uruguay.

Nur Gruppendritter: Die Elf Uruguays.

Nur auf einen traf diese drastische Beschreibung launischer Fußballkünste kaum zu: Daniel Fonseca, 20jähriger Profi-Kicker von Penarol Montevideo. Der schlacksige Stürmer besaß bis zu seiner Einwechslung für Sosa in Udine zwar keinen großen Namen, dafür jedoch immerhin schon einen eindrucksvollen Kampftitel – »el Tigre«, der Tiger. Und ausgerechnet der verdarb Südkoreas Tigern den Beutezug. In der 90. Minute schlug »el Tigre« zu. Sein Kopfballtor in der Schlußminute rettete den Südamerikanern den dritten Gruppenplatz und damit den Einzug ins ersehnte Achtelfinale. Uruguays neuer Held war geboren, das trostlose Gekicke vergessen.

Die wenigen Höhepunkte einer erschreckend schwachen Vorstellung beider Teams: In der Anfangsphase ließ Enzo Francescoli das gegnerische Torgebälk erzittern. Doch dieser frühe Paukenschlag weckte nur den Tatendrang des Tullio Lanese, seines Zeichens italienischer WM-Schiedsrichter aus Sizilien. Und der war fortan kaum zu stoppen: Erst sechs Gelbe Karten, dann gab's einmal rote Pappe. Deuk-Yeo Yoon, 29jähriger Mittelfeldspieler aus Hyundai, rätselt noch heute über die Gründe für seinen Feldverweis. Offenbar hatte sein vehementes Spiel auf Zeit den Geduldsfaden des Italieners gar zu stark strapaziert. »Das war bestenfalls drittklassig«, schimpfte Südkoreas Trainer Hoe-Taik Lee über den Mann in Schwarz.
Der Rest der Geschichte ist bekannt: Zehn Asiaten wehrten sich bis in die Schlußsekunden hinein tapfer, ehe Daniel Fonseca seine Landsleute in Südamerika von den Stühlen riß. Nur Oscar Washington Tabarez blieb nach diesem versöhnlichen Ende auf dem Boden der Tatsachen: »Schlimmer geht's nicht.«

Endstand Gruppe E:	**1. Spanien**	**5:2**	**5-1**
	2. Belgien	**6:3**	**4-2**
	3. Uruguay	**2:3**	**3-3**
	4. Südkorea	1:6	0-6

Gruppe F

Was hatte man sich in der Gruppe F mit den britischen Rivalen England und Irland sowie Europameister Holland für spannende Spiele erwartet. Doch die Vorstellungen dieser Teams waren in der Vorrunde kläglich. Für positive Schlagzeilen sorgte allein der Außenseiter aus Ägypten. Beim 1:1 gegen Holland war er klarer Punktsieger. Doch am Ende mußten ausgerechnet die Männer aus dem Land der Pyramiden ihre Koffer packen. Der 1:0-Erfolg gegen Ägypten durch Wright reichte England zum Gruppensieg. Um die Plätze 2 und 3 mußte gelost werden, nachdem sich die Iren und die Holländer am Schluß auf ein 1:1 »geeinigt hatten«. So wurde Irland Zweiter.

Viel Kampf, viel Krampf

Der britische Fußball ist in der Welt so berühmt wie der Fünf-Uhr-Tee, den die Insel-Bewohner täglich mit akribischer Pünktlichkeit einzunehmen pflegen. Oder zumindest pflegten. Denn dieser Brauch hat mit dem Fußball, den man dort über Jahrzehnte mehr oder weniger erfolgreich praktizierte, eines gemeinsam: Beides ist inzwischen etwas aus der Mode gekommen. Doch im Auftaktmatch der WM-Gruppe F ließen England und Irland diese typische Spielkultur in klarster Reinheit noch einmal aufleben.

Ein Spiel voller Kampf statt technischer Finessen, voller Fights statt spielerischer Schnörkel, das berühmte »Kick and Rush« in Vollendung, Prinzip hohe Bälle, anschließender Kopfball. Alles keineswegs schön anzusehen, zudem nicht erfolgreich. Die beiden Tore durch den englischen Goalgetter Gary Lineker und den Iren Kevin Sheedy, zwei Zufallsprodukte, konnten die 35000 Zuschauer nie über die schwache und unansehnliche Vorstellung beider Mannschaften hinwegtäuschen.

Der »alte« Mann im Tor: Englands Peter Shilton (40).

England Irland Holland Ägypten

11. 6. 1990 in Cagliari
England–Irland 1:1

12. 6. 1990 in Palermo
Holland–Ägypten 1:1

16. 6. 1990 in Cagliari
England–Holland 0:0

17. 6. 1990 in Palermo
Irland–Ägypten 0:0

21. 6. 1990 in Cagliari
England–Ägypten 1:0

21. 6. 1990 in Palermo
Irland–Holland 1:1

Dabei hatte gerade die englische Fußball-Nation zwei Jahre sehnsüchtig auf diesen Tag gewartet. Auf den Tag der Abrechnung, auf den Tag der Revanche. Tief saß der Stachel, den die Iren dem Erzrivalen England durch den 1:0-Sieg bei der Europameisterschaft in Deutschland 1988 ins Fleisch gejagt hatte. Jetzt bei der WM, da wollten die Engländer nicht nur diese Schmach tilgen, sondern auch beweisen, daß sie nach wie vor zur ersten Geige gehören im Weltfußball. Denn nach den Eskapaden der berüchtigten Fans sind englische Töne im Europacup-Konzert nicht mehr erwünscht. So war Englands Teamchef Bobby Robson über die enttäuschende WM-Ouvertüre Elf arg deprimiert. »Wir mußten gewinnen«, meinte er und schüttelte immer wieder sein ergrautes Haupt über den Ausgleichstreffer der Iren. »Die haben aus einer halben Chance ein Tor gemacht.«

Robson verlor kein Wort über die wenig erbauliche Darbietung seiner Schützlinge. Wie auch sein Gegenüber Jack Charlton, mit England 1966 als Spieler Weltmeister, seine Jungs in Schutz nahm, immerhin aber die Partie richtig analysierte. »Es war typisch britisch, ich hatte nichts anderes erwartet.«

Das konnte gottlob auch die italienische Polizei, die mit diesem Spiel die erste sicherheitstechnische Nagelprobe bestand. Fazit: Keine Krawalle. Ob das an dem Unentschieden gelegen hatte, an der 24stündigen Prohibition auf Sardinien, oder vielleicht gar an dem typisch britischen Regen, der die Fans während der Partie abgekühlt hatte – egal war's. Wichtig war, daß nichts passierte. An diesem britischen Fußball-Heimatabend.

11. 6. 1990 in Cagliari
England–Irland 1:1 (1:0)
ENGLAND: Shilton – Walker, Stevens, Butcher, Pearce – Waddle, Gascoigne, Robson, Barnes – Lineker, Beardsley – Trainer: Robson. IRLAND: Bonner – McCarthy, McGrath, Moran, Morris – Staunton, Houghton, Townsend, Sheedy – Cascarino, Aldridge – Trainer: Charlton. Auswechselspieler: 70. McMahon für Beardsley, 84. Bull für Lineker – 65. McLoughlin für Aldridge. Tore: 1:0 Lineker (9.), 1:1 Sheedy (73.) – Schiedsrichter: Schmidhuber (Deutschland) – Zuschauer: 35000 – Gelbe Karte: McMahon.

Das Stadion »Sant' Elia« in Cagliari

Für die Organisatoren der »Coppa del Mondo« war das Stadion »Sant' Elia« der sardischen Metropole Cagliari Teil einer Strategie. Ganz bewußt »verbannte« das Organisationskomitee die Spiele der Gruppe F auf Sardinien. Die gefürchteten englischen Hooligans und die Fans aus den Niederlanden sollten so unter Kontrolle gehalten werden. Für die WM wurde das 1970 eingeweihte Stadion renoviert. Mit rund 35 Millionen Mark für die Baumaßnahmen blieb man nahezu im kalkulierten Rahmen. 43 177 Plätze stehen im »Sant' Elia« nach dem vor allem aus Sicherheitsgründen durchgeführten Umbau zur Verfügung. Um die Sicherheit zu erhöhen wurden allerdings nur 40 000 Plätze freigegeben. Aufregung gab es kurz vor der WM, als bekannt wurde, daß durch einen Fehler bei der Verteilung englische und holländische Anhänger Karten für einen Block bekommen hatten. Doch die Verantwortlichen konnten diesen gefährlichen Lapsus ausbügeln. So gab es bei dem gefürchteten Spiel zwischen den Engländern und Holländern (0:0) denn auch im Stadion keine nennenswerten Auseinandersetzungen. Das Stadion »Sant' Elia« ist Heimat des Zweitligisten US Cagliari.

Das Stadion »La Favorita« in Palermo

Das Stadion »La Favorita« im gleichnamigen Park von Palermo ist mit 40 000 Plätzen das kleinste aller zwölf WM-Stadien. Die Renovierung des 1932 gebauten Stadions für rund 71 Millionen Mark wurde im Sommer 1989 von einem tragischen Unfall überschattet. Bei den Bauarbeiten stürzte ein Stahlgerüst um, das ein Tribünendach stützen sollte. Dabei fanden fünf Arbeiter den Tod. Im Gedenken an dieses schwerste Unglück im Vorfeld der »Coppa del Mondo« wollte man die Arena schon in »Stadion 30. August« umbenennen, was aber letztlich nicht geschah. Die Zuschauer in Palermo wurden nicht gerade verwöhnt. Sie erlebten drei Unentschieden. Zunächst das schmeichelhafte 1:1 von Europameister Holland gegen Ägypten. Es folgte das torlose Match zwischen England und Holland. Zum Abschluß gab es wenigstens noch eine bessere Partie beim 1:1 zwischen Holland und Irland. Auch wenn beide Teams zum Schluß einen »Nichtangriffspakt« schlossen. Beide kamen damit weiter. Während sich die tapferen Ägypter nach der gleichzeitigen 0:1-Niederlage gegen England verabschieden mußten. Für die Fans aus Palermo waren die Spiele trotzdem ein Erlebnis. Denn sonst sehen sie nur Spiele ihres drittklassigen Heimatklubs.

Die Stars sahen Sternchen

Diesen 12. Juni 1990 wird Frank Rijkaard so schnell nicht vergessen. Der holländische Supermann, von dem Franz Beckenbauer einmal gesagt hat: »Es ist fast unmöglich, gegen Rijkaard im Kampf Mann gegen Mann zu gewinnen«, dieser Superstar des internationalen Fußballs wurde von einem kleinen Ägypter lächerlich gemacht.
Wie die Sphinx tauchte Gamal Abedelhamid (zuvor nie gehört, den Namen, nicht wahr?) nach 50 Minuten am linken Flügel auf, sah sich dem baumlangen Holländer gegenüber. Abedelhamid schlug einen Haken nach links, Rijkaard stolperte am Ball vorbei; Abedelhamid zögerte einen Moment, schlug dann einen Haken nach rechts, wieder tappte Rijkaard ins Leere; Haken links, Rijkaard verlor den Durchblick; Haken rechts, Rijkaard orientierungslos. Schließlich spielte Abedelhamid das Leder Rijkaard gar ohne jeden Respekt durch die Beine, flankte in den Strafraum. Der Holländer muß sich vorgekommen sein wie ein Brummkreisel.
Nie in den vergangenen Jahren wurde der amtierende Europameister Niederlande so lächerlich gemacht wie an diesem 12. Juni in Palermo. Daß der Fußball-Nobody Ägypten das »Wir-sind-wer-im-Weltfußball«-Gefühl der Holländer an diesem Abend gründlich zerstörte, lag nicht an niederländischer Überheblichkeit. Es lag einzig und allein an der Stärke der Afrikaner.

Das 1:1 nach Toren des eingewechselten Wim Kieft (58.) und dem Foulelfmeter des bärtigen Magdy Abedelghani (82.) war schmeichelhaft für den Europameister. Sie

12. 6. 1990 in Palermo

Holland – Ägypten 1:1 (0:0)

HOLLAND: van Breukelen – van Aerle, R. Koeman, Rutjes, van Tiggelen – Vanenburg, Wouters, Rijkaard, E. Koeman – Gullit, van Basten – Trainer: Beenhakker. ÄGYPTEN: Shobeir – Hany Ramzy – Ibrahim Hassan, Yakan, Yassein – Abedelghani, Ahmed Ramzi, Abedelhamid, Youssef – Hossam Hassan, Abdou – Trainer: El Gohary. Auswechselspieler: 46. Kieft für Vanenburg, 69. Witschge für E. Koeman – 69. Tolba und Abdelrahman für Ahmed Ramzi und Abedelhamid. Tore: 1:0 Kieft (58.), 1:1 Abedelghani (82./Foulelfmeter) – Schiedsrichter: Emilio Soriano Aladren (Spanien) – Zuschauer: 33288 – Gelbe Karten: Kieft – Ahmed Ramzi

Ägyptischer Angriff: Hassan hat geschossen. Koeman eilt zurück.

Mit Pech ausgeschieden: Die Elf Ägyptens.

hatten es nur der ägyptischen Unsicherheit beim Torschuß zu verdanken. Technisch besser, überlegen im Kombinationsspiel, ehrgeiziger – keine Frage: Ägypten hätte den Sieg verdient gehabt.
Eine schmerzliche Lektion für die Holländer. Und die Erkenntnis: Dieses Team hatte mit der glanzvollen EM-Elf von 1988 nur noch die Namen gemein. Während Ägypten brannte, schlummerten die holländischen Stars van Basten, Rijkaard, Koeman und Gullit sanft vor sich hin.
Ein Ägypter mit der Nummer 20 auf dem Trikot klaute ihnen die Schlagzeilen: Ahmed Abdou, 24jähriger Mittelfeldspieler von Olympia Alexandria. Rijkaards Dynamik? Van Bastens Wendigkeit? Gullits Durchsetzungsvermögen? An diesem Abend vereinigte nur einer alle diese Tugenden auf sich: Ahmed Abdou.
Nach dem Spiel feierte ganz Kairo ein Volksfest. Nahezu alle 15 Millionen Einwohner waren auf den Beinen, blockierten die Straßen der Hauptstadt. Und Staatspräsident Hosni Mubarak schickte umgehend ein Telegramm: »Ich habe zusammen mit dem ägyptischen Volk Ihre excellente Vorstellung verfolgt.«
Kapitän Gamal Abedelhamid machte sogar eine noch höhere Instanz für den Triumph verantwortlich: »Ich danke Allah, daß wir Ägypten gegen eine der größten Mannschaften der Welt auf so würdevolle Weise dienen konnten.«

Jubel trotz des verschenkten Punktes in Ägypten, Katzenjammer in Holland. »Wir haben alles falsch gemacht: Keine Ideen, kein Schema, kein Spiel«, zog ein tief betrübter Ruud Gullit Bilanz. Und die Tageszeitung »De Telegraaf« lästerte voll Häme: »Man hatte den Eindruck, als hätten die Spieler Leim unter den Schuhen.«
Italiens Gazzette »La Stampa« beschrieb Hollands Beinahe-Debakel so: »Die Afrikaner nageln die Tulpen an den Seilen fest.« Ein drastisches Bild, aber auch ein schiefes Bild. Zumindest ließen die Tulpen die Köpfe hängen wie nach einer langen Dürre.

Schmuckstück: Eine Anhängerin der Ägypter.

Gullit grollte und grantelte

Es war ein Spiel, das völlig im Schatten der Hooligans stand. Typen, die mit Fußball nichts im Sinn haben, die das WM-Spektakel lediglich als Bühne für ihren Terror benutzen. Drei Stunden vor dem Anpfiff lieferten sich diese Fans eine Straßenschlacht mit den Ordnungskräften in Cagliari, bei der es einem Wunder gleichkommt, daß insgesamt nur etwa 14 Personen verletzt wurden. Leo Beenhakker hatten schon am Tag vor dem Match böse Ahnungen beschlichen: »Ich kann nur beten, daß nichts passiert.«
Dabei waren es nicht Beenhakkers holländische Landsleute, die den Kampf mit den Sicherheitstruppen suchten, sondern nur englische Hooligans. Die Anhänger der Holländer – betreut von 15 Polizisten einer niederländischen Spezialeinheit – sorgten für Fröhlichkeit und farbenfrohe Bilder in den Straßen Cagliaris. Ein Fan-Karneval in Orange, ob es nun Männer mit Strapsen und Frauenkleidern waren oder kunterbunte Paradiesvögel, die Trompete spielten. Ein krasser und wohltuender Gegensatz zu der britischen Fan-Fratze.
So aufregend und nervenzerfetzend das Vorspiel auch war, das anschließende Match fiel in die Kategorie: Streichergebnis. Denn was beide Teams boten, war alles andere als ein weltmeisterlicher Festschmaus.

Butcher und Co. begannen typisch britisch, indem sie das Mittelfeld ignorierten und fast ausschließlich lange Bälle in die Spitze droschen, wo Gary Lineker flitzte wie beim Duell Hase contra Igel. So waren die Holländer vor der Pause die dominierende Mannschaft. Allerdings biß

Kopf hoch: Butcher gewinnt das Duell gegen Gillhaus.

sich das Team um Superstar Marco van Basten an der glänzend postierten Viererabwehrkette der Engländer die Zähne aus.
Leo Beenhakker, der Bondscoach, hatte im Gegensatz zum Spiel gegen Ägypten Ruud Gullit hinter die Spitzen van Basten und Gillhaus beordert. Doch seine Erwartungen in den Rasta-Mann erhielten erneut einen kräftigen Dämpfer. Gleich zweimal schlug Ruud Gullit in aussichtsreichen Situationen am Ball vorbei!
Ein Gullit, der Luftlöcher schlägt – wann hat es das schon einmal gegeben?
Und entsprechend reagierte der Kapitän des Oranje-Teams, indem er mit zunehmender Spielzeit immer mehr resignierte. Gullit, dies machten die 90 Minuten deutlich, hatte das Jahr Pause, in dem er dreimal am Knie operiert wurde, noch immer nicht weggesteckt. »Kann er auch nicht«, wie Ernst Happel, Meistertrainer Österreichs, nach der Partie diagnostizierte. »Das wichtigste für einen Mann wie Gullit ist die Spielpraxis. Und die kann er nicht in ein paar Wochen bekommen, wenn er so lange keine Wettkämpfe bestritten hat.«

Gullit selbst gab sich gereizt. Es sei ein weiterer Schritt, doch wenn behauptet werde, er sei schlecht gewesen, »dann war dieser Kritiker bei einem anderen Spiel«.

16. 6. 1990 in Cagliari
England – Holland 0:0
ENGLAND: Shilton – Walker, Butcher, Wright, Pearce – Parker, Waddle, Gascoigne, Robson – Lineker, Barnes – Trainer: Robson. HOLLAND: van Breukelen – Koeman – van Aerle, Rijkaard, van Tiggelen, van't Schip, Gullit, Wouters, Witschge – van Basten, Gillhaus – Trainer: Beenhakker. Auswechselspieler: 59. Bull für Waddle, 65. Platt für Robson – 75. Kieft für van't Schip – Schiedsrichter: Petrovic (Jugoslawien) – Zuschauer: 35 267 – Gelbe Karten: –

Gegen England bemühte er sich allenfalls. Er, der auch im Mannschaftskreis kaum noch positive Worte hörte, wenn es um seine Person ging. Noch vor dem Spiel hatte Beenhakker eine Krisensitzung einberufen, um die Ressentiments gegen seinen Kapitän abzubauen.
Probleme dieser Art gab es für Beenhakkers Kollegen Bobby Robson nicht, wenn man vielleicht davon absieht, daß Steve Bull von den Wolverhampton Wanderers im Vorfeld mit Macht seine Berücksichtigung gefordert hatte. Der Stürmer, der bis dato auf der Ersatzbank den »Sitting Bull« spielen mußte, kam in der 59. Minute und sorgte mit seinem Tordrang in der Tat für Dampf im Spiel der Briten.

Möglichkeiten besaßen die Engländer nach der Pause zuhauf, weil sie plötzlich ein höchst wirkungsvolles Kombinationsspiel begannen, gegen das die Holländer kein Mittel fanden. Paul Gascoigne, bei den Tottenham Hotspurs zu Hause, riß das Spiel im Mittelfeld an sich und sorgte mit gefühlvollen Pässen dafür, daß Lineker überflüssige Kilometer erspart blieben.
Allerdings: So sehr sich Gascoigne auch bemühte, ein Tor fiel nicht, weil Lineker, Bull und Barnes auch die besten Chancen vergaben. Als Lineker dann doch einmal Hans van Breukelen überwunden hatte, sah Schiedsrichter Petrovic ein Handspiel des Engländers. Und auch dem Tor von Pearce versagte er die Anerkennung, weil der indirekte Freistoß in der Schlußminute direkt verwandelt worden war.

Abwehr-Formation: Die Carabinieri in Erwartung der Hooligans.

Peinliche Partie in Palermo

Trainer Mahmoud El Gohary lehnte sich zufrieden in seinem Sessel zurück. Dann sagte der Trainer der Ägypter: »Es war ein gutes Spiel, das gut für uns verlaufen ist.« Auch Jakky Charlton, der Coach der Iren, machte sich nach dem Spiel so seine Gedanken. Fazit: »Die Taktik unseres Gegners war einfach die, auf ein Spiel zu verzichten.«
Irland gegen Ägypten, ein schiedlich friedliches Remis – doch so unterschiedliche Auffassungen beider Trainer.

Was war passiert in Palermo? Die Iren mühten sich redlich, das Abwehrbollwerk der Ägypter zu knacken. Es gelang ihnen nicht, trotz zahlreicher guter Torchancen, die der ägyptische Torhüter Shobeir, einer der Newcomer der Weltmeisterschaft, aber vereiteln konnte. Wie der ägyptische Trainer das sah? »Meine Mannschaft hat mit großer Intelligenz gespielt, wir wollten den Ball in den eigenen Reihen halten und unser Spiel machen«, antwortete er im weiteren Verlauf der Pressekonferenz nach dem Spiel. Jacky Charlton wiederum befand: »Wir hatten die Ägypter 90 Minuten im Griff, aber es war frustrierend.« Trainerfehden...

17. 6. 1990 in Palermo
Irland – Ägypten 0:0
IRLAND: Bonner – Morris, McCarthy, Moran, Staunton – Houghton, McGrath, Townsend, Sheedy – Cascarino, Aldridge – Trainer: Charlton. ÄGYPTEN: Shobeir – Hany Ramzy – Ibrahim Hassan, Yassein, Yakan – Tolba, Abedelghani, Youssef, Oraby – Hossam Hassan, Abdou – Trainer: El Gohary. Auswechselspieler: 69. McLoughlin für Aldridge, 84. Quinn für Cascarino – 60. Abou Zeid für Tolba, 77. Abedelhamid für Abdou – Schiedsrichter: van Langenhove (Belgien) – Zuschauer: 33288 – Gelbe Karten: Morris – Shobeir

Und so war es wirklich: Die irischen Torjäger Cascarino und Aldrige enttäuschten in der Tat, doch die Mittelfeldspieler von der »grünen Insel« leisteten ein großes Laufpensum, brachten die Abwehr der Ägypter immer wieder in Verlegenheit. Vor allem Kevin Sheedy, der beste Ire an diesem Tag, sorgte im linken Mittelfeld für entsprechenden Schwung. Doch ein Tor wollte an diesem Tag einfach nicht fallen. Auch nicht in der 70. Minute, als Sheedy die größte Möglichkeit für die Iren hatte. Er lief allein auf Keeper Shobeir zu, doch der verkürzte geschickt den Winkel, konnte abwehren.
Enttäuschung auch bei den irischen Fans, die schon Stunden vor dem Spiel für eine prächtige Stimmung gesorgt hatten. Im Stadion »La Favorita«, in der sizilianischen Hauptstadt, dominierten die Farben grün und orange. Allein 12000 Iren wollten die Mannen um Jacky Charlton zum Sieg schreien. Alle Anfeuerungen nutzten indes nichts. Unter dem Strich sahen sie ein schwaches Spiel – und eine destruktive ägyptische Mannschaft.

Wie hatte Ägyptens Trainer El Gohary über das Spiel gesagt: Ein gutes Spiel, große Intelligenz, und so weiter. Die Frage sei erlaubt: Welches Spiel hatte er an diesem Tag gesehen? Die Partie in Palemo kann es nicht gewesen sein.

Durch Losentscheid Zweiter: Die Mannschaft Irlands.

Ägypten: Traurig und trotzig

Sie waren sich erstaunlich einig gewesen, die Wahrsager, Propheten, Kartenleser, Sterndeuter und Zukunftsgucker in Italien. Sie hatten gute Zeiten für die Außenseiter ausgemacht für die Weltmeisterschaft, waren mit ihren Weisheiten allerdings genauso belächelt worden wie wahrscheinlich die Außenseiter selbst von vielen der sogenannten Fußball-Experten.
Nicht, daß man nun nach der Vorrunde die Zunft der Leute mit angeblich vorausschauenden Fähigkeiten ernst nehmen muß, auch wenn sie mit ihrem Tip auf die Fußball-Zwerge allein schon mit dem Weiterkommen von Kamerun und Costa Rica völlig richtig lagen, aber daß man sich demnächst endgültig davor hüten sollte, die sogenannten Exoten zu unterschätzen, das hatte die Vorrunde deutlich gezeigt. Und auch wenn am Ende für Ägypten »planmäßig« nur Rang vier und damit die Heimreise als Resultat der drei Gruppenspiele zu verzeichnen ist, auch die Nordafrikaner haben ihren Teil dazu beigetragen.

Durch einen Sieg Erster: Die Elf der Engländer.

»Ich bin sehr stolz auf meine Mannschaft«, verabschiedete sich Ägyptens Trainer El Gohary von der WM-Bühne, kurz nachdem die meisten seiner Spieler den Rasen des Stadions in Cagliari mit Tränen in den Augen verlassen hatten. Sie hatten die Holländer geschockt beim 1:1, sie hatten die Iren geärgert beim 0:0, sie waren gleichwertig gegen die Engländer und hatten sie zittern lassen bis zum Schluß. Doch sie hatten 0:1 verloren, Ende und Aus. Traurig brachen sie auf nach Hause, ein Weg, den sie jedoch hocherhobenen Hauptes beschreiten konnten.

Ihr Eindruck war nachhaltig. Spielerisch gewandt, technisch bisweilen brillant, so waren die Männer aus dem Land der Pyramiden aufgetreten. Aber zum großen Wurf hatte es nicht gelangt. »Wir haben unser Land hervorragend vertreten«, meinte El Gohary, der an noch bessere Ergebnisse bei der nächsten Weltmeisterschaft glaubt. »Diese WM war das Sprungbrett in eine noch bessere Zukunft.« Hilfe, die Afrikaner kommen!

Weißt du, wohin? Schuß der Engländer aufs ägyptische Tor.

Englische Härte: Wright beim Kopfballduell gegen einen Ägypter.

Der englische Teamchef Bobby Robson war jedenfalls heilfroh, dem Überholmanöver vom Schwarzen Kontinent diesmal noch entronnen zu sein. »Wir haben Glück gehabt«, lautete sein lapidarer Kommentar. Ja, das hatten sie, die Engländer, für die Mittelfeldspieler Wright das goldene Tor zum Gruppensieg geköpft hatte. Den Ägyptern blieb das Pech. Und die vielen Komplimente. Und das Nachdenken, ob Italiens Wahrsager und Propheten Ägypten nicht zu den Außenseitern gezählt hatten …

21. 6. in Cagliari

England – Ägypten 1:0 (0:0)

ENGLAND: Shilton – Wright – Parker, Walker, Pearce – Waddle, McMahon, Gascoigne, Barnes – Lineker, Bull – Trainer: Robson. ÄGYPTEN: Shobeir – Hany Ramzy – Ibrahim Hassan, Yakan, Yassein, Abedelghani, Abedelhamid, Ahmed Ramzi, Youssef – Hossam Hassan, Abdou – Trainer: El Gohary. Auswechselspieler: 64. Beardsley für Bull, 66. Platt für Waddle – 78. Abdelrahman und Soliman für Abedelhamid und Abdou. Tor: 1:0 Wright (57.) – Schiedsrichter: Röthlisberger (Schweiz) – Zuschauer: 25000 – Gelbe Karten: Beardsley – Abedelghani, Ibrahim Hassan

5

Nach dem Abpfiff ging's los

Beginnen wir ausnahmsweise mit einem Statisten. Zum Beispiel mit dem kleinen italienischen Techniker, der im Marmorsaal des Sportzentrums Gaetano Scirea zu Rom für den Strom aus der Dose verantwortlich war. Als nämlich an diesem Donnerstagabend um 23.04 Uhr Monsieur Jacques Georges, scheidender Präsident des europäischen Fußball-

21. 6. in Palermo

Irland – Holland 1:1 (0:1)

IRLAND: Bonner – Morris, McCarthy, Moran, Staunton – Houghton, McGrath, Sheedy, Townsend – Aldridge, Quinn – Trainer: Charlton. HOLLAND: van Breukelen – R. Koeman – van Aerle, Rijkaard, van Tiggelen – Wouters, Gullit, Witschge, Gillhaus – van Basten, Kieft – Trainer Beenhakker. Auswechselspieler: 81. Whelan und Cascarino für Sheedy und Aldridge – 59. Fraeser für Witschge, 79. van Loen für Kieft. Tore: 0:1 Gullit (11.), 1:1 Quinn (71.) – Schiedsrichter: Vautrot (Frankreich) – Zuschauer: 33288 – Gelbe Karte: Rijkaard

Verbandes (UEFA) mit einem freundlichen »Bon soir, Messieurs« die Zeremonie eröffnen wollte, streikte erst einmal das Mikrofon.
Dabei war diese denkwürdige Zeremonie einmalig in der 60jährigen Geschichte der Weltmeisterschaften: Erstmals mußte das Los entscheiden, wie es weitergeht.
Nun, der kleine Italiener ließ sich drei Minuten lang Zeit, ehe er den Stromkreis schloß. Doch endlich war es soweit: FIFA-Generalsekretär Joseph Blatter schritt zum überdimensionalen Cognacschwenker und rührte um. Unter Berufung auf Artikel 25 des Reglements bat er schließlich Monique Figura, geboren in Lausanne, ihren Job als Glücksfee zu verrichten. Und die Studentin der Literatur zog freundlich lächelnd die »3«. Damit war klar, daß Holland nur Dritter in der Gruppe F geworden war und im Achtelfinale gegen Deutschland spielen mußte.

Es hätte schlimmer kommen können. Dann nämlich, wenn eine Mannschaft dieser Gruppe per Cognacschwenker hätte »Ciao« sagen müssen. Wenn die Engländer die Ägypter nicht 1:0 geschlagen, sondern beide Teams sich 1:1 getrennt hätten, dann, ja dann wären vier Mannschaften punkt- und torgleich gewesen. Und dann hätten Gullit, van Basten, Rijkaard und Co. vielleicht sogar vorzeitig die Koffer pakken müssen.
So aber blieb die Fußball-Welt in Ordnung. Ägypten war out, England, Irland und Holland waren in. Doch der amtierende Europameister stand am Rande des K.o. Dabei hatten die Niederländer gegen die Iren

Durch Los auf Platz 3:
Die Elf der Holländer.

WM-Splitter

PAUSE: Ahmed Shobeir, Torwart der »Pharaonen«, fand nach dem 0:0 gegen Irland eine ungewöhnliche Erklärung für seine Vorliebe zum Zeitschinden: »Ich mußte meinen Abwehrspielern doch eine Pause gönnen. Die mußten ja alle 20 Sekunden nach einer Flanke springen.«

VERRÜCKT: Ein bißchen ausgeflippt ist er schon, Jack Charlton, der kantige Coach der Iren. Statt in ein Stadion zu gehen, geht er lieber zum Fischen, statt vor dem Fernseher ein Spiel zu verfolgen, geht er lieber auf die Jagd. Einen fetten Lachs zu fangen sei für ihn schöner als bei der WM ein Tor zu erzielen, bekennt der Trainer-Fuchs offen.

SÄNGERKNABE: Gary Lineker, Torschützenkönig bei der WM 1986 in Mexiko, hat's nicht nur in den Beinen, sondern auch in der Kehle. Gemeinsam mit »Roy of the Rovers«, einer in England populären Comic-Figur, brachte er eine Vereinigungshymne mit dem Titel »Europe United« auf den britischen Musik-Markt. Sein Honorar hat er Organisationen gewidmet, die sich um die Resozialisierung von Hooligans kümmern. Das sind die »Fans«, die es nicht im Kopf, sondern (nur) in den Armen haben.

KOMIKER: Einen Angriff auf die Bauchmuskeln seiner Schützlinge startete Leo Beenhakker, Trainer der Holländer, nach den wenig überzeugenden Leistungen seiner Star-Truppe in der Vorrunde. Er ließ kurzerhand Frek de Jong, einen bekannten Kabarettisten, nach Italien einfliegen, um für Abwechslung zu sorgen. Seine Spieler konnten darüber nur lachen.

stark begonnen und nach der frühen Führung von Gullit (11.) nach Doppelpaß mit Kieft schien alles nach Plan zu laufen. Doch die »grünen Jungs« von Jack Charlton kämpften um jeden winzigen Zentimeter im Stadion »La Favorita« in Palermo. In der 71. Minute war es schließlich Irlands bester Angreifer, Niall Quinn, der den unermüdlichen Einsatz der WM-Debütanten mit einem klassischen Abstauber belohnte. Hollands sonst so sicherer Torhüter van Breukelen hatte eine überraschende Rückgabe von van Aerle nicht festgehalten.

Blumenkind: Hollands Coach Leo Beenhakker hinter der Blütenpracht.

Nun begann ein Vabanque-Spiel für beide Teams, ein Spiel um Alles oder Nichts. Allerdings mit der besonderen Note, daß sowohl die Iren als auch die Holländer eigentlich überhaupt nichts mehr taten. Gullit, der nach seiner langen Verletzungspause in seinem dritten WM-Spiel endlich wieder die langen Wege gegangen war, tat nichts mehr, und auch Stürmerstar van Basten, der im Mittelfeld neues Selbstvertrauen gefunden hatte, spielte nur noch Sicherheitspässe. Das Oranje-Team wußte weder ein noch aus – und so mancher Holländer schickte ein Stoßgebet nach Cagliari, damit die englischen Kraftmeier wenigstens noch einmal über die Spielfreude der Ägypter die Oberhand behielten. Der Fußballgott hatte ein Einsehen. Verdient hatten es die Oranjes aber nicht.

Endstand	**1. England**	**2:1**	**4-2**
Gruppe F:	**2. Irland**	**2:2**	**3-3**
	3. Holland	**2:2**	**3-3**
	4. Ägypten	1:2	2-4

Berti Vogts: Die Zwerge waren riesig

Herrliche Stadien, großartige Stimmung und zum überwiegenden Teil attraktive Spiele! Die Vorrunde mit ihren insgesamt 36 Spielen hielt, was sich die Organisatoren und Zuschauer von diesem Aufgalopp der WM versprachen. Das Spektakel »Italia 90« war schon während der Vorrunde nicht zu vergleichen mit der Weltmeisterschaft 1986 in Mexiko. Die Herzlichkeit der Menschen, die Begeisterung der Tifosi, die unvergleichliche Anteilnahme der Bevölkerung und die totale Identifikation einer ganzen Nation mit dieser Veranstaltung sorgten von Anfang an für eine Atmosphäre, wie ich sie noch bei keiner Weltmeisterschaft zuvor erlebt habe.

Für mich persönlich standen bereits zum Ende der Vorrunde die Afrikaner als der eigentliche Gewinner dieser WM fest. Daß Kamerun und Ägypten eine starke Rolle spielen würden, war für Insider der internationalen Fußball-Szene keine Überraschung. Ich habe zum Beispiel im Dezember vergangenen Jahres mit unserer Juniorenauswahl »Unter 21 Jahre« in Kamerun gespielt und konnte mich bei dieser Gelegenheit ein weiteres Mal von dem hohen Fußball-Standard dort überzeugen.

Ägyptens gute Klasse basiert auf jenem Nachwuchs, gegen den unsere »U 19« vor neun Jahren bei der Jugend-Weltmeisterschaft in Australien mit 1:2 verlor.

Daß die Ägypter aber Europameister Holland fast bezwingen würden und Kamerun aus der Gruppe mit dem amtierenden Weltmeister Argentinien, dem Vize-Europameister UdSSR und dem wiedererstarkten Rumänien sogar als Sieger herauskommen würde, haben wohl nur ganz wenige für möglich gehalten. Die Erfolge der Afrikaner resultieren aus ihrem spielerischen Können. Wenn man sie spielen läßt, dann bekommen auch ganz große Fußballnationen wie Argentinien große Probleme. Dazu haben sie während ihrer monatelangen Vorbereitungszeit auch in physischer und konditioneller Hinsicht aufgeschlossen. Der Afrikaner spielt keinen körperlosen Fußball mehr. Im Gegenteil: er überzog während der Vorrunde einige Male sogar, war übermotiviert und hatte dabei Mühe, sein Spiel unter Kontrolle zu bringen. Schließlich haben die Afrikaner taktisch zu einem eigenen Stil gefunden. Ihr System vereinigt europäische und südamerikanische Elemente in sich. Ein echter Angreifer, dann sechs Mittelfeldspieler, von denen sich jeder in die Sturmspitze orientieren kann, dazu eine grundsolide Abwehrorganisation mit einem Ausputzer weit hinter der Verteidigungslinie – so stellte sich die Grundstruktur des afrikanischen Spiels dar.

Die Aufstände der sogenannten »Zwerge« bei der Mundiale erstreckten sich freilich nicht nur auf die Afrikaner. Ich habe zum Beispiel das Spiel zwischen Costa Rica und Brasilien gesehen und war begeistert von dem fußballerischen Niveau der Mittelamerikaner. Daß sie vier Punkte gegen Schottland und Schweden holten, ist eine Sensation. Und was die Kolumbianer zu leisten vermochten, haben wir ja am eigenen Leib verspürt.

Für mich als Trainer war Kolumbien die interessanteste Mannschaft der Vorrunde. Dieses Team präsentierte sich mit einem System, das nicht absolut neu, aber doch verblüffend ist. Eine im Raum deckende Vierer-Abwehrkette, davor ein seitlich und in die Tiefe verschiebbares Vierer-Mittelfeld und anderthalb Stürmer. Es war schon interessant, wie dieses System (siehe Grafik) funktionierte. Dazu ein Torwart als Libero. Higuita interpretierte das Torwartspiel auf eine merkwürdige, ebenso spektakuläre wie gekonnte Art und Weise. Und in Valderrama, dem Dreh- und Angelpunkt vor der Mittelreihe und hinter der Angriffsspitze, präsentierten die Kolumbianer eine zweite schillernde Figur.

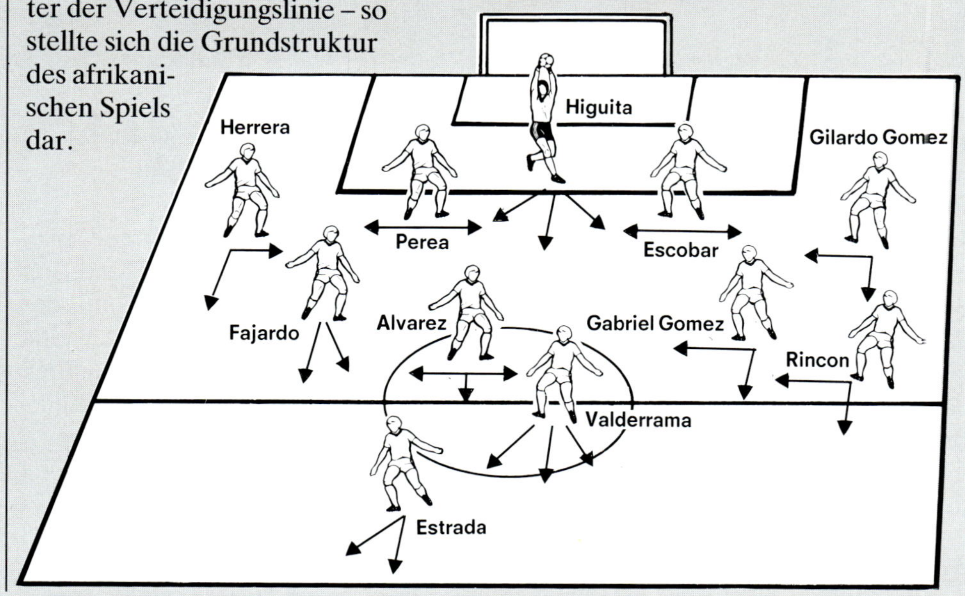

Riesige Zwerge: Zwei Costaricaner.

Higuita und Valderrama – mit diesen beiden komme ich zu den auffälligsten Persönlichkeiten der Vorrunde. Zu ihnen gehören mit Sicherheit Lothar Matthäus und Andreas Brehme aus unserer deutschen Mannschaft, die von Anfang an Weltklasse verkörperten. Zu ihnen zähle ich die Brasilianer Valdo und Branco. Bei den Italienern haben mich Torwart Zenga und Libero Baresi stark beeindruckt. Und bei Giannini glaube ich, daß dem Römer jetzt endlich der große internationale Durchbruch als Spielmacher gelang. Noch stärker in Erscheinung als Zenga, weil als Torwart noch häufiger beschäftigt, trat der Österreicher Lindenberger, der für mich der beste Schlußmann der Vorrunde war. Und zurückgemeldet in die Spitzenklasse hat sich in Italien der Belgier Scifo. Bei der Europameisterschaft 1984 wurde er als der große Komet gefeiert. Danach war von dem Jungen nicht mehr allzuviel Positives zu hören, weil für ihn sein plötzlicher Aufstieg sich zu schnell vollzog und er noch nicht ausgereift war. Doch Scifo hat an sich gearbeitet. Für ihn freut es mich ganz besonders, daß solch ein Talent nicht in der Versenkung verschwunden blieb. Bei den Schweden bewies Tomas Brolin, daß er zur Zeit das größte Stürmertalent in Europa ist. Ich habe ihn im Spiel gegen die Schotten gesehen. Das war schon Klasse, wie er sich mit seinen 20 Jahren gegen die abgebrühten britischen Profis behauptet und durchgesetzt hat.

Ansonsten war von den Schweden bei dieser WM wenig zu sehen. Ihr schwaches Auftreten und Ausscheiden ist mir unerklärlich und kann eigentlich nur durch mannschaftsinterne Probleme verursacht worden sein. Womit ich auf die negativen Eindrücke der Vorrunde zu sprechen komme. Das Aus der Schweden ist für mich die größte sportliche Enttäuschung, vor allem vor dem Hintergrund ihrer guten Testergebnisse während der Vorbereitungszeit. Enttäuschend ist sicherlich auch das Scheitern der sowjetischen Mannschaft. Deren Spieler müssen angesichts der Perestroika wohl erst einmal mit ihren neuen Freiheiten klarkommen. Der Trainer kann nicht mehr, wie früher, in monatelanger Kasernierung die taktische Schulung der einzelnen Mannschaftsteile praktizieren. Das Team war während der Vorrunde nicht mehr so blind aufeinander abgestimmt wie noch bei der Europameisterschaft vor zwei Jahren, als die Spielzüge fast schon automatisiert waren.

Ein ganz, ganz großes Kompliment muß ich dagegen unserer Mannschaft für ihr sportliches Auftreten während der Vorrunde machen. Sie präsentierte sich vom ersten Anpfiff an mit der richtigen Einstellung. Das beste, was passieren konnte, war gleich zu Auftakt ein so starker Gegner wie Jugoslawien. Dabei zeigte sich, daß wir den Jugoslawen, die ja als die Brasilianer des Balkans gelten, auch in technischer und spielerischer Hinsicht überlegen waren. Sicherlich waren die Emirate im zweiten Spiel kein starker Gegner. Doch wenn man sieht, wie schwer sich Brasilien mit Costa Rica tat und welche Probleme die Italiener mit den USA hatten, dann war es schon beeindruckend, wie unsere Mannschaft den Außenseiter deklassiert hat.

Für mich war es mehr als erfreulich, wie die spielerische Entwicklung in unserem Team hier in Italien gleich in der Vorrunde auf den Punkt gebracht wurde.

Eine vielversprechende Entwicklung hatten auch die Österreicher in der Zeit vor der WM unter Josef Hickersberger gemacht. Ihre glänzenden Ergebnisse ließen einiges erhoffen und weckten große Erwartungen. Im Spiel gegen Italien hat Österreich auch sofort gezeigt, wie stark es spielen kann. Umso mehr bedauere ich es, daß »Hickis« Truppe letztlich durch einen Elfmeter gegen die CSFR höchst unglücklich auf der Strecke blieb.

Afri-Könner: Jubelnde Kameruner.

Spruchreif

✻ **»Die Taktik unseres Gegners war einfach die, auf ein Spiel zu verzichten.«**
(Jacky Charlton, Trainer der irischen Nationalmannschaft nach dem 0:0 gegen Ägypten)

✻ **»Wenn es nach der Länge der Nationalhymne geht, haben die Kolumbianer schon gewonnen.«**
(Gerd Rubenbauer, ARD-Reporter, vor dem Spiel Deutschland gegen Kolumbien)

✻ **»Auch als Veteran kann man also noch ein hervorragender Fußballspieler sein. Ganz im Gegensatz zum Tennis, bei dem ein Baby mit einer Milchflasche in der einen und mit dem Racket in der anderen Hand ein großes Turnier gewinnen kann.«**
(Pelé, brasilianisches Fußball-Idol, über den 38jährigen Stürmer Roger Milla aus Kamerun)

✻ **»Ich habe zu lange überlegt, ob ich schießen oder abspielen soll. Und als ich dann schoß, hatte ich mich eigentlich entschieden, abzugeben.«**
(Cyrille Makanaky, Nationalspieler Kameruns, nach einer ausgelassenen Tor-Möglichkeit im Spiel gegen Argentinien)

✻ **»Eine faltige, Zigarre qualmende Mischung aus Jean Gabin und Ernst Happel.«**
(Die »Abendzeitung« über Belgiens Coach Guy Thys)

✻ **»Das Fußballfieber ist eine weltumfassende Geisteskrankheit.«**
(Dieter Hildebrandt, Kabarettist)

✻ **»Wenn du in der Welt des Sports ein Großer bist und einen Freund brauchst – kauf' dir einen Hund.«**
(Marco van Basten, niederländischer Nationalspieler)

Lautstarker Lothar: Matthäus, der Kapitän, Kämpfer und Könner.

Achtelfinale

Im Achtelfinale mußten sich bereits zwei Mitfavoriten verabschieden. Europameister Holland verlor im Hit gegen Deutschland, Brasilien nutzte seine vielen Chancen nicht und flog gegen Weltmeister Argentinien raus. Vier Spiele gingen in die Verlängerung. Kamerun, Jugoslawien und England hatten dabei den längeren Atem – und auch das nötige Quentchen Glück. Die Iren setzten sich erst im Elfmeter-Krimi mit 5:4 gegen die Rumänen durch.

Auftanken: Die Kolumbianer vor der Verlängerung.

23. 6. 1990 in Neapel
Kamerun–Kolumbien 2:1 n.V.

23. 6. 1990 in Bari
CSFR–Costa Rica 4:1

24. 6. 1990 in Turin
Brasilien–Argentinien 0:1

24. 6. 1990 in Mailand
Deutschland–Holland 2:1

25. 6. 1990 in Genua
Irland–Rumänien 5:4 n.E.

25. 6. 1990 in Rom
Italien–Uruguay 2:0

26. 6. 1990 in Verona
Spanien–Jugoslawien 1:2 n.V.

26. 6. 1990 in Bologna
England–Belgien 1:0 n.V.

(n. V. = nach Verlängerung; n. E. = nach Elfmeterschießen)

Milla bestrafte Higuita

An diesem Rene Higuita schieden sich die Geister. Die einen hätten den Torwart der Kolumbianer am liebsten am Pfosten festgebunden, wenn er mal wieder unterwegs war ins Mittelfeld und als Libero das Risiko herausforderte. Die anderen bewunderten ihn, waren fasziniert von der Beharrlichkeit, mit der Higuita die weißen Strafraumlinien, die normalerweise das Torhüter-Areal begrenzen, ignorierte. Wie er sich einschaltete in den Angriff seiner Mannschaft, wie er gegnerische Stürmer weit vor seinem Kasten abfing.

Ein Feldspieler als Torwart oder ein Torwart als Feldspieler? Genie oder Scharlatan? Wundermann oder Clown? Die Wahrheit findet man wahrscheinlich am ehesten in der Mitte. Der Grat, auf dem Higuita schon in den Vorrundenspielen gegen Jugoslawien, Deutschland und die Arabischen Emirate wandelte, war allemal schmal. Aber erst im Achtelfinale stürzte er ab. Ein Fehler, sein Fehler, der das WM-Aus der Kolumbianer besiegelte.

Verlängerung gegen Kamerun, 109. Spielminute. »El Loco«, der Verrückte, wie die Fußball-Fans Higuita in seinem Land mit der Mischung aus Stolz und ständigem Bangen nennen, vertändelt 20 Meter vor seinem Gehäuse den Ball, Kameruns Stürmer Roger Milla nimmt ihm das Leder ab und schiebt es ins leere Tor. 2:0 für die Afrikaner, die Entscheidung.

Der 23jährige Schlußmann Higuita und Kameruns 38jähriger Veteran Roger Milla – nicht nur Hauptdarsteller in dieser entscheidenden Szene, sondern auch Symbolfiguren für Niederlage und Erfolg.

Higuita flüchtete sich nach dem Aus, nach seinem verhängnisvollen Patzer in Trotz, Einsichtigkeit und Gottglauben. »Ich werde auch in Zukunft so spielen«, belehrte er die Kritiker, die schon von einem heilsamen Schock für den Keeper gesprochen hatten. »Natürlich war es mein Fehler«, gab Higuita zu und dachte bei seiner Ursachenforschung an überirdische Mächte. »Gott gibt und Gott nimmt. Irgendwann mußte es ja einmal so kommen«, suchte er Trost in der Religion.

Vielleicht hat ihn auch das Mitgefühl seines Trainers gefreut, der »El Loco« nicht die Schuld am Ausscheiden gab. »An ihm hat es nicht gelegen«, sagte Francisco Maturana. »Wir haben unsere Chancen nicht genutzt.«

Roger Milla konnte von sich genau das Gegenteil behaupten. Sein Name, seine Lebensgeschichte, seine außergewöhnliche Karriere war

schon nach seinen beiden Treffern gegen Rumänien, die Kameruns »unzähmbare Löwen« in die nächste Runde gehievt hatten, um die Welt gegangen. Jetzt hatte er wieder zweimal getroffen, dieser Fußball-Methusalem, hatte sich emporgeschossen in den Kreis der großen Stars.

Und sein Land zum dritten Mal bei diesen Titelkämpfen in einen kollektiven Infarkt gestürzt. Daheim, in den Städten Kameruns küßten sie die Fernseher, als die Bilder über die Mattscheiben flimmerten, wie Milla hüftschwingend nach seinen Treffern den Lambada mit der Eckfahne zelebrierte. Aus den Lautsprechern plärrten aufgelöste Reporter die Frohe Botschaft, im Tempel des Jubels trug das Volk seinen Helden auf Papp-Plakaten durch die Straßen. Die ganze lange Nacht hindurch.

Wie ein Luchs hatte Kameruns Ober-Löwe aufgepaßt, als er Kolumbiens Nummer eins im rechten Moment attackierte. »Ich wußte, das ist die Möglichkeit«, wiederholte er unzählige Male in unzähligen Fernsehinterviews. Und daß er seiner Frau dankt und seinen beiden Kindern, daß sie ihm den nötigen Rückhalt für eine solche Weltmeisterschaft gaben. »Wir werden die WM nicht durch einen Nebenausgang, sondern durch den Hauptausgang verlassen«, spiegelte Milla kampfeslustig die Stimmung im Kameruner Lager nach diesem neuerlichen Coup wider.

Abgeluchst: Milla »klaut« Higuita den Ball, schießt das 2:0.

Keinen der Kameruner hatte das so unansehnliche Spiel vor Millas beiden Toren gestört. Und auch das Gegentor kurz vor dem Ende durch Redin hatte nicht mehr am neuen Mythos Milla kratzen können. Wie ein Panther hatte sich Milla, wie gewohnt erst im Verlauf der zweiten Halbzeit als Joker eingewechselt, an seine Beute Kolumbien herangeschlichen und in zwei richtigen Momenten zugepackt. Milla, eine lebendige Legende.

Vielleicht wird er wirklich unsterblich in dem westafrikanischen Staat. »Setzt Milla ein Denkmal«, forderten die Fans in der Heimat. Ein Denkmal, früher üblich für erfolgreiche Feldherrn und Herrscher. In solchen Kategorien wollen sie nun auch Milla einordnen. Milla, den neuen, alten Helden von Fußball-Afrika.

23. 6. 1990 in Neapel

Kamerun – Kolumbien 2:1 (0:0, 0:0) n.V.

KAMERUN: N'Kono – N'Dip, Onana, Ebwelle – Tataw, Mabdan Kessack, Kana Biyik, M'Bouh, M'Fede – Omam Biyik, Makanaky – Trainer: Nepomniachi. KOLUMBIEN: Higuita – Herrera, Perea, Escobar, Gilardo Gomez – Alvarez, Valderrama, Gabriel Gomez, Rincon – Fajardo, Estrada – Trainer: Maturana. Auswechselspieler: 54. Milla für M'Fede, 68. Djonkep für Makanaky – 63. Iguaran für Fajardo, 80. Redin für Gabriel Gomez. Tore: 1:0 Milla (106.), 2:0 Milla (109.) 2:1 Redin (117.) – Schiedsrichter: Lanese (Italien) – Zuschauer: 50300 – Gelbe Karten: Kana Biyik, N'Dip, M'Bouh, Onana – Perea, Gabriel Gomez.

Kommandosache: Schiedsrichter Kirschen gibt Freistoß.

Skuhravy: Mann mit Köpfchen

Je südlicher, desto heißer. Eine alte Regel. Auch auf Italien trifft sie zu. Als sich am 23. Juni, dem ersten Tag des Achtelfinales, langsam die Nacht über Bari senkte, zeigte das Thermometer immer noch satte 30 Grad an. Den Männern aus Costa Rica, bislang vor allem als Kaffeeland in Mittelamerika und als Touristenziel bekannt, ist die Hitze vertraut, auch die feuchte Schwüle. Wie aber würde dieses Klima den an solche Temperaturen ganz und gar nicht gewöhnten Spielern aus der Tschechoslowakei bekommen? Ihre Vorrundenspiele hatten sie im klimatisch »gemäßigten« Mittelitalien, in Florenz und Rom bestreiten können.
Beide Mannschaften wurden mit den äußeren Umständen gut fertig. Ihre Namen hatte man zuvor auf keiner Favoritenliste gefunden. Die Erfolge in der Vorrunde waren ihnen keineswegs zu Kopf gestiegen, doch ihr Selbstvertrauen hatte an Umfang gewaltig zugenommen. Nun wollten sie auch weiter im Turnier bleiben.

Siegfried Kirschen, der schon WM-erfahrene Schiedsrichter aus Frankfurt/Oder, zog gleich die Grenzen. Für ein Foul an Hasek zeigte er bereits nach wenigen Minuten Mittelfeldspieler Gonzales aus Costa Rica die Gelbe Karte – und alle wußten, daß sie sich nicht viel erlauben konnten.
Und sehr schnell machten auch die Tschechen und Slowaken deutlich, wer im mitten »in der Prärie« neuerbauten herrlichen Stadion »Vittoria« den Ton anzugeben gedachte. Gerade elf Minuten waren vergangen, als sie ihr erstes Tor erzielten. Knoflicek, beim FC St. Pauli in der Bundesliga tätig, hatte sich am rechten Flügel verdribbelt. Doch der behende Ballkünstler erkämpfte sich den Ball zurück, schlug diagonal eine Flanke auf die andere Seite des Strafraums. Skuhravy schraubte sich förmlich hoch, über alle anderen hinweg. Von seiner Stirn flog der Ball Richtung entgegengesetztes Toreck, Ersatztorhüter Barrantes – er stand für den an der Schulter verletzten Conejo zwischen den Pfosten – zeigte überhaupt keine Reaktion. Genau in der Ecke des Tornetzes landete der Ball.

Die CSFR-Mannschaft spulte nun ihr Spiel nach Konzept ab. Bedächtiger Aufbau aus der Abwehr, zum Anspiel wurde meist der Mann mit der Rückennummer 9, Lubos Kubik, gesucht. Er entschied dann: Paß auf die Flügel hinaus, auf den in der Mitte lauernden Tomas Skuhravy, einen trotz seines »Gardemaßes« von 1,92 m enorm wendigen, antrittsschnellen und entschlußfreudigen Mittelstürmer, oder ein eigener, kraftvoller Vorstoß.
Die Mannen aus Costa Rica spielten mehr aus der Intuition heraus. Bei ihnen setzte Libero Roger Flores die Akzente, ein 33jähriger Oldtimer. Immer wieder wurde der wieselflinke Claudio Jara gesucht. Seinem Bewacher Frantisek Straka (der bei Borussia Mönchengladbach seine Brötchen verdient) entwischte er sehr häufig,

Erster Streich: Skuhravy köpft das 1:0 gegen Costa Rica.

zog sich an eine Seitenlinie außer Sichtweite zurück und wirbelte dann urplötzlich in den Strafraum.

Nur kurze Zeit gerieten die Tschechen und Slowaken etwas außer Fassung. Nachdem Gonzales in der 56. Minute nach einem Freistoß den Ball ungehindert mit dem Kopf zum 1:1 ins Netz verlängern konnte, machte sich bei den Europäern Nervosität breit. Aber sie haben ja ihren Skuhravy. Gerade hatte Jara den Ball nach einem langen Sprint des zur Halbzeit eingewechselten Medford hoch übers Tor gedonnert, da flog der Ball wieder einmal hoch auf Skuhravy zu. Ein Sprung, eine Drehung des Kopfes, und es hieß 2:1 für die CSFR. Wie ein Ruck ging dieses Tor durch die Mannschaft, eindeutig bestimmte nun wieder sie, was auf dem Rasen ablaufen sollte. Aus über 20 Metern flog der Ball nach einem Freistoß von Kubic wie ein Strich ins Tor. 3:1.

Kurz vor dem Ende baute die CSFR den Vorsprung gar auf 4:1 aus. Torschütze abermals Skuhravy. Wie? Mit dem Kopf natürlich. Drei Tore schoß er in diesem Spiel, alle drei waren Kopfbälle. Kein Wunder, daß nach dem Schlußpfiff seine Mannschaftskameraden richtiggehend über ihn herfielen.

23. 6. 1990 in Bari

Tschechoslowakei – Costa Rica 4:1 (1:0)

TSCHECHOSLOWAKEI: Stejskal – Kocian – Straka, Kadlec – Hasek, Moravcik, Kubik, Chovanec, Bilek – Skuhravy, Knoflicek – Trainer: Dr. Venglos. COSTA RICA: Barrantes – Flores – Montero, Marchena, Chavez – Ramirez, Chavarria, Gonzales, Obando – C. Jara, Cayasso – Trainer: Milutinovic. Auswechselspieler: 46. Medford für Obando, 66. Guimaraes für Chavarria. Tore: 1:0 Skuhravy (11.), 1:1 Gonzales (56.), 2:1 Skuhravy (63.), 3:1 Kubik (77.), 4:1 Skuhravy (81.) – Schiedsrichter: Kirschen (DDR) – Zuschauer: 47673 – Gelbe Karten: Kocian, Straka, Hasek – Gonzales, Marchena.

Akrobat schön:
Costa Ricas Marchena im Spiel
gegen die CSFR.

9

Maradona tröstete Careca

Als der Triumph perfekt war, ordnete Diego Maradona seine Freude dem Mitgefühl unter. Zuerst, meinte er später, sei es wichtig gewesen, einem Verlierer Trost zu spenden: »Mein Freund Careca hat mir leid getan. Und ich wollte ihm zeigen, daß unser persönliches Verhältnis durch dieses eine Spiel keinen Schaden genommen hat.« Maradona, der Göttliche, hatte erst den 1:0-Sieg Argentiniens über die besseren Brasilianer eingeleitet, dann – nach dem Schlußpfiff – nahm er seinen brasilianischen Freund Careca in den Arm, zog den weinenden Verlierer zu sich heran: »Wir bleiben Freunde.«
Die Vorgeschichte dieser Episode: In den italienischen Zeitungen hatten sich Maradona und Careca, die sonst für den SSC Neapel gemeinsam auf Torjagd gehen, vor dem südamerikanischen Gipfel im WM-Achtelfinale täglich ihre Botschaften geschickt. Carecas Eröffnung: »Tut mir leid, Diego, aber ich werde Dich 90 Minuten lang verraten müssen.« Maradonas Gegenzug: »Sei vorsichtig, Argentinien ist noch nicht verloren. Diego wird am Sonntag keine Freunde kennen.« Doch als er den weinenden Careca sah, war alles Ballyhoo vergessen.
Vorher, in den 90 Minuten im Turiner »Stadio delle Alpi«, hatte Diego Armando Maradona seine alte Klasse noch einmal aufblitzen lassen. Zwar führten die Brasilianer in einem wahren Feuerwerk von Doppelpässen, Flankenläufen und Kombinationswirbeln die argentinischen Erzfeinde 80 Minuten lang vor, aber Careca und mehr noch der überhektische Muller nutzten die Chancen nicht, die ihre Mittelfeldstrategen Valdo und Alemao erarbeitet hatten.

Und dann kam Maradona. 80 Minuten lang war er, im Stich gelassen von einer bestenfalls durchschnittlichen Mannschaft, untergetaucht. Aber als die entscheidende Sekunde kam, narrte er mit einer einzigen, unnachahmlichen Körpertäuschung gleichzeitig Alemao und Mauro Galvao, schickte dann seinen Stürmer Claudio Caniggia mit einem Traumpaß auf die Reise – und der schoß das 1:0. Sein Triumphzug führte ihn auf geradem Weg zu dem Mann, der den Treffer möglich gemacht hatte: zu Diego Maradona.
Dabei war der Einsatz des in der Vorrunde enttäuschenden Superstars äußerst fraglich. Denn Diego quälte eine üble Knöchelverletzung. Das Training vor dem Südamerika-Duell ließ er ausfallen – bis auf einmal: Da stand er im Mittelkreis herum, ließ ein bißchen den Ball tanzen, und verabschiedete sich zum Duschen. Die Trainingskiebitze vermuteten schon, daß er mal wieder keine Lust gehabt habe. Maradona mußte sich sogar böse Zwischenrufe anhören. »Stehgeiger« war da noch das Harmloseste.

Aber er war wirklich verletzt, sein Mitwirken gegen Brasilien stand bis zuletzt in Frage. Doch der Kopf der Argentinier wollte die Mannschaft nicht im Stich lassen – und

Mit links: Caniggia trifft zum 1:0 für Argentinien.

Problemlos: Brasiliens Taffarel fängt einen Eckball ab (rechts).

Reiß-Wölfe: Zweikampf zwischen Gomez und Ruggeri.

wurde nach dem unerwarteten und eigentlich auch unverdienten Triumph Argentiniens mit Lob überschüttet. »Ich glaube nicht, daß man mit dieser Verletzung besser spielen kann als Diego«, jubelte Trainer Dr. Carlos Bilardo. »Ganz Argentinien ist ihm zu Dank verpflichtet.«
Maradona riß eine Mannschaft mit, die auch in Bestform niemals das spielerische Potential der Brasilianer gehabt hätte, die aber durch Verletzungen zusätzlich gehandicapt war. Aber sie hatte ja Maradona.

Und die unglücklichen Verlierer? Lähmendes Entsetzen bei den Fans, die das Stadion in Grün-Gelb getaucht hatten, lähmendes Entsetzen auch bei den Spielern. »Wir hatten Pech und haben einen einzigen Fehler gemacht«, sagte Kapitän Ricardo Gomez. »Die bessere Mannschaft ist ausgeschieden. Wir hatten eben keinen Maradona.«
Die Brasilianer ließen die Köpfe hängen. Enttäuschung, Trauer, Resignation.

Aber es gab auch Zoff am Zuckerhut. »Alemao hat in der entscheidenden Szene versagt«, wütete Libero Mauro Galvao. Aber er selbst ließ sich von Maradona genau so täuschen wie Alemao.
Die Heimat empfing die Verlierer wie Versager. Ein Spruchband am Flughafen von Rio: »Ihr habt uns Schande gebracht.« Nicht alle Spieler sahen es übrigens, denn viele gingen getrennte Wege: Alemao und Careca düsten nach Neapel, wo sie zu Hause sind, Dunga fuhr nach Florenz, Muller nach Turin – den Empfang in Brasilien wollten sie nicht erleben.
Schwer in der Schußlinie stand Trainer Sebastiao Lazaroni. Brasiliens Journalisten, ohnehin mit dem Coach auf Kriegsfuß, prangerten sein System an: »Wir haben nicht brasilianisch, wir haben europäisch gespielt. Das Ergebnis hat man im Spiel gegen Argentinien gesehen.«

Ein harter Vorwurf, ein ungerechter Vorwurf. Denn Lazaroni hat den Brasilianern ein Schema verpaßt, mit dem sie – bis zum Duell mit Argentinien – immer Erfolg hatten. Und sie hatten den Achtelfinal-Gegner völlig beherrscht. Beeindruckend beherrscht. Daß die Stürmer an diesem Tag das Tor nicht trafen, läßt sich kaum dem Trainer ankreiden.
Maradonas Mitgefühl war wirklich angebracht.

24. 6. 1990 in Turin
Brasilien – Argentinien 0:1 (0:0)
BRASILIEN: Taffarel – Mauro Galvao – Ricardo Rocha, Ricardo Gomez – Jorginho, Alemao, Dunga, Valdo, Branco – Muller, Careca – Trainer: Lazaroni. ARGENTINIEN: Goicochea – Simon – Monzon, Ruggeri – Basualdo, Giusti, Burruchaga, Troglio, Olarticochea – Maradona, Caniggia – Trainer: Bilardo. Auswechselspieler: 83. Silas und Renato für Alemao und Mauro Galvao – 62. Calderon für Troglio. Tor: 0:1 Caniggia (80.) – Schiedsrichter: Quiniou (Frankreich) – Zuschauer: 61381 – Gelbe Karten: Mauro Galvao, Ricardo Rocha – Monzon, Giusti, Goicochea. – Rote Karte: Ricardo Gomez.

Wundermann namens Klinsmann

Exakt 62,5 Prozent betrug die Sehbeteiligung in Deutschland. 27 Millionen Bundesbürger befanden sich an jenem Sonntagabend vor den Fernsehapparaten, um das Spektakel mitzuerleben. 75000 Zuschauer saßen im »Meazza«-Stadion. Die Menschen daheim vor den Bildschirmen und die Fußballanhänger vor Ort in Mailand wurden dabei durch ein Wechselbad der Gefühle gezogen, wie es diese Weltmeisterschaft bis dahin noch nicht erlebt hatte.
Alle Rollenfächer des klassischen Dramas waren bei dieser sportlichen Auseinandersetzung zwischen Holland und Deutschland besetzt, das des bösen Schurken ebenso wie jenes des jugendlichen Helden. Das unschuldige Opfer war vertreten, der Versöhnungsstifter und auch die scheinbar allmächtige, über jeden Zweifel erhabene Instanz in der Person von Teamchef Franz Beckenbauer fehlte nicht.
»Diese Weltmeisterschaft hier in Italien ist das fünfte WM-Turnier, an dem ich als Spieler oder Trainer teilnehme. Diese deutsche Mannschaft aber ist die beste von allen, die ich bisher erlebt habe. Leistungsmäßig ist sie mit jenem Team zu vergleichen, das 1974 Weltmeister wurde. Doch diese Mannschaft hier ist in sich geschlossener und gefestigter als jede andere zuvor«, machte der Teamchef seinen Spielern das bisher größte Kompliment, nachdem die vermeintlich höchste Hürde auf dem mit so viel Vehemenz eingeschlagenen Weg zum Finale in Rom übersprungen war.

Auch Franz Beckenbauer, der im Fußball alles erreicht und soviel erlebt hatte, ließ sich mitreißen von diesem faszinierenden Rollenspiel auf dem Rasenrechteck von San Siro,

Hebe-Figur:
Guido Buchwald und Torschütze Andy Brehme.

einem Rollenspiel, das vollgepackt war an Gesten und an Taten, von der fiesen und der feinen Art. Die nobelste Geste erlaubte sich Jürgen Klinsmann. Er widmete sein Tor seinem Angriffskollegen Rudi Völler, der in der 21. Minute unschuldiges Opfer eines wahren Schurkenstreichs des Holländers Frank Rijkaard geworden war: Wenige Monate zuvor hatte der blonde Schwabe in einem Auswärtsspiel für seinen Arbeitgeber Inter Mailand drei Tore in Verona erzielt. »Damals fragte mich ein Reporter nach dem Spiel, wem ich meine drei Treffer widmen würde. Ich verstand den Mann überhaupt nicht. Jetzt nach dem Holland-Spiel war mir klar, was damit gemeint ist. Ich widmete mein Tor dem Rudi. Es war das erste Mal, daß ich ein Tor für einen anderen geschossen habe.«

Nachdem Rudi Völler zusammen mit Rijkaard den Platz in der 21. Minute hatte verlassen müssen, redete Franz Beckenbauer seinen Spielern in der Halbzeitpause ins Gewissen: »Der Rudi hat über 70mal für euch gespielt. Jetzt geht raus und spielt für den Rudi.«

Die Mannschaft beherzigte die eindringlichen Worte ihres Teamchefs. Allen voran Jürgen Klinsmann. In den ersten drei Spielen dieser WM hatte der Inter-Star an seiner gewohnten Arbeitsstätte sichtlich Mühe, sich in das teilweise recht schwungvolle deutsche Spiel miteinzubeziehen. Nun aber wurde das Holland-Spiel für ihn zu einem einzigen Entfesselungsakt, Klinsmann bot eine überragende Leistung, war weder von van Aerle noch von van Tiggelen zu bremsen, erzielte die wichtige 1:0-Führung und wurde von

den rund 30000 deutschen Schlachtenbummlern begeistert gefeiert, als er elf Minuten vor Schluß völlig ausgepumpt nach zahllosen Sprints und zumeist gewonnenen Zweikämpfen gegen Karlheinz Riedle ausgewechselt wurde.
Ehe Jürgen Klinsmann in der 51. Minute das Führungstor gelang, hätte die deutsche Mannschaft freilich durchaus schon mit zwei Treffern im Hintertreffen liegen können. Holland brachte mit einem stark aufspielenden Ruud Gullit Deutschland vom Anpfiff an zunächst in arge Not. Und solange elf Deutsche gegen elf Holländer spielten, beherrschte der Europameister die Partie eindeutig.

Franz Beckenbauer hatte sich für dieses erste K.-o.-Spiel nach den drei Gruppenspielen zu einer taktischen Maßnahme entschlossen, die für allgemeine Überraschung sorgte. Er nominierte Jürgen Kohler, der nach dreiwöchiger Verletzungspause wieder fit war, für die Anfangsformation, nahm dafür aber keinen Abwehrspieler, sondern in Uwe Bein einen Vertreter der Offensiv-Abteilung aus der Mannschaft.
Zwei Jahre war Beckenbauer als Apostel des attraktiven Spiels nicht müde geworden, mit zunehmendem Erfolg eine Mannschaft zu formen, die Spielkunst und Kreativität, Vorwärtsdrang und Spontaneität auszeichnet. Als jetzt gegen Holland die Probe aufs Exempel folgen sollte, zog sich Beckenbauer auf die von Sicherheitsdenken und defensiver Stra-

Hans im Pech:
Van Breukelen fliegt vergeblich.
Klinsmann trifft zum 1:0.

tegie bestimmten Positionen des deutschen Spiels während der WM 1986 in Mexiko zurück. Allein der Zweck, das Weiterkommen, hatte dabei die Mittel zu heiligen. Und der Erfolg gab Franz Beckenbauer am Ende recht.

Vor allem deshalb, weil die Mannschaft längst nicht so defensiv spielte, wie sie sich von den Namen her den Anschein gab. Vor allem Guido Buchwald, aus der Manndekkung ins defensive Mittelfeld beordert, entfaltete spielerische Tugenden, die in dieser Breite und Klasse bislang nur Insider von ihm kannten. Der Stuttgarter beschränkte sich längst nicht nur auf seine Aufgabe, dem gesamten Abwehrverbund Stabilität zu verleihen. Er orientierte sich immer wieder auch nach vorne, schaltete sich gekonnt in die deutschen Angriffszüge ein und war zu beiden deutschen Treffern der Wegbereiter. Geradezu sensationell war die Art und Weise, wie »Diego«, so Buchwalds Spitzname im Mannschaftskreis, mit einem doppelten Übersteiger und einer Maßflanke auf Klinsmann das 1:0 vorbereitete. Doch auch Guido Buchwald hatte in der ersten halben Stunde bange Momente zu überstehen, als sein Gegenspieler Winter zwei von insgesamt einem halben Dutzend hochkarätiger Chancen der Holländer vergab.

24. 6. 1990 in Mailand

Deutschland – Holland 2:1 (0:0)

DEUTSCHLAND: Illgner – Augenthaler – Reuter, Berthold, Kohler, Brehme – Littbarski, Matthäus, Buchwald – Klinsmann, Völler. HOLLAND: van Breukelen – R. Koeman – van Aerle, Wouters, Rijkaard, van Tiggelen – van't Schip, Gullit, Winter, Witschge, van Basten – Trainer: Beenhakker. Auswechselspieler: 79. Riedle für Klinsmann – 68. Kieft für van Aerle, 79. Gillhaus für Witschge. Tore: 1:0 Klinsmann (51.), 2:0 Brehme (85.), 2:1 R. Koeman (89., Foulelfmeter). Schiedsrichter: Juan C. Loustau (Argentinien) – Zuschauer 74559 – Gelbe Karten: Völler, Matthäus – Rijkaard, Wouters, van Basten – Rote Karten: Völler (21.) – Rijkaard (21.).

Mit zunehmender Spieldauer erwies sich der doppelte Platzverweis in der 21. Minute aber immer mehr als Handicap für den Europameister. Die deutsche Mannschaft mußte zwar fortan in Völler auf ihren bisher besten Stürmer verzichten. Schwerwiegender aber war der Verlust von Rijkaard, ein Weltklasse-Verbinder zwischen Abwehr und Angriff und ein überragender Vorstopper dazu. Ruud Gullit bewegte sich zwar weiterhin auf hohem Niveau – eine großartige Leistung an diesem mit 30 Grad bisher heißesten Sommerabend in Mailand, wenn man die Länge seiner einjährigen Verletzungspause berücksichtigt und die Ungewißheit, die nach mehreren Operationen über dem Comeback des Superstars schwebte.

Doch die Wege wurden für die dezimierten Niederländer nun zwangsläufig länger. Es begann sich auszuzahlen, was Beckenbauer im Hinblick auf die im Vergleich zur deutschen Mannschaft zwei Tage kürzere

Kunst-Stoß: Andreas Brehme trifft zum 2:0.

Erholungspause der Holländer vor diesem Achtelfinale zu seiner Defensivtaktik veranlaßt hatte. »Je länger das Spiel 0:0 steht, desto mehr wird uns als der ausgeruhteren und konditionsstärkeren Mannschaft in die Hände gespielt.« Sicherlich hat aber auch der Teamchef nicht übersehen, daß seine Mannschaft am Ende mit leeren Händen dagestanden wäre, hätte die gegnerische Mannschaft bei der Chancenauswertung nicht soviel Pech und Unvermögen an den Füßen gehabt.

Zugute halten und hoch anrechnen mußte man dem Beckenbauerteam, daß es nach den beiden Platzverweisen immer mehr und immer effektvoller die Räume nutzte, die sich ihm öffneten. Vor allem Jürgen Klinsmann und Lothar Matthäus nutzten nun jede Möglichkeit, um sich in Richtung Tor der Holländer zu orientieren. Auch Pierre Littbarski, erstmals bei dieser WM von Anfang an dabei, und Guido Buchwald stießen in diese Lücken. Nun bekamen auch die Deutschen eine Reihe bester Einschußmöglichkeiten.
Littbarski vergab die größte Chance freistehend vor Torwart van Breukelen. Klinsmann knallte den Ball aus vollem Lauf an den Pfosten. Glück hatte dagegen Andreas Brehme, als er in der 85. Minute van Breukelen mit einem tollen Kunstschuß aus 30 Metern überraschte. Die Entscheidung war gefallen. Auch wenn Marco van Basten, der von Jürgen Kohler bei dessen WM-Debüt ansonsten hervorragend bewacht worden war, mit einem Faller noch einen Foulelfmeter provozierte, den Ronald Koeman in der 89. Minute zum 1:2-Endstand verwandelte. Auch in dieser Szene bewies der überforderte argentinische Schiedsrichter Juan Loustau, daß er der schwächste aller Akteure auf dem Rasen war.

Ein dramatischer, hochklassiger und mitreißender Kampf war zu Ende. Unvergessen bleibt dabei die versöhnliche Geste nach dem Abpfiff. Gewissermaßen als Kontrapunkt zu Rijkaards unsportlicher Rüpelei tauschten Ruud Gullit und Jürgen Klinsmann ihre Trikots, fielen

Der Dampf ist raus: Hollands Bondscoach Leo Beenhakker.

der dunkelhäutige »Rastaman« und der blonde Schwabe mit nackten Oberkörpern einander in die Arme.
»Vor Jahren entstand bei einer gemeinsamen Plattenaufnahme eine Freundschaft zu Ruud, auf die ich ein wenig stolz bin. Ruud Gullit ist nicht nur ein außergewöhnlicher Fußballer, er ist auch ein außergewöhnlicher Mensch«, erzählte Jürgen Klinsmann später. Und fast mit dem gleichen Atemzug bat Klinsmann um Nachsicht für Frank Rijkaard: »Ich habe sein Fehlverhalten hautnah miterlebt und kann es mir nur dadurch erklären, daß er total überdreht und übermotiviert gewesen war.

Deutschland gegen Holland – auch die 30. Vorstellung der beiden großen europäischen Fußball-Nachbarn war ein hochbrisantes Schauspiel. Auch in Mailand lag dem so oft schon blinden Eifer der beiden Erzrivalen die Eifersucht zugrunde, wie schon beim WM-Endspiel in München oder danach 1978 in Argentinien, 1980 bei der EM in Italien oder bei der »Euro' 88« in Deutschland, dem anderen bei solch großen Turnieren den Vortritt lassen zu müssen. Letztlich aber feierte auch im »Meazza«-Stadion die Hochachtung voreinander Triumphe.

Computer-Analyse . . . Computer-Analyse . . . Computer-Analyse

Name	Kurzpässe zum Mitspieler	Kurzpässe Fehlpaß	Pässe über mehr als 25 m zum Mitspieler	Pässe über mehr als 25 m Fehlpaß	Zweikämpfe gewonnen	Zweikämpfe verloren	Fouls gefoult worden	Fouls foul gespielt	Kopfballduelle gewonnen	Kopfballduelle verloren	Freistöße/ Eckbälle ausgeführt	Torschüsse	Ballkontakte
Klaus Augenthaler	63	3	9	3	2	4	3	0	0	0	2	1	93
Jürgen Kohler	29	0	4	0	9	1	2	2	4	0	0	0	51
Guido Buchwald	31	0	2	0	9	3	1	1	5	2	0	1	55
Stefan Reuter	26	0	11	0	5	2	2	3	0	1	1	0	47
Andreas Brehme	17	2	11	3	8	5	2	2	0	1	7	1	55
Thomas Berthold	35	3	3	2	2	3	1	1	4	1	0	0	55
Pierre Littbarski	13	2	2	1	5	6	3	0	0	1	5	5	46
Lothar Matthäus	26	2	13	5	7	2	4	2	3	0	6	5	77
Jürgen Klinsmann bis 79. Min.	7	2	0	1	15	9	1	0	4	3	0	3	43
Rudi Völler bis 21. Min.	0	0	0	0	3	2	1	2	1	0	0	0	10
Karlheinz Riedle ab 79. Min.	2	0	0	0	1	0	0	0	0	1	0	1	5

Beer

Der Anfang vom Ende: Frank Rijkaard läßt gegen Rudi Völler das Bein stehen.

FIFA deckte den Skandal

Um 5.15 Uhr an jenem 27. Juni waren sie aufgebrochen in Erba, hatten Rudi Völler und Lothar Matthäus in der Morgendämmerung das deutsche Quartier verlassen. Von Mailand nach Rom flogen sie, um ihr Recht zu holen. Drei Tage zuvor waren die beiden deutschen Stars im Achtelfinale gegen Holland auf dem Spielfeld bestraft worden. Völler mit der Roten, Matthäus mit der Gelben Karte. Der Platzverweis für den Torjäger war freilich ebenso unberechtigt gewesen wie die Verwarnung für den Kapitän. Deshalb hatte der DFB Protest bei der FIFA eingelegt.
Matthäus hatte nach einem schnell ausgeführten Freistoß, den Schiedsrichter Juan Loustau nicht zurückpfiff, einen Gegenspieler umspielt und den Ball ins Tor geschoben. Anstatt den Treffer anzuerkennen, pfiff der Unparteiische die ganze Aktion ab und zeigte Matthäus zur allgemeinen Verwunderung Gelb.

Bereits in der 21. Minute war es zum ersten Skandal des Spiels gekommen. Nach einem ungestümen Angriff springt Rudi Völler knapp an Torwart van Breukelen vorbei. Frank Rijkaard rempelt Völler zu Boden, zieht den Deutschen am Ohr nach oben und spuckt ihm ins Gesicht.
Schiedsrichter Loustau, der beide Spieler eine Minute zuvor nach einem Foul Rijkaards an Völler und dessen lautstarken Protesten (Rijkaard hatte ihn erstmals bespuckt) verwarnt hatte, schickte Übeltäter Rijkaard vom Platz – aber auch Völler, das Opfer.
Beim Abgang in die Kabine spuckte der Holländer dem empörten Deutschen nochmals ins Gesicht.

Den Fehlentscheidungen des Schiedsrichters (im Fernsehen deutlich zu sehen) folgte die Farce der FIFA. Am Dienstag hatte die Disziplinarkommission dem DFB signalisiert, daß Völler und Matthäus bei der Verhandlung gehört werden

würden. Denkste! Im römischen Hilton-Hotel, wo verhandelt wurde, durften die Spieler keine Stellungnahme abgeben.
Stattdessen wurde die deutsche Abordnung mit Altersstarrsinn, Uneinsichtigkeit und Vorverurteilung konfrontiert. Das »Gericht« um den 80jährigen Vorsitzenden Abdelasis Mostafa (Ägypten) rechtfertigte ohne großes Aufheben die Fehlentscheidungen des Schiedsrichters. Das Urteil: Völler wurde wegen groben Spiels für eine Partie gesperrt, die Gelbe Karte für Matthäus nicht annulliert. Rijkaard kam mit einer Sperre von drei Spielen davon.
Der Holländer entschuldigte sich später immerhin bei Völler, der nahm die Entschuldigung an.

**Der Skandal:
Völler fliegt an van Breukelen vorbei. Rijkaard geht auf den Torjäger los. Der greift sich ans schmerzende Ohr. Rijkaard und van Breukelen bedrängen den Deutschen. Für Opfer Völler und Übeltäter Rijkaard ist das Spiel vorbei.**

Die Tragik des Daniel Timofte

Der weiße Kreidestrich des Mittelkreises bildete die Grenze: Innerhalb des Kreises saßen und lagen 21 Spieler, außerhalb stand der einsamste Mann dieses Nachmittags in Genua. Daniel Timofte stand traurig und verlassen herum, scheinbar ausgeschlossen von der Gemeinschaft der anderen Spieler. Daniel Timofte hatte den entscheidenden Elfmeter für Rumänien verschossen. Pat Bonner hatte gehalten, damit Irland den Einzug ins Viertelfinale beschert. Im Elfmeterschießen hatten nur Timofte die Nerven versagt – Irlands David O'Leary trat zum letzten Schuß an und verwandelte eiskalt. Rumänien war ausgeschieden.
Und viele der Spieler aus Bukarest und Craiova waren nicht einmal sehr böse darüber. Denn die politischen Wirren in der Heimat, in der sie ihre Familien zurückgelassen hatten, bestimmten den Tagesablauf in Italien viel mehr als die WM. Nur so ist zu verstehen, daß Trainer Emerich Jenei ein »gutes Spiel meiner jungen Mannschaft« gesehen hatte.
Denn die 120 Minuten im »Stadio Luigi Ferraris« brachten bei Temperaturen über 35 Grad Celsius langweiligen Sommerfußball, Ballgeschiebe, und sie offenbarten vor allem beim Sieger viele technische Schwächen.

Die Iren mit ihrem veralteten System – Viererabwehrkette, permanent lange Bälle auf die Spitzen, Vernachlässigung der Außenpositionen – kamen nur weiter, weil sie im Elfmeterschießen das Glück hatten, das Daniel Timofte fehlte.
Vielleicht waren sie auch ein bißchen selbstbewußter. Das zeigte sich an der Auswahl der Strafstoßschützen: Rumäniens Coach Emerich Jenei eilte hektisch von Spieler zu Spieler,

Glück und Pech: Bonner pariert, wird gefeiert. Die Rumänen sind geschockt.

Kopfballduell: Balint setzt sich gegen Moran durch.

traf spät seine Wahl. Irlands Jack Charlton blieb ganz cool an der Auslinie stehen, ließ seine Spieler selbst entscheiden. »Wer sich traut, soll's halt machen«, meinte er. Sie machten – und wie. Rumäniens Torhüter Silviu Lung hatte bei keinem der fünf Elfmeter auch nur die Spur einer Abwehrchance. Sein Gegenüber Pat Bonner dagegen hätte vor Timoftes Fehlschuß beinahe schon Rotarius Strafstoß gehalten. Der 31jährige Keeper war der Held des Tages und Match-Winner.

Irland jubelte (Jack Charlton: »Wir werden bei unserer Rückkehr in Dublin die größte Party feiern, die diese Stadt je gesehen hat.«) – Rumänien trauerte nur kurz. Dann konzentrierte sich alles wieder auf die Situation in der Heimat. »Wir sind froh, daß wir schnell nach Hause kommen«, sagte Michael Klein. »Unter diesen Umständen müssen wir einfach mit dem Erreichten zufrieden sein.«

Im Normalfall hätte es durchaus mehr sein können. Denn den besseren Fußball spielten in diesem Achtelfinale die Rumänen. Oder besser: Gheorghe Hagi. Der Superstar, der in der nächsten Saison für Real Madrid den spanischen Meistertitel holen soll, brachte als einziger das Tor von Pat Bonner in Gefahr. Allerdings war Hagi, der am Ball alles kann, auf der anderen Seite auch das Problem der Rumänen: Er spielte nur für sich, vergaß die Mannschaft, übersah besser postierte Mitspieler – und er gönnte sich Ruhepausen wie kein anderer der 22 Akteure. Trotzdem bescheinigte Trainer Jenei ihm eine sehr gute Leistung: »Vor allem Hagi haben wir es zu verdanken, daß Rumänien das beste internationale Resultat erzielt hat.«

Daniel Timofte hätte dieses Resultat noch verbessern können. Noch Minuten nach dem Ende des Spiels stand er einsam auf dem Platz. Dann brach Gavrila Balint den Bann. Er ging auf Timofte zu, umarmte ihn, tröstete ihn. Dann kam Michael Klein, strich ihm versöhnlich über das Haar. Auch Irlands Chris Morris mochte das Bild des Jammers nicht mehr mit ansehen: Er drückte Timofte die Hand, klopfte ihm aufmunternd auf die Schulter, als wolle er sagen: »Junge, das Leben geht weiter.«

---

25. 6. 1990 in Genua

Irland – Rumänien 0:0 n.V. 5:4 n.E.

IRLAND: Bonner – Morris, McCarthy, Moran, Staunton – Houghton, McGrath, Townsend, Sheedy – Quinn Aldridge – Trainer: Charlton. RUMÄNIEN: Lung – Popescu – Lupescu, Andone – Rednic, Sabau, Hagi, Rotariu, Klein – Balint, Raducioiu – Trainer: Jenei. Auswechselspieler: 20. Cascarino für Aldridge, 94. O'Leary für Staunton – 75. Lupu für Raducioiu, 97. Timofte für Sabau. Tore im Elfmeterschießen: Sheedy, Houghton Townsend, Cascarino, O'Leary für Irland – Hagi, Lupu, Rotariu und Lupescu für Rumänien, Timofte verschießt. – Zuschauer: 31818 – Gelbe Karten: McGrath, Aldridge – Hagi. – Schiedsrichter Wright (Brasilien).

Serena kam, sah und traf

Die Italiener überschlagen sich. Die Buchstaben für die Schlagzeilen werden immer größer, die Elogen auf die Lieblinge euphorischer. Das Olympiastadion in Rom war schon seit Monaten für alle Spiele ausverkauft, auch für die im Achtel- und Viertelfinale. Keineswegs stand da ja schon fest, ob die Italiener »ihre« Mannschaft zu sehen bekommen würden. Doch das blinde Vertrauen zahlte sich aus. Lakonisch tauchte stets in den amtlichen Veröffentlichungen die gleiche Zahl an Zuschauern im Olympiastadion auf: 73303, ausverkauft. Dennoch zeigten sich stets mehr oder weniger große Lücken auf den Rängen. Sie waren Folge organisatorischer Mängel. »Tour Italia Novanta«, das speziell für den Kartenverkauf im Ausland und den Tourismus aus dem Ausland gegründete Unternehmen, war auf einem ganzen Teil seiner Karten förmlich sitzengeblieben. Denn die hatte es jenseits der Grenzen nur zusammen mit Flug- oder Bahntickets und wahnsinnig überteuerten Hotelarrangements angeboten. Den rechtzeitigen Rücklauf der Karten zum Verkauf am Stadion hatte man vergessen zu organisieren.

Der Stimmung taten solche Pannen nicht den geringsten Abbruch. Dafür sorgte schon die Einstimmung. Mehr als eine Stunde vor Anpfiff laufen über die beiden Videotafeln Szenen von früheren Erfolgen der italienischen Mannschaft. Eindeutig bevorzugt: Die Tore gegen

Der Joker stach: Aldo Serena (li.) erzielt das 2:0.

Deutschland im schon zur Legende gewordenen WM-Halbfinalspiel 1970 in Mexiko (in der Verlängerung 4:3 für Italien) und natürlich aus dem Endspiel 1982 in Madrid, das Deutschland 1:3 gegen Italien verlor. Zum Orkan steigert sich der Beifall, wenn nur der Kopf des ersten italienischen Spielers sichtbar wird, der

25. 6. 1990 in Rom

Italien – Uruguay 2:0 (0:0)

ITALIEN: Zenga – Baresi – Bergomi, Ferri, Maldini – de Napoli, Berti, Giannini, de Agostini – Baggio, Schillaci – Trainer: Vicini. URUGUAY: Alvez – de Leon – Saldana, Gutierrez, Dominguez – Perdomo, Ostolaza, Francescoli, R. Pereira – Aguilera, Fonseca – Trainer: Tabarez. Auswechselspieler: 52. Serena für Berti, 79. Vierchowod für Baggio – 55. Sosa für Aguilera, 78. Alzamendi für Ostolaza. Tore: 1:0 Schillaci (65.), 2:0 Serena (83.) – Schiedsrichter Courtney (England) – Zuschauer: 73303 – Gelbe Karten: Berti – Aguilera, Alvez, Perdomo, Gutierrez.

Freudenschrei: Italiens Torwart Zenga nach dem Schlußpfiff.

zum Aufwärmen die Treppe aus den Kabinen heraufkommt. Tausende von Fahnen werden geschwenkt, »Italia, Italia!«.

Das Achtelfinalspiel gegen Uruguay unterscheidet sich kaum von den drei vorangegangenen an gleicher Stätte. Nach vorne gepeitscht von den »Tifosi«, rennen die Italiener ihre Gegner einfach nieder. Ein Spielkonzept ist nicht auszumachen. Die Abwehrkette Bergomi–Ferri–Maldini bleibt meist sichernd hinten, deshalb und dank Zengas Fang- und Reaktionskunst überstehen sie auch das vierte Spiel ohne Gegentor. Libero Baresi treibt's gelegentlich nach vorn. Sollte einmal Not am Manne sein, hilft de Agostini schon mal in der Abwehr mit aus. Doch ansonsten gilt offensichtlich nur eine Parole: »Avanti!«
Nach ein paar Querpässen im Mittelfeld fliegt der Ball steil nach vorn. Schillaci, der Sprinter mit den stechenden Augen, wird ihn schon irgendwie erreichen. Drei, vier Mann rennen mit vor. Allerdings meist in der Spielfeldmitte, was den Uruguayern die Chancen gibt, das Spiel zu stören.

Das gehört mittlerweile auch zum römischen Ritual: In der zweiten Halbzeit wechselt Azeglio Vicini immer einen ein, der dann das entscheidende Tor schießt. Diesmal ist es Aldo Serena. 30 Jahre wird er an diesem Tag alt. Bisher schmorte er auf der Bank. Genau 13 Minuten ist er auf dem Feld, als er in der Mitte Schillaci in günstiger Position sieht. Er zieht den Ball nach innen, Schillaci schießt direkt – Italien führt 1:0. Nach einem Freistoß von Giannini springt Serena höher als alle anderen – Kopfball – Tor! Überschäumend die Freude auf dem Rasen und, natürlich, auch auf den Rängen. »Italia Italia!« Ein Volk befindet sich im Rausch.
Auch die Uruguayer spielten mit. Aber eher bieder, zuviel den Ball quer schiebend, zu oft zaudernd, was sie mit ihm anstellen sollen. Tempomachen verwechseln sie mit langen Spurts, den Ball am Fuß. Damit verfangen sie sich meist schon früh im Mittelfeld. Kommen sie einmal bis zum Strafraum durch und sogar in Schußposition, wehrt Walter Zenga sicher ab.

Die Tifosi sind selig. Viertes Spiel, vierter Sieg. Und anderentags sind die Buchstaben der Schlagzeilen nochmals gewachsen.

Placido verschlug's die Stimme

Noch in der Pause zur Verlängerung hatte Placido Domingo den spanischen Fans von der Ehrentribüne aus per Handzeichen signalisiert, wie er sich den weiteren Ablauf des Abends im »Stadio Bentegodi« zu Verona vorstelle: »Keine Probleme!« machte er allen auf Sichtweite klar. »Jetzt haben wir die Jugos im Griff!« Setzte sich beruhigt auf den Platz hinter Dr. Henry Kissinger und harrte der restlichen 30 Minuten.
Doch Verona wird dem weltberühmten Tenor nur in der Kunstszene in bester Erinnerung verbleiben. Nach dem Schlußpfiff von Aaron Schmidthuber aus Ottobrunn verschlug es dem guten Placido für einige Augenblicke die Stimme. »I am sorry«, versuchte ihn der ebenso fußballbegeisterte Politiker zu trösten, ohne an die Seele des Tenors heranzukommen. Domingo stand minutenlang regungslos auf seinem Platz, längst noch, als sich die VIP's bereits bei Wein und Wasser von der Hitzeschlacht auf dem Rasen erholt hatten.

Dies mag bei ihnen schneller geklappt haben als bei den 26 eingesetzten Akteuren. 35 Grad zeigte das Thermometer, und vor allem Dragan Stojkovic, der jugoslawische Zauberkünstler am Ball, hatte schon schnell gemerkt, daß auf einem kleinen Streifen am Spielfeldrand das Tribünendach etwas Schatten warf. Prompt verlegte er seinen Arbeitsplatz meist dorthin, wo die erbarmungslos brütende Sonne nicht hintraf. Wissenschaftler mögen erklären, wieviel Energie ein Mensch derart einsparen kann, um in punkto Schnellkraft und Konzentration seinen Gegnern überlegen zu sein.
Dragan Stojkovic trat zumindest den pragmatischen Beweis einer solchen These an: Zigmal trieb er mit Faulheit und Tändelei seinen Landsleuten auf Bank und Tribüne den Angstschweiß auf die ohnehin schon erhitzte Stirn – zweimal jedoch war er blitzschnell und dann auch noch erfolgreich in Aktion. Beide Male mußte Spaniens guter Torwart Zubizarreta hinter sich greifen. Stojkovic war der Matchwinner und, knapp an Schimpf und Schande vorbei, der gefeierte Held.
So eng liegen bei einer Weltmeisterschaft Ruhm und Verdammung beieinander.

26. 6. 1990 in Verona
Spanien – Jugoslawien 1:2 (1:1, 0:0) n. V.
SPANIEN: Zubizarreta – Andrinua – Chendo, Sanchis, Gorriz – Michel, Roberto, Martin Vazquez, Villaroya – Salinas, Butragueño – Trainer: Suarez. JUGOSLAWIEN: Ivkovic – Sabanadzovic, Hadzibegic, Spasic, Brnovic – Stojkovic, Katanec, Jozic, Susic – Pancev, Vujovic – Trainer: Osim. Auswechselspieler: 48. Jimenez für Andrinua, 78. Paz für Butragueño – 55. Savicevic für Pancev, 78. Vulic für Katanec. Tore: 0:1 Stojkovic (78.), 1:1 Salinas (83.), 1:2 Stojkovic (92.) – Schiedsrichter: Schmidhuber (Deutschland) – Zuschauer: 35500 – Gelbe Karten: Roberto, Chendo – Katanec, Vujovic, Vulic.

Katanec mit Köpfchen: Hinten Schiedsrichter Schmidhuber.

Luftkampf: Gorriz im Duell mit einem Jugoslawen (re).

WM-Splitter

ABGELEHNT: Dick Spring, Oppositionsführer im irischen Parlament, ging vor der Achtelfinal-Begegnung seiner Mannschaft gegen Rumänien in die Offensive. Alle Beamten und Staatsangestellten sollten zwecks ungetrübter Fernseh-Freuden einen halben Tag frei bekommen. Sein Pech: Premierminister Charles Haughey ignorierte die Vorlage seines Kontrahenten und bestand auf Dienst nach Vorschrift.

SELBSTBEWUSST: Kolumbien hatte das Achtelfinale erreicht, und schon schwebte Francisco Maturana, der Coach der Südamerikaner, in höheren fußballerischen Sphären. »Wir sind die Brüder von Maradona«, sagte er allen Ernstes über die Spielstärke seiner Mannschaft. Was der argentinische Superstar zu dieser unfreiwilligen Familien-Vermehrung sagte, ist nicht bekannt.

ENTWENDET: Gegen die Holländer gewonnen, das eigene Auto verloren – Franz Beckenbauer erlebte am Tag des Achtelfinales ein wahres Wechselbad der Gefühle. Seine Ehefrau Sybille hatte mit Elvira Netzer, der Gattin des früheren Nationalspielers Günter Netzer, in Mailand einen Einkaufsbummel gemacht. Als sie danach den Parkplatz wieder ansteuerten, war die Karosse des Kaisers, ein Mercedes 300 CE, verschwunden.

GESCHOCKT: Kameruns Kicker, die »Löwen« aus Schwarzafrika, trieben den Buchmachern im fernen London förmlich die Schweißperlen auf die Stirn. Mit einem Kurs von 500:1 gestartet, stiegen die Aktien des krassen Außenseiters nach dem Sieg gegen Kolumbien auf 20:1.

Krabbelstunde: Ein Spanier auf allen vieren.

Matchwinner: Stojkovic (re.) im Duell mit Martin Vazquez.

Spaniens Trainer Luis Suarez, in jüngeren Jahren selber einer aus der ganz großen Fußball-Schule, hatte die Schwächen der Jugoslawen nämlich schnell erkannt und mit Villaroya einen laufstarken Mann gegen Jugoslawiens faulsten Wunder-Fußballer gestellt. Mit optischem, leider aber nicht zählbarem Erfolg! Ein ums andere Mal berannte die starke Mittelreihe mit Michel, Roberto, Villaroya und Martin Vazquez den Strafraum der Jugoslawen, und Stuttgarts ehemaliger Publikumsliebling Srecko Katanec mußte schon tausend Spurts hinlegen, um die vielen Löcher im Mittelfeld zu stopfen.
Doch Luis Suarez mußte neben den beiden Toren von Stojkovic noch eine weitere Erkenntnis mit nach Hause nehmen: Wenn ein Geier nicht mehr hungrig ist, mag er (oder kann er) nicht mehr zupacken. Die großen Tage des spanischen Stürmerwunders »El Buitre« (der Geier) Emilio Butragueño sind längst vorbei. In Mexiko ob seines Torriechers noch geehrt und verehrt ist sein Schwung längst flügellahm. Butragueño war noch lauffauler als Stojkovic und – ganz entscheidend – nicht halb so torgefährlich. Und auch Michel, vorher bei der WM bereits fünfmal erfolgreich, hatte nur eine wirklich brisante Szene vorzuweisen, als er Salinas kurz vor dem Abpfiff die Chance zur Verlängerung ermöglichte – die dieser prompt auch wahrnahm.

Im nachhinein hätte der gute Julio jedoch besser vorbeigezielt, denn je näher die 120. Minute heranrückte, um so kaputter schlichen die sonnengewöhnten Iberer über den Rasen! Szenen wie aus einem Altherren-Spiel einer »U 51«.
Jugoslawiens Trainer Ivica Osim zeigte sich hernach als Gentleman: »Fragen Sie mich nach nichts«, sagte er erschöpft, »ich kann nur sagen, daß wir glücklich gewonnen haben!«
Das jedoch mag nur ein billiger Trost für Placido Domingo sein, der seine Arien am Vorabend des WM-Finales anläßlich der Jahrhundert-Gala mit Luciano Pavarotti und José Carreras so gerne den spanischen WM-»Toreros« gewidmet hätte!

adidas
10

Platt setzte den Blattschuß

Er hatte sich einen schöneren Abschluß seiner langen Karriere als Nationaltrainer gewünscht. Erst kurz vor der Weltmeisterschaft war Guy Thys, mittlerweile schon 67 Jahre alt, zurückgekehrt auf den Posten, den er neun Monate vorher für seinen Ex-Schüler Walter Meeuws geräumt hatte.
Platz vier hatten seine »Roten Teufel« in Mexiko belegt, ein ähnlicher Coup schwebte Thys auch in Italien vor.
Doch das Happy-End für die famosen Belgier blieb aus. Verantwortlich dafür: Ein Mann namens David Platt, 24jähriger Mittelfeldspieler der englischen Nationalmannschaft.

Ganze 60 Sekunden waren in Bologna noch zu spielen, torlose, aber spannende 119 Minuten verstrichen. Die Belgier hatten klar den Ton angegeben, durch Ceulemans und den überragenden Enzo Scifo nur Latte und Pfosten getroffen.

26. 6. 1990 in Bologna
England – Belgien n. V. 1:0 (0:0, 0:0)
ENGLAND: Shilton – Wright – Walker, Butcher – Parker, Waddle, Gascoigne, McMahon, Barnes, Pearce – Lineker – Trainer: Robson. BELGIEN: Preud'homme – Demol, Grun – Gerets, Clijsters, Scifo, v. d. Elst, de Wolf, Versavel – Degryse, Ceulemans – Trainer: Thys. Auswechselspieler: 72. Platt für McMahon, 75. Bull für Barnes – 68. Claesen für Degryse, 108. Vervoort für Versavel. Tor: 1:0 Platt (119.) – Schiedsrichter: Mikkelsen (Dänemark) – Zuschauer: 34520 – Gelbe Karte: Gascoigne.

Und als alles mit einem Elfmeterschießen rechnete, da schlug das Schicksal in Person von David Platt erbarmungslos gegen die Belgier zu. Paul Gascoigne hatte sich ein letztes Mal aufgerafft, war gefoult worden, knapp 35 Meter vor dem Tor. Den Freistoß hob er in den Strafraum, Frankie van der Elst verpaßte, und Platt ließ Preud'homme mit einem Drehschuß keine Chance.

Ein grausames Ende für die Belgier, doch Guy Thys, der alte Fahrensmann, nahm die Niederlage gelassen: »Jeder hat gesehen, was uns fehlte. Wir haben drei Viertel des Spiels beherrscht, aber keine Tore gemacht.«
Seinem Gegenüber Bobby Robson wünscht Thys viel Glück – über die Spielweise des gegnerischen Teams

hielt sich der Whiskey-Freund und Zigarrenliebhaber – ganz Gentleman – vornehm zurück.
Nicht so freilich die neutralen Kritiker: »Taktisch und spielerisch haben sich die Engländer keinen Deut weiterentwickelt«, kritisierte DFB-Trainer Hannes Löhr nach der Achtelfinalpartie, in der er den Belgiern einiges Pech bescheinigte.
Um der Wahrheit die Ehre zu geben: England hätte viel früher, nämlich schon in der ersten Hälfte, in Führung gehen können. Doch John Barnes' Tor gab der dänische Unparteiische Peter Mikkelsen wegen Abseits nicht. Eine Fehlentscheidung, wie sich herausstellte.

John Barnes übrigens war der große Versager dieser Partie. Der farbige Torschützenkönig blieb bis zu seinem verletzungsbedingten Ausscheiden fast völlig isoliert, konnte dem Spiel keine Impulse geben und versagte einmal freistehend vor Preud'hommes Kasten. Doch Bobby Robson nahm ihn nach der Partie in Schutz: »Wir brauchen John, er kann noch viel für uns leisten.«
Wie überhaupt der Team-Manager der Engländer grundsätzlich die Kritik der Journalisten negierte: »Was soll dieses ganze negative Gerede? Wir haben eine starke Mannschaft aus dem Rennen geworfen, das zählt für mich. Ich sehe das sehr positiv.«
Wundern darf man sich über diese Reaktion des seit 1982 im Amt tätigen Bergarbeitersohns freilich nicht. Seit er die Nachfolge von Ron Greenwood antrat, lebte er in Fehde mit der Presse, deren Berichterstattung auch vor der Gürtellinie selten haltmachte. Und weil er seinen Job beim PSV Eindhoven sicher in der Tasche hatte, ließ Robson das Taktieren und bretterte mit Vehemenz zurück.

Nein, den Erfolg über Belgien wolle er sich nicht nehmen lassen. Alle seine Jungs hätten gut bis sehr gut gespielt. Daß er mit dieser Meinung so ziemlich allein dastand, konnte ihn – eingedenk seiner guten Position – nicht mehr schocken. Und warum auch? Die Engländer hatten ihren Teil zu einem interessanten WM-Spiel beigetragen, wenn auch nicht den schöneren. Aber wer fragt schon nach Schönheit, wenn der Erfolg einen weiterbringt?

Flugeinlage:
Shilton nach einem Schuß von Claesen.

Berti Vogts: Das war Klasse, Klinsmann!

Im Achtelfinale wurde auch diesmal, wie schon in Mexiko vor vier Jahren, der große Reiz, aber auch der brutale Wechsel zwischen Gruppenspielen und K.-o.-Runden bei einer Fußballweltmeisterschaft deutlich. Erfahrungen und Prognosen, die nach den Punktespielen in den einzelnen Gruppen scheinbar unumstößlich sind, werden schon bei der ersten Runde mit Pokalcharakter zu Makulatur: 1986 stürmten die Dänen mit drei Siegen, darunter dem 2:0 gegen unsere Mannschaft, und 9:1 Toren durch ihre Gruppe – und gingen dann im Achtelfinale gegen Spanien mit 1:5 schwer k.o.
Diesmal spielten sich die Brasilianer mit drei Siegen in ihrer Gruppe in eine Favoritenrolle. Auch im Achtelfinale schienen sie die Argentinier zunächst an die Wand spielen zu wollen, schieden nach Maradonas Sondereinlage aber dennoch aus. Den letztlich fruchtlosen brasilianischen Bravourstücken steht das erfolgreiche britische Minimalistenprogramm gegenüber: Die Iren siegten in keinem einzigen ihrer drei Gruppenspiele, gewannen auch das Achtelfinale nicht in der regulären Spielzeit und in der Verlängerung. Dennoch stehen sie als Sieger des Elfmeterschießens gegen Rumänien im Viertelfinale. Oder die Engländer: Drei Tore in vier Spielen genügten ihnen, um in die Runde der letzten acht vorzustoßen. Für die Brasilianer mag es nur ein schwacher Trost sein, daß mit den Belgiern gegen England, den Kolumbianern gegen Kamerun, den Spaniern gegen Jugoslawien und auch den Rumänen gegen Irland ebenfalls die jeweils bessere Mannschaft des betreffenden Achtelfinalspiels ausscheiden mußte. So geht es manchmal eben zu bei einer Weltmeisterschaft.

Besonders tut es mir um die Belgier leid. 119 Minuten lang hatten sie das Spiel gegen England diktiert, zwei riesige Chancen sowie zwei Pfostenschüsse herausgearbeitet – und flogen dann eine Minute vor Ende der Verlängerung aus dem Turnier. Wie die Belgier gespielt haben, mit einem überragenden Scifo, das war schon großartig.
Vergeblich waren auch alle Anstrengungen der Brasilianer, die vor allem ihr fußballerisches Grundlagen-Programm entscheidend umgestellt hatten. Sie waren abgekommen von ihrer gewohnten Viererkette in der Abwehr, hatten mit einem Ausputzer und zwei Manndeckern mehr Wert auf Torsicherung gelegt, um mit einem europäischen Abwehrsystem endlich ihre Offensivtaten abzustützen. Am neuformierten Abwehrblock lag es nicht, wie nur zwei Gegentore in vier Spielen beweisen. Wie immer war es eine Augenweide, den Brasilianern zuzusehen, wie sie mit ihren Gegnern spielten. Doch im Fußball, speziell bei solch wichtigen Turnieren, gibt es keine Kürnoten für wunderschönes Spiel. Brasilien hatte ganz einfach vergessen, während seiner Fußballkür die nötigen Pflichtübungen zu absolvieren, sprich: die vielen Chancen gegen den schwachen Gegner in Tore umzumünzen.

Die eigentlichen Verlierer dieses Turniers sind bisher die Lateinamerikaner. Drei ihrer vier Vertreter blieben im Achtelfinale hängen. Vor vier Jahren waren sie noch mit drei Mannschaften – Brasilien, Argentinien und Mexiko – im Viertelfinale dabei. Als großer Sieger steht Kamerun fest, das als erstes afrikanisches Land überhaupt bis ins Viertelfinale vorstieß. Mit sechs von acht Teilnehmern im Viertelfi-

Skandal-Schiri: Luis Loustau (li.) und seine Linienrichter.

nale hat Europa seine Vormachtstellung verteidigt. Dies bedeutet, daß Europa auch künftig mit 14 Mannschaften bei der WM-Endrunde vertreten sein muß, sofern diese 24 Teilnehmer umfaßt. Ich jedenfalls kann mich nicht mit den Worten eines Herrn Tognoni identifizieren, der als FIFA-Pressechef und Europäer vorschlägt, der europäische Fußball müsse künftig bei der WM-Endrunde Federn lassen zugunsten der Afrikaner und Asiaten.

Bei allem Respekt und aller Anerkennung vor der Leistung Kameruns – der Proporz stimmt so, wie er in Italien war. Er entspricht genau dem Kräfteverhältnis im Weltfußball. In Europa nämlich ist die Breite in der Spitze so groß, daß Europa eben auch mit einer breiten Spitze bei einem WM-Turnier vertreten sein muß.

Das Glanzstück des Achtelfinales war mit Sicherheit die Begegnung zwischen unserer deutschen Mannschaft und den Holländern. Ein dramatisches, spannendes und hochklassiges Spiel! Für Außenstehende war die Taktik (siehe Grafik) unserer Mannschaft sicherlich überraschend. Franz Beckenbauer hat sich tagelang auf dieses Spiel vorbereitet, das Für und Wider aller taktischen Möglichkeiten gegeneinander abgewogen, ehe er sich entschied, Jürgen Kohler in die Mannschaft zu nehmen und dafür mit Uwe Bein einen offensiven Spieler zu opfern. Dies mag ein wenig dem seit zwei Jahren praktizierten Programm der spielerischen Fortschritte und dem Mut zur Offensive widersprechen. Doch für dieses Spiel herrschten besondere Gesetze. Vor allem die negativen Erfahrungen aus dem verlorenen Halbfinale bei der Europameisterschaft gegen Holland haben uns zu unserer Taktik veranlaßt. Im Juni 1988 hatten wir in Hamburg wegen einer zu offensiven Spielweise mit drei Spitzen (Mill, Klinsmann, Völler) und einem Olaf Thon als vierter Spitze aus dem Mittelfeld heraus mehr als 50 Prozent aller Zweikämpfe verloren. Diesmal wußten wir, daß die Holländer in keiner guten körperlichen Verfassung waren. Sie hatten nur drei Tage Zeit, um sich vom letzten Gruppenspiel gegen Irland zu erholen. Darin enthalten war der Umzug von Palermo nach Mailand! Dies bedeutete für uns ein konditionelles Plus, das wir dadurch auszuspielen versuchten, indem wir zunächst einmal mit einer verstärkten Defensive den Ansturm der Holländer abfangen und dann in der zweiten Halbzeit verstärkt auf Offensive umschalten wollten.

Eine weitere Erfahrung kam hinzu und bestimmte unsere taktischen Überlegungen für dieses Spiel: Guido Buchwald hatte im April 1989 in Rotterdam gegen Holland, unserem besten WM-Qualifikationsspiel, beim 1:1 im linken Mittelfeld gespielt und dabei Aron Winter glänzend ausgeschaltet. Was lag also näher, ihm auch diesmal die gleiche Rolle gegen denselben Gegenspieler zu übertragen? Guido Buchwald besitzt inzwischen so viel Selbstvertrauen, seine defensiven und offensiven Qualitäten miteinander zu verbinden und im richtigen Moment ein- und umzusetzen, daß er mittlerweile fast unverzichtbar für die Mannschaft geworden ist. Für mich ist er neben Lothar Matthäus der wichtigste Mannschaftsspieler überhaupt. So kann ich nur feststellen, daß der Gesamterfolg über Holland, das gute Spiel unserer Mannschaft und die starke Leistung von Guido Buchwald in seiner Rolle im defensiven Mittelfeld Franz recht gegeben und seine Taktik als richtig bestätigt haben.

Ein paar Worte noch zu den Ursachen und Folgen des skandalösen Platzverweises für Rudi Völler durch den überforderten Schiedsrichter Loustau. Ich war sehr enttäuscht von dem Verhalten des Weltklassespielers Frank Rijkaard, der sich nicht unter Kontrolle hatte. Vielleicht hatte er sich für dieses Spiel zuviel vorgenommen und war mental überfordert.
An Topstars wie Maradona oder Stojkovic hat man gesehen, was echte Klasse ist. In den entscheidenden Momenten übernahmen sie die Verantwortung. Dies gilt in noch höherem Maß für Jürgen Klinsmann, weil er sich während des gesamten Spiels auf Weltklasseniveau bewegt hat. Er bot sein bestes Länderspiel überhaupt – und das gegen Holland, den Europameister.

Gerade deswegen habe ich mit besonders großer Freude Jürgen Klinsmanns Aufforderung vernommen, bei aller berechtigten Kritik an Frank Rijkaards Verhalten, nicht den Stab über diesen glänzenden Fußballspieler zu brechen. Mit dieser Aussage rundete Jürgen sein eindrucksvolles Auftreten gegen Holland ab. Er war für mich der Mann des Achtelfinales überhaupt.

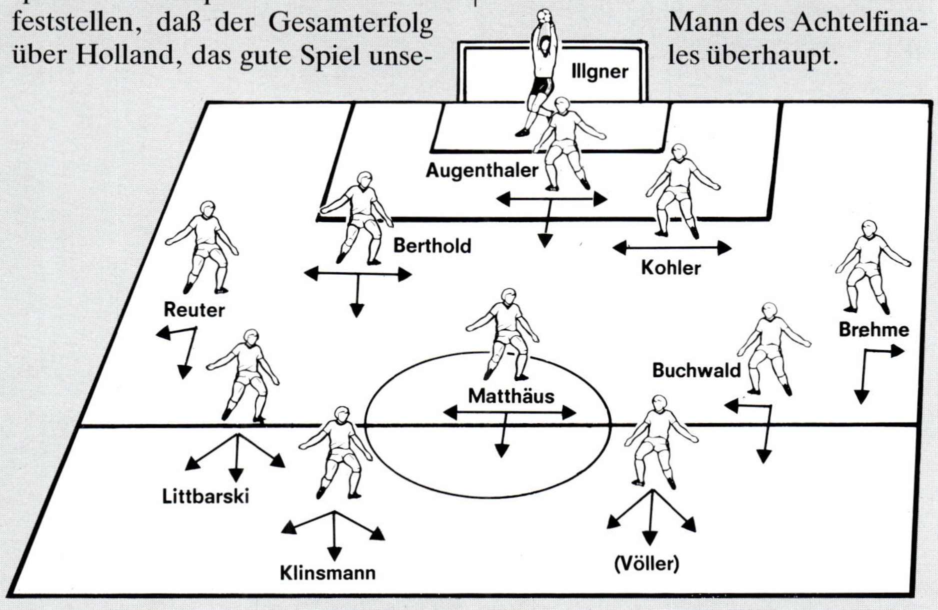

Spruchreif

✻ **»Serena hat besonders gute Kopfschüsse.«**
(Eine italienische Dolmetscherin bei dem Versuch, Salvatore Schillacis Lob für seinen Teamkollegen Aldo Serena zu übersetzen)

✻ **»Ein Torschrei auf den Zehenspitzen und dann bis nach der letzten Zeitlupe ganz locker auswippen.«**
(Gesundheitstip der Barmer Ersatzkasse für WM-Dauerfernseher)

✻ **»Ein Superschnellzug, nicht mehr einzuholen.«**
(»L'Unita«, italienische Zeitung, über Jürgen Klinsmann)

✻ **»Unsere Niederlage ist kein sportlicher, sondern ein kultureller Faktor. Für uns ist der Ball nicht mehr die Fortsetzung des Körpers, sondern ein fremder Gegenstand. Der einzige, der mit dem Ball ein brasilianisches, ein sexuelles Verhältnis hat, ist der unausstehliche Maradona.«**
(Gilberto Gil, Poet und Liedermacher aus Brasilien)

✻ **»Er hat Kartensalat gespielt, irgendein Schafkopfspiel oder Skat.«**
(Franz Beckenbauer, Teamchef der deutschen Mannschaft, über den argentinischen Schiedsrichter Carlos Loustau, der in der Begegnung Deutschland gegen Holland Rudi Völler vom Platz gestellt hatte)

✻ **»Irgendwo in Richtung Saudi-Arabien.«**
(Franz Beckenbauer auf die Frage, wo er seinen gestohlenen Mercedes vermute)

✻ **»Erstens Diego, zweitens Maradona und drittens ich.«**
(Careca, brasilianischer Stürmer-Star, über die Spitzenspieler bei der WM)

**Weltenbummler:
Ein deutscher Fan mit Globus
auf dem Kopf.**

Viertelfinale

30. 6. 1990 in Florenz
Argentinien–Jugoslawien 3:2 n. E.

30. 6. 1990 in Rom
Irland–Italien 0:1

1. 7. 1990 in Mailand
CSFR–Deutschland 0:1

1. 7. 1990 in Neapel
Kamerun–England 2:3 n. V.

(n. V. = nach Verlängerung; n. E. = nach Elfmeterschießen)

Sie verloren zwar das Spiel, aber sie gewannen wieder einmal viele Sympathien! Die tapferen Afrikaner aus Kamerun. Bis zur 82. Minute führten sie gegen die Engländer, doch dann bedeuteten zwei Foulelfmeter das Aus für die »unzähmbaren Löwen«. Gary Lineker wurde zweimal gelegt und vollstreckte zweimal. Milla und Co. mußten die Heimreise antreten, doch sie taten es erhobenen Hauptes. Pech im Viertelfinale hatten auch die Jugoslawen, die erst nach einem dramatischen Elfmeterschießen gegen Argentinien den kürzeren zogen. Beim 1:0-Sieg der Italiener gegen Irland war einmal mehr »Toto« Schillaci der Held der Tifosi. Für Deutschland lief beim 1:0 gegen die CSFR alles nach Plan. Auch wenn Franz Beckenbauer tobte, weil seiner Elf gegen zehn Tschechen plötzlich die Nerven flatterten.

»Ich sah die Angst in ihren Augen«

Zum Elfmeterschießen verabschiedete sich Ivica Osim vom Geschehen. Nein, diese Tortur wollte sich der jugoslawische Trainer nicht auch noch antun. Er zog sich zurück in Richtung Kabinengang, wollte nichts hören, nichts sehen, nichts sagen. Und vielleicht war genau das der Fehler, der ihm und seinen Mannen das Halbfinale kostete.

Unentschieden, 2:2, stand es. Serrizuela und Burruchaga, Prosinecki und Savicevic hießen die Erfolgsschützen, die beiden Superstars, Stojkovic und Maradona, hatten versagt. Da schickten die Jugoslawen Faruk Hadzibegic ins Rennen. Der Routinier gilt als todsicherer Elfmeterschütze, sollte die Jugos in Führung schießen. Doch die Sache hatte einen ganz entscheidenden Haken: Hadzibegic war nicht dran.

Die Linienrichter hatten's bemerkt, Schiedsrichter Röthlisberger drauf aufmerksam gemacht.

Kopf an Kopf: Stojkovic (links) gegen Olarticochea.

Bremsmanöver:
Spasic (unten) stoppt Caniggia.

Laut vorher festgelegter Liste stand an Position vier Dragoljub Brnovic. Und Hadzibegic, der sich den Ball schon zurechtgelegt hatte, mußte wieder zurück. Ein nervenzehrendes Hin und Her war die Folge, das Ivica Osim aus der Ferne beobachtete. Seinen beiden Spielern flatterten aufgrund dessen derart die Nerven, daß sich Argentiniens Torhüter Sergio Goicochea leicht tat, ihre Strafstöße abzuwehren. Sein Kommentar nach dem dramatischen Akt: »Ich danke dem Schiedsrichter, daß er die Schützen getauscht hat. Danach war bei ihnen die Konzentration gestört, ich sah die blanke Angst in ihren Augen.«

Nach der Angst kam der Schmerz. Schmerz über das Ausscheiden in einem Spiel, das leicht hätte gewonnen werden können. Allein Davor Jozic und Robert Prosinecki versiebten vier Großchancen, Savicevic traf freistehend das Tor nicht. Jozic völlig frustriert: »Es gehört zur Charakteristik dieser Weltmeisterschaft, daß die Mannschaften weiterkommen, die mit dem Teufel im Bunde sind.«
Nun, derart Böses sollte man den Argentiniern nicht unterstellen, doch es war schon höllisch schlecht, was der Weltmeister von 1986 teilweise zusammengekickt hatte.
Keine Organisation im Spiel, ohne Ideen im Mittelfeld, vorne mit einem völlig überlasteten Caniggia und einem müden, von einer Fußverletzung gequälten Maradona, stolperte Argentinien ins Halbfinale. Wie schon eine Woche vorher in Turin, verlor auch an diesem herrlichen Sommertag in Florenz bei 40 Grad Celsius die bessere Mannschaft. Dort hieß sie Brasilien, jetzt Jugoslawien.
In keinem Moment fiel auf, daß die »Brasilianer vom Balkan« neunzig Minuten mit nur zehn Mann auf dem Platz standen. Sabanadzovic sah nach einem Foul an Maradona die Rote Karte, doch Kapital schlagen konnten die Argentinier daraus nicht.

Was ihnen nach dem Schlußpfiff allerdings auch herzlich egal war. Eine Runde weiter – das zählte. Und Diego Armando Maradona begrüßte die Kritiker wieder einmal mit seinem strahlendsten Lächeln: »Es ist mir egal, wenn ich angegriffen werde. Lieber bin ich unbeliebt und erfolgreich als umgekehrt«, beschied er die Journalisten, die ihm eine bis dahin schwache Weltmeisterschaft konstatierten.
Auch das vielzitierte Glück wollten sie nicht strapaziert sehen: »Wir haben starke Mannschaften geschlagen und können stolz sein auf das Erreichen des Halbfinals«, ließ sich Dr. Carlos Bilardo auf keine Diskussionen ein. Und Diego griff wieder in die Pathos-Kiste: »Der Weltcup ist fest in unserem Herzen. Wer ihn haben will, muß ihn uns aus dem Herzen reißen!«

Die Jugoslawen hatten das nicht geschafft. Dafür zerriß es ihnen schier das eigene Herz. Die verheulten Augen mit einer schwarzen Sonnenbrille geschützt, kam »Pixie« Stojkovic aus der Kabine, unfähig zu einer Aussage nach seinem verschossenen Elfmeter. »Es ist tragisch für ihn«, meinte Ivica Osim, »in seinem besten Länderspiel vergibt er diese Chance.«

Immerhin: Einen Gewinner hatten die Südosteuropäer trotzdem. Er hieß Robert Prosinecki, gerade 21 Jahre alt, spielt in Belgrad und wuchs in der Nähe von Stuttgart auf. Prosinecki stellte an diesem Samstag alle anwesenden Superstars in den Schatten, spielte sich in die Herzen der Fans und der immer präsenten italienischen Aufkäuferschar. »Ein Riesentalent, immer Bewegung und mit einer unheimlichen Übersicht«, urteilte die anwesende Journaille. Und so was war im Land der Zitronen und Apfelsinen noch immer der Freifahrtschein zum Start in eine gutdotierte Karriere.

Torhüter-Tränen: Jugoslawiens enttäuschter Tomislav Ivkovic.

30. 6. 1990 in Florenz

Argentinien–Jugoslawien 0:0n.V., 3:2n.E.
ARGENTINIEN: Goicochea – Simon – Ruggeri, Giusti – Calderon, Burruchaga, Basualdo, Olarticochea, Serrizuela – Caniggia, Maradona – Trainer: Bilardo. JUGOSLAWIEN: Ivkovic – Hadzibegic – Sabanadzovic, Spasic – Vulic, Stojkovic, Jozic, Prosinecki, Brnovic – Susic, Vujovic – Trainer: Osim. Auswechselspieler: 54. Troglio für Olarticochea, 87. Dezotti für Calderon – 66. Savicevic für Susic. Tore im Elfmeterschießen: Serrizuela, Burruchaga, Dezotti für Argentinien; Prosinecki, Savicevic für Jugoslawien – Schiedsrichter: Röthlisberger (Schweiz) – Zuschauer: 38971 – Gelbe Karten: Olarticochea, Serrizuela, Simon – Sabanadzovic – Rote Karte: Sabanadzovic (30.).

Fischzug mißlang – Big Jack ging angeln

Als Jack Charlton und seine Boys in Dublin aus dem Flugzeug stiegen, staunten sie Bauklötze. 50000 Iren erwarteten die Mannschaft am Flughafen, weitere 50000 gestalteten die Fahrt ins Rathaus zu einem Triumphzug. Sie schwenkten die grün-weiß-orangefarbenen Landesfahnen, sie sangen die Nationalhymne, sie machten ein Höllenspektakel. Die Guinness-Brauerei meldete Rekordumsätze. Irland empfing Big Jack und die Spieler wie Weltmeister.

Ein Phänomen. Denn die Iren hatten nicht ein einziges Spiel in Italien in der regulären Spielzeit gewonnen. Durch drei Unentschieden in der Vorrunde und einen Erfolg nach Elfmeterschießen im Achtelfinale gegen die Rumänen kamen sie bis ins Viertelfinale. Dort machten sie gegen Italien zwar ihr bestes Spiel der WM – aber es reichte nicht. Schillacis Tor nach 37 Minuten bedeutete das Aus für die fröhlichen Jungs von der Grünen Insel.

Und trotzdem dieser Empfang in der Heimat. »Irland dankt euch, Boys«, stand auf einem Plakat in der Menschenmenge am Flughafen. Irland dankte: für das beste Resultat, das je eine irische Nationalmannschaft bei einer Weltmeisterschaft erzielt hatte; für den beherzten Fußball, den Kapitän Mick McCarthy und seine Kollegen gespielt hatten; dafür, daß die Mannschaft aus ihren bescheidenen Möglichkeiten das Optimale gemacht hatte.

Auch dafür, daß sie den hohen Favoriten Italien zum ersten Mal in arge Bedrängnis gebracht hatte, in der zweiten Halbzeit sogar am Rande der Niederlage hatte – und damit den iri-

The End: Irlands Chris Morris nach dem K.o.

schen Fußball in der Welt würdig vertrat. »Nach dieser Niederlage haben wir keinen Grund, uns zu schämen«, sagte der Ex-Nationalspieler Liam Brady als Augenzeuge im römischen Olympiastadion. »Irland hat einen großen Abend erlebt.«

Daß es der letzte große Abend in Italien war, lag an Salvatore »Toto« Schillaci, dem neuen Superstar der Italiener. Der Wirbelwind im Angriff der Azzurri, der kleine Sizilianer mit dem großen Herzen, beendete mit seinem Treffer alle irischen Hoffnungen. »Wir haben zwar mit elf Mann gespielt«, lobte Italiens Trainer Azeglio Vicini. »Aber der Schillaci ist schon ein außerordentlicher Junge.«
»Toto« half sogar an diesem Abend mit, ein – wenn auch kleines – Stück des traditionellen Nord-Süd-Konflikts in Italien zu überwinden. »Schillaci einigt ganz Italien« schrieb »Tuttosport«. Für kurze Zeit vergaßen die Reichen aus dem Norden ihre Abneigung gegen die »Terroni«, die »Erdfresser« aus dem Süden. Und die komplexbeladenen Underdogs aus dem Süden feierten ihren Salvatore und legten den Haß auf die »Polentoni«, die »Polentafresser« aus dem Norden, beiseite.

Italien stand im Halbfinale – dank Salvatore Schillaci, dem 25jährigen neuen Stern aus Palermo. Noch einmal Trainer Vicini: »Ich bin zwar nicht ganz unparteiisch, aber ich glaube, Toto ist auf dem besten Weg, der neue Maradona des Weltfußballs zu werden.« Da griff Vicini zwar ein bißchen hart in die Tasten, aber der große Trumpf der Italiener bei dieser WM war Schillaci allemal.
Da mußten andere zurückstehen. Torhüter Walter Zenga beispielsweise, der bis zum Halbfinale keinen einzigen Gegentreffer kassierte, der durch seine Ruhe und Übersicht beeindruckte, der die starke italienische Hintermannschaft noch stärker machte. »Ich hatte viel Arbeit«, erklärte er. »Die Iren haben uns den Sieg verdammt schwer gemacht.« Das Lob für seine Leistung freilich wollte er nicht hören: »Wir haben eine Super-Verteidigung mit dem eingespielten Block aus den Mailänder Vereinen Inter und AC. Das macht unsere Abwehrstärke aus.«

**Der Sizilianer:
»Toto« Schillaci nach seinem Siegtreffer (rechts).**

**Picknick:
Jack Charlton im Kreis seiner Spieler.**

CO

Fan-Transporter: Italienische Anhänger beim Triumphzug.

Tatsächlich hatte Azeglio Vicini zwar nicht den Inter-AC-Block im Spiel gegen Irland auseinandergerissen. Dafür aber stellte er Manndecker Bergomi ins rechte Mittelfeld und Mittelfeldspieler Maldini als Manndecker auf. Und das brachte Abstimmungsprobleme, die Libero Baresi und Walter Zenga immer wieder korrigieren mußten.

Einen Fauxpas leistete sich nach dem Spiel nur Azeglio Vicini. Italiens Coach griff Schiedsrichter Silva Valente aus Portugal massiv an: »Ich verliere nicht so leicht die Nerven, aber solch ein Fehler ist bei einer WM nicht zulässig.« Er meinte ein Schillaci-Tor aus der 90. Minute, das Silva Valente und sein Linienrichter Ulloa Morora (Costa Rica) wegen Abseits nicht anerkannten. Schillaci stand zwar nicht im Abseits – aber Vicinis Schelte war trotzdem maßlos überzogen. Denn seine Meinung, Italien werde viel zu oft von den Unparteiischen benachteiligt, »und das muß auch einmal gesagt werden«, konnten wohl nur die heißblütigsten italienischen Tifosi teilen.

McGrath gibt Gas: Der Ire beim Sturmlauf gegen Italien.

Irlands Trainer Jack Charlton hatte für diesen Ausfall nur ein mildes Lächeln übrig: »Hat er das wirklich gesagt?«

Charlton hatte ohnehin andere Sorgen. Ganz Irland wollte mit ihm feiern. Und Big Jack wollte doch eigentlich seine Ruhe haben. »Mir hat der ganze Rummel in Italien gereicht. Die vielen Fans, die dauernden Pressekonferenzen, die immer gleichen Fragen der Reporter haben mir zuletzt wirklich keinen Spaß mehr gemacht«, sagte er.

Charlton qualmte trotzdem seine Zigarre zu Ende, ließ sich überhaupt nicht aus der Ruhe bringen, auch nicht von den »dummen Fragen« der Reporter.

Und von den irischen Fans ließ er sich ebenfalls noch zum Feiern überreden. Er mußte einfach dabeisein. Aber dann fuhr er doch zum Angeln, genoß die »himmlische Ruhe irgendwo in Irland ohne Telefon und ohne Reporter«.

30. 6. 1990 in Rom

Irland – Italien 0:1 (0:1)

IRLAND: Bonner – Morris, McCarthy, Moran, Staunton – Houghton, McGrath, Townsend, Sheedy – Quinn, Aldridge – Trainer: Charlton. ITALIEN: Zenga – Baresi – Ferri, Maldini – Bergomi, de Napoli, Giannini, Donadoni, de Agostini – Baggio, Schillaci – Trainer: Vicini. Auswechselspieler: 53. Cascarino für Quinn, 78. Sheridan für Aldridge – 62. Ancelotti für Giannini, 70. Serena für Baggio. Tor: 0:1 Schillaci (37.) – Schiedsrichter: Silva Valente (Portugal) – Zuschauer: 73303 – Gelbe Karten: Moran – de Agostini.

»Kaiser« platzte der Kragen

Viermal zuvor hatten die deutschen Spieler hocherhobenen Hauptes das Mailänder Giuseppe-Meazza-Stadion verlassen: Selbst der Punktverlust gegen Kolumbien hatte ihr Selbstvertrauen nicht beeinträchtigen können. Sie wirkten, was sie während der 14. Weltmeisterschaft in der futuristischen Arena tatsächlich waren: wie die Hausherren. Als es nach dem fünften Auftritt bei dieser WM nun Abschied zu nehmen galt aus diesem herrlichen Fußball-Tempel im Nordwesten der lombardischen Hauptstadt, kamen die Spieler aus ihrer Kabine geschlichen wie geprügelte Hunde. Einem unkundigen Beobachter mußte sich in diesen Augenblicken der Eindruck aufdrängen, die deutsche Nationalmannschaft wäre geschlagen und nach Hause geschickt worden. Doch wer war in diesen Tagen in Mailand schon unkundig? Alle, die auf der Höhe des Geschehens waren, wußten, daß die deutsche Mannschaft dieses Viertelfinale gewonnen hatte und nun weiterreisen durfte zum Halbfinale nach Turin. 40000 deutsche Anhänger unter den 74000 Zuschauern feierten und ließen ihrer Begeisterung freien Lauf. Mit dem 1:0-Sieg über die Tschechen und Slowaken hatte die DFB-Auswahl zum dritten Mal hintereinander bei einer Weltmeisterschaft die Runde der letzten vier erreicht. Voller Freude tauschten denn auch zunächst die deutschen Akteure mit ihren Gegenspielern die Trikots.

Dann aber gab's Saures. Und zwar vom Teamchef höchstpersönlich. Während Gianna Nannini mit ihrem Partner Edouardo draußen auf den

riesigen Anzeigentafeln ihren großartigen WM-Hit vom italienischen Sommer mit seinen immer neuen Abenteuern und magischen Nächten besang, blies Franz Beckenbauer zur Abenddämmerung drinnen in den Katakomben seiner Mannschaft den Marsch. Aufgebracht wie noch nie zuvor bei dieser Weltmeisterschaft tadelte der »Kaiser« den Leichtsinn seiner Mitarbeiter, die es in der Schlußphase des Spiels nicht verstanden hatten, ihren nach Moravciks Platzverweis auf nur noch neun Feldspieler dezimierten Gegner in Schach zu halten und den 1:0-Vorsprung im Stil einer abgebrühten Profimannschaft über die Zeit zu bringen.
In der Tat lief bei der deutschen Mannschaft in einer hektischen Schlußphase einiges aus dem Ruder. Zu eigensinnig wurde gespielt und der Ball zu lange gehalten oder zu schnell nach vorne gespielt. Taktische Ordnung und spielerische Disziplin bewegten sich nicht auf dem von Beckenbauer gewünschten Niveau. Noch nach dem großen Sieg im Achtelfinale gegen Holland hatte der Teamchef orakelt: nur eine Mannschaft könne dieses bundesdeutsche Team schlagen, das sei sie selbst.

In den letzten 15 Minuten hatte es tatsächlich hin und wieder den Anschein, als wäre diese Feststellung zutreffend. Doch was war wirklich Gravierendes passiert, das Beckenbauer so in Rage geraten ließ? Etliche überflüssige Ballverluste und eine große Chance für Nemecek, die einzige große Einschußmöglichkeit der CSFR während des gesamten Spiels, die der Prager mit einem Schuß neben das Tor knapp vergab. So geriet über den Konfusionen der Schlußphase und Beckenbauers bö-

Artistisch:
Klaus Augenthaler im Spiel gegen die CSFR.

Faustabwehr:
Jan Stejskal klärt vor
Klaus Augenthaler.

Elfmeter: Klinsmann fällt nach dem Foul von Straka (rechts).

sen Reaktionen hierauf eine Leistung der deutschen Mannschaft in den Hintergrund, die mehr als eine Stunde lang sehr ansprechend gewesen war. Vom Anpfiff an hatten die deutschen Spieler ihre Erinnerungen an die schwache Vorstellung der CSFR-Mannschaft beim WM-Test in Düsseldorf, der vier Wochen zuvor mit einem hochverdienten deutschen 1:0-Sieg geendet hatte, allem Anschein nach erfolgreich aus ihren Köpfen verbannt.

Mit der richtigen Einstellung bekam sie die Elf von Trainer Venglos von der ersten Minute an unter Kontrolle und das Spiel in den Griff. In den anderen Viertelfinalspielen boten nur die »Löwen« aus Kamerun spielerisch noch mehr als das Beckenbauer-Team, das mit hohem Tempo ein halbes Dutzend großer Chancen herausspielte. Ein Tor allerdings gelang nur Lothar Matthäus, der in der 24. Minute einen Foulelfmeter verwandelte. Die Vehemenz, mit der sich Jürgen Klinsmann in den Zweikampf gestürzt hatte, dabei von Straka gefoult und zu Fall gebracht worden war, war lange Zeit typisch für das deutsche Spiel.

Konzentriert und zielstrebig, direkt und druckvoll ging die Mannschaft zu Werke, in der Guido Buchwald auch diesmal das Symbol für das von Spiel zu Spiel gewachsene Selbstvertrauen im deutschen Lager war. Der Stuttgarter Allroundmann für alle Abwehraufgaben war diesmal im rechten Mittelfeld an der Seite von Pierre Littbarski nominiert worden. Er war in dieser Rolle in der ersten Halbzeit nicht nur der zweikampfstärkste, sondern auch der torgefährlichste deutsche Spieler. Zweimal vereitelten tschechische Feldspieler, Hasek und Bilek, einen Torerfolg von Buchwald auf der Torlinie. Zuvor hatte Torwart Stejskal einen Volleyschuß des Schwaben zur Ecke um den Pfosten gelenkt und damit Buchwalds erstes Tor nach 37 Länderspielen verhindert.

Ungemein aufmerksam ging die Abwehr zu Werke, in der Berthold und Kohler gegen ihre direkten Kontrahenten Knoflicek und Skuhravy kaum einen Zweikampf verloren. Der athletische Skuhravy, der zuvor mit fünf Kopfballtreffern bei dieser WM sich in den Vordergrund gespielt und einen Vertrag beim FC Genua erkämpft hatte, konnte nur ein einziges Kopfballduell gegen Jürgen Kohler gewinnen. Und Klaus Augenthaler bot als Libero bei dieser WM endlich einmal eine so souveräne und abgeklärte Leistung, wie man sie von ihm als Abwehrchef von seiner guten Zeit beim FC Bayern in Erinnerung hat.

Im Mittelfeld gingen zwar von Lothar Matthäus diesmal nicht ganz so große Akzente für das Spiel nach vorne aus. Doch der Mailänder bot als Ballschlepper und stets verfügbare Anspielstation dennoch eine gute Leistung. Die besten Impulse für das Angriffsspiel gingen diesmal von Uwe Bein aus, der nach seiner taktischen Verschnaufpause gegen Holland sich im Viertelfinale voller Tatendrang und glänzender Ideen prä-

Computer-Analyse ... Computer-Analyse ... Computer-Analyse

Name	Kurzpässe		Pässe über mehr als 25 m		Zweikämpfe		Fouls		Kopfballduelle		Freistöße/ Eckbälle ausgeführt	Torschüsse	Ballkontakte
	zum Mitspieler	Fehlpaß	zum Mitspieler	Fehlpaß	gewonnen	verloren	gefoult worden	foul gespielt	gewonnen	verloren			
Klaus Augenthaler	50	3	9	3	4	3	3	0	1	0	1	1	83
Jürgen Kohler	9	0	3	0	6	0	2	2	4	1	3	1	31
Thomas Berthold	33	0	4	2	9	3	2	1	6	3	0	0	62
Andreas Brehme	32	2	11	3	1	2	1	0	0	1	11	6	75
Pierre Littbarski	37	1	6	1	7	5	1	0	0	1	7	4	77
Guido Buchwald	17	0	1	0	10	2	3	3	5	0	1	3	51
Lothar Matthäus	44	1	10	5	7	5	4	0	2	0	6	3	91
Uwe Bein bis 83 Min.	37	2	4	2	4	3	1	2	0	0	1	5	63
Jürgen Klinsmann	10	2	0	0	9	9	4	4	1	4	0	1	38
Karlheinz Riedle	11	2	0	0	9	8	3	2	5	5	0	2	41
Andreas Möller ab 83. Min.	1	1	0	0	0	0	0	0	0	0	0	0	2

Der Vollstrecker: Matthäus verwandelt den Elfmeter eiskalt.

sentierte und im zweiten Spielabschnitt seine bis dahin beste WM-Leistung bot.

Die Deutschen haben es versäumt, das überfällige 2:0 zu erzielen. Sie waren die klar tonangebende Mannschaft mit einem guten Defensivverhalten. Die CSFR hatte doch wirklich nur eine einzige Tormöglichkeit. Und Knoflicek und Skuhravy waren völlig abgemeldet«, lobte Österreichs Nationaltrainer Josef Hickersberger. Der frühere Bundesligaspieler von Kickers Offenbach und Fortuna Düsseldorf schränkte aber auch ein: »In der Schlußphase ließen die Deutschen stark nach, und einige ihrer Spieler waren regelrecht von der Bildfläche verschwunden.«

In der Tat bot die deutsche Mannschaft, in der Rudi Völler wegen der im Holland-Spiel erhaltenen Roten Karte für diese Partie gesperrt war und von Karlheinz Riedle nicht ersetzt werden konnte, ein Negativbeispiel dafür, daß Fußball auch eine Frage der Ökonomie ist. Im Brutkessel von San Siro, wo 33 Grad im Schatten gemessen wurden, hatte sie sich mit ihrem hohen Tempo während der ersten Halbzeit übernommen. Während nun die Kräfte schwanden, wuchs angesichts des geringen Vorsprungs die Angst immer mehr, in der Schlußphase doch noch den Ausgleichstreffer kassieren und damit eine Verlängerung und womöglich das kaum kalkulierbare Elfmeterschießen riskieren zu müssen. Prof. Dr. Heinz Liesen lieferte anderntags noch eine weitere Erklärung für den unübersehbaren Kräfteverfall bei einigen deutschen Spielern. Zuviel Fleisch und andere Substanzen, daran gemessen aber zu wenig Kohlehydrate hatte der für die sportmedizinische und internistische Betreuung zuständige Mannschaftsarzt in der Verpflegung des Teams ausgemacht und damit Mannschaftskoch Fritz Westermann kräftig in den Kochtopf gespuckt. Zwei Tage später freilich war der Zwist zwischen den beiden Ernährungsexperten wieder beigelegt. Das Kohlehydratverhältnis in den Speisen wurde auf die notwendige Norm gebracht.

Auch Franz Beckenbauer hatte sich längst wieder beruhigt, zumal die deutsche Nationalmannschaft in diesem fünften WM-Spiel erstmals ohne Gegentor geblieben war. Es hatte im kleinen Reich des großen Fußball-»Kaisers« vorübergehend kräftig geraucht. Doch kein Rauch ohne Feuer. Dieses aber hatte die deutsche Mannschaft gegen die CSFR eine Stunde lang kräftig geschürt und beachtlich lodern lassen.

1. 7. 1990 in Mailand

CSFR – Deutschland 0:1 (0:1)

CSFR: Stejskal – Kocian – Hasek, Straka, Kadlec – Moravcik, Chovanec, Kubik, Bilek – Skuhravy, Knoflicek – Trainer: Venglos. DEUTSCHLAND: Illgner – Augenthaler – Berthold, Kohler, Brehme – Littbarski, Buchwald, Matthäus, Bein – Riedle, Klinsmann – Trainer: Beckenbauer. Auswechselspieler: 68. Nemecek für Bilek, 80. Griga für Kubik – 83. Möller für Bein. Tor: 0:1 Matthäus (24., Foulelfmeter) – Schiedsrichter: Helmut Kohl (Österreich) – Zuschauer: 73347 – Gelbe Karten: Moravcik, Bilek, Straka, Knoflicek. – Klinsmann – Rote Karte: Moravcik (70.).

Aus Guido wurde »Diego«

Seit sechs Jahren spielt Guido Buchwald (29) nun schon in der Nationalmannschaft. Sein 37. Länderspiel bestritt er bei der WM in Italien im Viertelfinale gegen die CSFR. Bei diesem Turnier gelang dem Allroundmann aus Beckenbauers Defensivabteilung, der zuvor so oft ein Wackelkandidat und Mann auf der Kippe gewesen war, der große internationale Durchbruch. Nach dem 1:0-Sieg über die Tschechen und Slowaken führte »kicker-sportmagazin« in der deutschen Mannschaft eine Umfrage durch. Dabei wurde Guido Buchwald von nahezu allen seinen Mitspielern neben Spielführer Lothar Matthäus als dem Superstar in der deutschen Mannschaft zur großen positiven Entdeckung dieser WM gewählt.

»Der Guido ist das Paradebeispiel dafür, was ein Spieler zu leisten vermag, wenn er mit der nötigen Konzentration anfängt und danach mit dem wachsenden Selbstvertrauen seine Qualitäten ausspielt. Er steht stellvertretend für die ganze Mannschaft. Für ihren Behauptungswillen und für ihre Harmonie. Diese beiden Tugenden haben in unserem Team in Italien viele schlummernde Kräfte freigesetzt«, hielt Kapitän Lothar Matthäus eine kleine Laudatio auf den wackeren Schwaben. Der vernahm es mit Freude.

Guido Buchwald und die deutsche Nationalmannschaft – nie standen sie in einem besseren Verhältnis zueinander als bei »Italia 90«. »Der Guido ist ein Schwabe. Er braucht Harmonie und Häuslichkeit«, begründete Franz Beckenbauer den enormen Leistungsschub des Stuttgarters. Harmonie und Häuslichkeit – in Italien wurde Guido Buchwald während der vierwöchigen WM beides reichlich geboten. Seine Eltern waren zu Besuch gekommen. Werner, der Vater, war vor 27 Jahren von Berlin, das nicht nur Littbarskis und Häßlers, sondern auch Guidos Geburtsstadt ist, als Bundesbahnangestellter nach Stuttgart versetzt worden. Buchwalds Frau Sylvia war mit Yannic, dem dreijährigen Sohn, nach Erba gekommen und konnte, dank Beckenbauers großzügiger Zugeständnisse bei der Freizeitgestaltung, mit Guido viel am Comer See unternehmen.

Diego«, so nennen sie ihn im Mannschaftskreis. Im Stil von Maradona hatte er das 1:0 gegen Holland vorbereitet: mit einem doppelten Übersteiger und einer Maßflanke auf Klinsmann. »Ich glaube, daß ich ganz gut Fußball spielen kann. In dieser Beziehung fühlte ich mich in der Vergangenheit immer wieder falsch kritisiert«, ärgert sich Buchwald auch heute noch, daß seine Qualitäten so häufig nur auf die Knochenarbeit eines Manndeckers reduziert wurden. Inzwischen ist Guido Buchwald anerkannt. Auf den Rängen, wo ihm im Meazza-Stadion auch gegen die CSFR lautstarke »Guido, Guido«-Ovationen entgegenschallten. Und im Mannschaftskreis. Der Mann ohne Lobby, der als Einzelkämpfer so häufig in die Röhre schauen mußte und zum Beispiel vor vier Jahren kurz vor WM-Beginn in Mexiko aus dem Kader geworfen wurde, erfreut sich mittlerweile starker Unterstützung von Mitspielern, allen voran den Münchener Kollegen.

»Als einziger Stuttgarter hatte Guido naturgemäß besondere Probleme. Ihm hat jetzt vor und bei der WM sicherlich geholfen, daß er bei uns im Bayern-Kreis mitgespielt hat. Da wurde der Schwabe richtig aufgebaut. Schließlich waren wir Bayern es, die ihm schon in den ersten WM-Tagen den Spitznamen ›Diego‹ verpaßt haben, weil er mit dem Ball wirklich erstaunliche Kabinettstückchen zeigt«, glaubt Libero Klaus Augenthaler einen besonderen Grund für Buchwalds Kursanstieg in der Mannschaft und Öffentlichkeit erkannt zu haben.

Hart, aber fair: Buchwald bremst einen Tschechoslowaken.

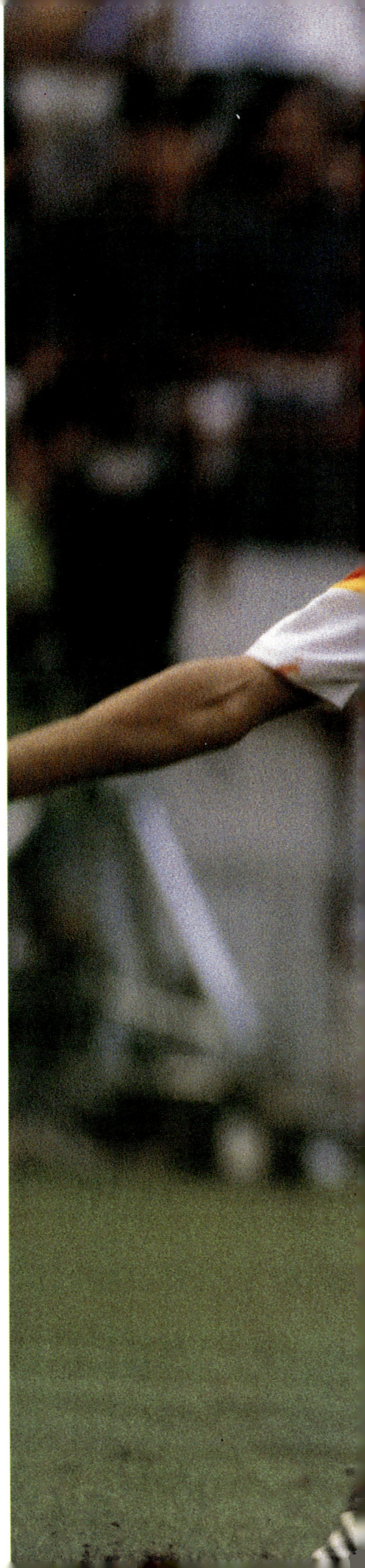

Geschafft:
Gascoigne (li.) und Beardsley in Jubelpose.

Laufduell:
Libiih entwischt dem Engländer Platt.

Lineker erlegte die »Löwen«

Mit einer dramatischen Geste pfiff Schiedsrichter Edgardo Codesal, der Mexikaner, ein Spiel ab, das in die WM-Geschichte eingehen wird. Codesal reckte beide Arme theatralisch gen Himmel. Es sah aus wie: Warum hast du da oben keine Gerechtigkeit walten lassen? Warum zog England ins Halbfinale ein? Warum mußte Kamerun ausscheiden? Dem Spielverlauf nach hätte es nämlich nur einen Sieger geben dürfen: das Team der »schwarzen Löwen« aus Afrika. Technisch und läuferisch waren sie den Briten deutlich überlegen. Ihre Kombinationen auf engstem Raum – eine Augenweide. Ihr weiträumiges, gefühlsbetontes, druckvolles Spiel – ein Genuß.
Aber die »Löwen« spielten zu lange mit ihrer Beute. Sie vergaßen, das müde gehetzte Wild auch zu erlegen. Denn sie nutzten gleich ein Dutzend guter Torchancen nicht. Omam Biyik, Libiih, Makanaky, M'Fede, Pagal – sie alle hätten Kamerun ins Halbfinale schießen können. Aber sie alle scheiterten. Am Ende hieß es 2:3 nach Verlängerung.

Denn England hatte einen Mann, der die wenigen Möglichkeiten fast optimal verwertete: Gary Lineker. Zweimal im Strafraum gefoult, zweimal den Elfmeter selbst verwandelt – Englands Triumph war vor allem der Triumph des Gary Lineker.

Und Trainer Bobby Robson, wegen seiner herablassenden Art oft kritisiert, frohlockte: »Alle hatten gehofft, daß England sich möglichst schnell von der WM verabschiedet. Jetzt stehen wir im Halbfinale.« Robson wollte festgestellt haben, daß »uns überall der Haß entgegenschlug. Aber wir können doch nichts dafür, daß wir so schlimme Fans haben. Und ich sage nur: Nicht nur in England gibt es Hooligans.«
Der üble Ruf der schlimmen Supporters, er schlug sich auch auf das Ansehen der Spieler nieder. Und er schlug Bobby Robson auf den Magen.

Um so mehr genoß der englische Coach den Triumph: »Wir haben mehr erreicht, als uns vorausgesagt wurde. Das macht mich stolz.« Aber er gab auch zu: »Kamerun hat Pech gehabt.«
Die Löwen verabschiedeten sich mit einer weiteren großen Leistung. Und sie verabschiedeten sich mit einer Ehrenrunde im »Stadio San Paolo« in Neapel. »Wir sind natürlich ein bißchen enttäuscht«, gab Libero Emmanuel Kunde nachher zu. »Aber nur diejenigen, die uns nicht kannten, sind von unserer Leistung überrascht. Wir wußten, was wir können. Und wir haben es gezeigt.«
Dabei hatten die Männer aus Kamerun nicht nur Gegner auf dem Spielfeld. Meldungen in italienischen Zeitungen, sie hätten nicht genug Geld, um die Hotelrechnungen zu bezahlen, brachten Verbandspräsident Alberto Epome Etotoke auf die Palme: »Wir haben alles bezahlt. Und unsere erfolgreichen Spieler haben wir mit Geld zugeschüttet, obwohl Kamerun ein armes Land ist.«

Und die Spieler legten sich mit dem sturen Trainer Valerij Nepomniachi an. Als nämlich Cyrille Makanaky im Trainingslager seinen

25. Geburtstag feierte und die Kollegen zu einer Pulle Schampus einladen wollte, machte Nepomniachi Krach. Er verbot den Alkohol und hätte damit fast einen Aufstand provoziert. Erst Roger Milla, der 38jährige Senior im Team, konnte die Flammen löschen und die Spieler wieder beruhigen. Trotzdem setzte Nepomniachi sich durch: Die Spieler mußten Makanaky mit Selters hochleben lassen.

Ohnehin ist der sowjetische Trainer bei den Spielern nicht sonderlich beliebt. Der Mann aus Sibirien lebt und trainiert jetzt zwar seit zwei Jahren in Westafrika, spricht aber immer noch nicht Französisch. Er ist auf einen Dolmetscher angewiesen. Der Übersetzer heißt Jean Manga Onguene, ist Co-Trainer und bei den Aktiven bestens angesehen. Onguenes Job ist, die Anweisungen Nepomniachis an die Spieler weiterzugeben. Das tut er auch. Aber, ob er immer genau übersetzt, was der Trainer sagt, daran bestehen erhebliche Zweifel. Denn meistens lachen sich die Spieler kaputt, wenn Onguene für Nepomniachi redet. Der Sibirier vermutete wohl nicht zu Unrecht, daß Onguene sich auf seine Kosten lustig macht und die Spieler mit Witzen über den Trainer amüsiert.

Aber der Erfolg ist auch Nepomniachis Verdienst. Er brachte den Afrikanern taktische Disziplin und Härte bei – Kamerun war die Mannschaft in Italien, die die meisten Fouls beging. Aber Kamerun war auch eine der technisch besten Mannschaften. Spieler wie M'Fede, Makanaky, Omam Biyik, Pagal und natürlich Milla zählten zum Feinsten, was diese WM zu bieten hatte.

Das wurde besonders aufmerksam in Afrika registriert. Ein ganzer Kontinent fieberte mit den »Löwen«, ein ganzer Kontinent zog aus Kameruns Siegen neues Selbstvertrauen. »Es wird höchste Zeit, daß Afrika einen dritten Vertreter zur WM schicken darf«, sagte Kameruns Verbandspräsident Etotoke. Eine Forderung, der sich die FIFA kaum noch widersetzen kann. Sie will es wohl auch nicht.

Denn das Fußball-Potential Afrikas ist gewaltig. Aber was auf dem schwarzen Kontinent genau los ist, dringt selten bis nach Europa. Dabei hätten die afrikanischen Fußballer ein bißchen mehr Interesse wirklich verdient. Das fand übrigens auch Kameruns Stürmer François Omam Biyik: »Die europäischen Journalisten sind ja alle so dumm. Sie stellen uns immer nur zwei Fragen: Habt ihr einen Medizinmann? Und eßt ihr Affen?«

Sie haben nicht nur gelernt, sich auf dem Platz durchzusetzen, sie haben auch erkannt, wie wichtig Öffentlichkeitsarbeit im Fußball geworden ist. Da könnte sich sogar Englands Trainer Bobby Robson eine Scheibe abschneiden. Der schwafelte sich durch die Pressekonferenzen, daß den Journalisten die Kugelschreiber aus der Hand fielen. Robsons Standardsätze: »Es war ein gutes Spiel. Wir sind zufrieden.« Mehr kam nicht. Auch nach dem Abpfiff waren die Afrikaner eigentlich die Sieger.

1. 7. 1990 in Neapel

Kamerun – England 2:3 (2:2, 0:1) n.V.

KAMERUN: N'Kono – Kunde – Massing – Mabdan Kessack, Tataw, Libiih, Pagal, Ebwelle – Makanaky, M'Fede – Omam Biyik – Trainer: Nepomniachi. ENGLAND: Shilton – Wright – Parker, Walker, Butcher – Waddle, Platt, Gascoigne, Barnes, Pearce – Lineker – Trainer: Robson. Auswechselspieler: 46. Milla für Mabdan Kessack, 62. Ekeke für M'Fede – 46. Beardsley für Barnes, 75. Steven für Butcher. Tore: 0:1 Platt (25.), 1:1 Kunde (61., Foulelfmeter), 2:1 Ekeke (65.), 2:2 Lineker (82., Foulelfmeter), 2:3 Lineker (104., Foulelfmeter) – Schiedsrichter: Codesal (Mexiko) – Zuschauer: 55205 – Gelbe Karten: Massing, N'Kono, Milla – Pearce.

Foul im Strafraum: Lineker wird gelegt, verwandelt den Elfmeter.

Zungenfertig:
Kameruns Held Roger Milla.

Milla spielt auf Zeit

Diese drei Wochen im Juni 1990. Drei Wochen, die das Leben eines 38jährigen Afrikaners beinahe dramatisch veränderten. Der Mann hatte sich eigentlich schon zur Ruhe gesetzt. Unter Palmen auf der wunderschönen Insel Réunion im Indischen Ozean. Bis eines Tages der Anruf seines Staatspräsidenten kam: »Wir brauchen dich bei der WM in Italien. Laß uns nicht im Stich.« Der Mann sagte ohne zu zögern ja. Und muß in Zukunft auf die Palmen, auf das blaue Meer, auf die ersehnte Ruhe verzichten.

Der Mann heißt Roger Milla. Kameruns 38jähriger Superstürmer war entscheidend daran beteiligt, daß Kamerun ins WM-Viertelfinale einzog – und damit ein Signal für Afrika setzte. Ein Kontinent bricht auf. Denn in ganz Afrika wurde die Trommel gehört, die Roger Milla und seine Kameruner Kollegen in Italien schlugen. Milla machte es möglich.
Daß Trainer Nepomniachi und Libero Kunde nach dem Ausscheiden gegen England in die Offensive gingen und die Einführung des Profifußballs in Afrika forderten aber paßte Milla gar nicht. »Dafür sind die Dinge bei uns noch nicht reif«, sagte er. »Wir müssen erst die Grundvoraussetzungen schaffen, ehe wir diesen Schritt wagen können.«

Erst einmal seien ordentliche Fußballplätze notwendig, müßten Ausrüstung und Bälle beschafft werden, müsse die Trainerausbildung in Afrika forciert werden. Das Profitum könne erst der zweite, dritte oder vierte Schritt sein, meint Milla.
Der Mann hat die Probleme erkannt. Ob er sie auch lösen kann? Zumindest wird er es versuchen müssen. Denn Staatspräsident Paul Biya will sich Millas Dienste sichern.

WM-Splitter

IDOL: Keiner tanzte so schön, wenn er wieder mal einen Gegner mit seinen Treffern aus dem Turnier befördert hatte. WM-Oldie Roger Milla schoß sich an die Spitze der Beliebtheitsskala in seiner Heimat. Vorläufiger Höhepunkt: Der Popsänger Georges Dickson hat einen Video-Clip mit dem Titel »Liebeserklärung an Roger Milla« produziert, der mehrmals pro Tag im Fernsehen gezeigt wird.

AUFLAUF: Die Schillacis aus Palermo trauten ihren Augen nicht. 5000 Menschen fanden sich zu einer spontanen Kundgebung vor ihrem Haus ein, nachdem der Sohn der Familie, ein gewisser Salvatore »Toto« Schillaci, Italien im Spiel gegen Irland ins Halbfinale geschossen hatte. Genauso überrascht war ein deutsches TV-Team, das gerade seine Aufnahmen im Wohnzimmer der Familie beenden wollte.

ÄRGER: Stinksauer reagierte Jürgen Klinsmann, als er erfuhr, daß ARD-Reporter Jörg Wontorra sein Haus in Como aus 40 Meter Entfernung gefilmt hatte. Der Blondschopf sah sich in seiner Privatsphäre beschnitten und drohte mit einem Fernsehboykott. Erst als Klinsmann versichert wurde, daß in dem Bericht weder Straße noch Hausnummer genannt werden, verzichtete er auf diese Maßnahme.

SELBSTMORD: Die Niederlage der Jugoslawen gegen Titelverteidiger Argentinien hat ein Fan aus dem Balkan-Staat nicht verkraftet. Nach Berichten der jugoslawischen Zeitung »Slobodna Dalmacija« schoß sich ein Fan aus Kils in der Nähe von Split nach dem 3:2 der Südamerikaner eine Kugel durch den Kopf.

Berti Vogts: Überfälle in Unterzahl

Bei der WM in Italien erlebten wir in erstaunlicher Dichte ein Phänomen, das auf allen Fußballplätzen und in allen Spielklassen in dieser Form immer wieder mal anzutreffen ist: das Phänomen einer, vor allem durch Platzverweis, dezimierten Mannschaft, die den komplett weiterspielenden Gegner in große Schwierigkeiten bringt. Beim Eröffnungsspiel in Mailand sahen Kana Biyik und Massing aus Kameruns Team die Rote Karte. Dennoch war Titelverteidiger Argentinien nicht in der Lage, die 0:1-Niederlage abzuwenden, nachdem die Afrikaner mit nur zehn Spielern in Führung gegangen waren. Und im Viertelfinale war Jugoslawien gegen Argentinien die bessere Mannschaft, obwohl die »Jugos« auf Sabanadzovic verzichten mußten. Und welche Schwierigkeiten hatte plötzlich unsere Mannschaft in der Schlußphase des Viertelfinales, nachdem die CSFR in der 70. Minute wegen der Roten Karte für Moravcik nur noch mit zehn Akteuren weiterspielen mußte.

Ein, wie gesagt, erstaunliches Phänomen, für das es aber auch durchaus einleuchtende Erklärungen gibt. Nach einem Platzverweis wird der personell scheinbar geschwächte Gegner plötzlich zumindest im Unterbewußtsein unterschätzt. Die Spieler der personell nun überlegenen Mannschaft sind nicht mehr mit ganzem Herzen und voller Konzentration bei ihrer Aufgabe. Sehr häufig entstehen dadurch Abstimmungsprobleme vor allem in der Abwehr, weil sich plötzlich einer auf den anderen verläßt, anstatt selbst zur Sache zu gehen. Umgekehrt setzt die vermeintliche Ungerechtigkeit des Platzverweises bei der Mannschaft in Unterzahl neue Kräfte frei, sie spielt in einer Art Trotzreaktion plötzlich vor allem kräftemäßig über ihre Verhältnisse. Taktisch wird dann sehr häufig auch noch der Libero aufgelöst. Dadurch entsteht ein personeller Gleichstand im Mittelfeld – allerdings mit höherer Motivation und Bereitschaft, wobei ein beispielhafter Opfersinn manchmal das scheinbar Unmögliche möglich macht.

Ein gutes Beispiel für die in solchen Situationen fehlende Abstimmung wurde beim Siegtor Kameruns gegen Argentinien geboten. Nach einem Freistoß dachte jeder argentinische Abwehrspieler, ein anderer Kollege würde die Bewachung von Omam Biyik übernehmen. Dadurch kam dieser frei zum Kopfball und konnte nahezu unbedrängt das 1:0 erzielen. Auch bei der einzigen Chance der CSFR gegen unsere Mannschaft wurde diese merkwürdige »Kamerad-lauf-du, ich-bleib-stehen«-Mentalität sichtbar. Als der eingewechselte Nemecek kurz vor unserem Strafraum angespielt wurde, griff keiner unserer Abwehrspieler ein, weil jeder dachte, der andere würde es tun.

Zur psychologischen Komponente als Erklärung kommt die Tatsache hinzu, daß eine Mannschaft in der taktischen Vorbesprechung nicht auf die Situation einer Überzahl gezielt eingestellt werden kann, weil kein Trainer weiß, welcher der gegnerischen Spieler die Rote Karte, wenn überhaupt, vorgezeigt bekommt. Nicht zufällig erlebt man dann – wenn die Situation da ist – wie Trainer sich an die Seitenlinie begeben und oft lautstark und gestenreich ihr Team auf die neue Situation einzustellen versuchen. Dies ist eine sehr schwierige Aufgabe, weil in den Köpfen der Spieler vieles bereits in festen Bahnen ver-

Platzverweis: Schiedsrichter Röthlisberger zeigt Sabanadzovic Rot.

läuft. Liegt die Mannschaft zum Beispiel in Führung, so ist es ungemein schwer, die Spieler mental umzustellen, sie von ihrem durch den Platzverweis noch gewachsenen Überlegenheitsgefühl ab- und zu einem neuen Realitätsbewußtsein hinzubringen. In solchen Situationen wäre eine Auszeit sehr hilfreich, wie sie im Eishockey, Basketball oder Volleyball üblich ist, um an die eigenen Spieler ganz gezielt neue Aufgaben zu verteilen.

So aber sind Hektik und taktisches Durcheinander weder ein Zufall noch eine Seltenheit. Gott sei Dank blieb die Konfusion in unserer Mannschaft während der Schlußphase des Spiels gegen die CSFR ohne Folgen, so daß unsere Spieler doch noch für ihr bis zum Platzverweis von Moravcik gutes Spiel mit dem Vordringen ins Halbfinale belohnt wurden. Gut gespielt hat auch im Viertelfinale weiterhin Kamerun. Den Afrikanern aber blieb gegen England der Lohn für ihre starke Leistung versagt. So setzte sich der Trend des Achtelfinales auch im Viertelfinale fort, daß besser spielende Mannschaften ausscheiden und der taktierende, vorsichtig aus der Defensive spielende Gegner weiterkam. Was Kamerun gegen England bot, war das spielerisch Beste, das ich bis dahin bei dieser WM live habe miterleben können. In Neapel wirkte Kamerun ungemein offensivstark, operierte teilweise mit vier Angriffsspielern. Beispielhaft war das gute Einschalten der Mittelfeldspieler in die vorderste Spitze. Mit ihren sehr gut trainierten Profis aus Frankreich verkörpern die Kameruner eigentlich keine typische afrikanische Mannschaft. Sie präsentierten in Italien vielmehr eine spektakuläre Mischung aus europäischen, brasilianischen und afrikanischen Fußballelementen, bei der das Offensivspektakel aller Spieler in der Vorwärtsbewegung geradezu phantastisch war. Afrikanisch ist bei Kamerun die Art und Weise des geschickten Ballhaltens. Jeder von ihnen ist so stark in der Behandlung und beim Abdecken des Balls, daß Forechecking durch den Gegner sehr, sehr schwer ist. Die Kameruner behaupten sich einfach zu gut am Ball. Dabei will sich jeder von ihnen am Ball selbst darstellen. Brasilianisch ist ihre Spielanlage, das oft sehr sichere direkte Paßspiel mit den vielen Doppelpässen. Europäisch ist schließlich die Disziplin, mit der sie der Versuchung der Selbstdarstellung am Ball widerstehen und zum Mannschaftsspiel finden.

Bei Kameruns Gegentoren hat man allerdings auch gesehen, daß die Afrikaner manchmal noch zu ungestüm handeln und sich in der Abwehr zu überhastet verhalten. Gegen England wurden wenige Fehler von abgebrühten britischen Profis eiskalt bestraft. Wenn es gelingt, mehr Abgeklärtheit und Coolness zu gewinnen, ohne die typische Intuition für das Spiel zu verlieren, dann kann Kamerun eine große Fußballnation werden. Lernen kann man dies nur in Spielen gegen starke südamerikanische und europäische Gegner. Mit Kamerun stand also erstmals bei einer WM eine afrikanische Mannschaft im Viertelfinale und viel hätte wirklich nicht zum Vorstoß unter die letzten vier gefehlt. Eine Eintagsfliege war dies aber nicht, schließlich hat sich

Abschied: Kameruns Helden in englischen Trikots.

Kamerun über die WM-Teilnahme 1982 in Spanien und das Olympia-Turnier 1984 von Los Angeles kontinuierlich nach oben gespielt. Das waren Stationen, die Kamerun weiterbrachten. Die Basis hierfür war auch durch die gute Entwicklungshilfe deutscher Fußball-Lehrer, wie zum Beispiel Peter Schnittger, in Kamerun gelegt worden.

Dennoch dürfte es Kamerun schwer haben, sich auch in Zukunft auf diesem Niveau zu bewegen. Zum einen, weil in Afrika andere Nationen im Fußball nach vorne drängen. Bei der jüngsten Afrika-Meisterschaft verfehlte Kamerun die Runde der letzten vier. Zum anderen lassen die Organisationsstrukturen des afrikanischen Fußballs noch nicht jene Erfolgskontinuität zu wie zum Beispiel bei großen europäischen Fußballnationen. Wie der Afrikaner lebt, so spielt er auch Fußball: intuitiv und mit viel Improvisationskunst. Auf dem Spielfeld ist dies sehr gut. Doch zur Organisation eines Verbandssystems gehört auch eine gewisse Ordnung. Das aber ist nicht nur ein Problem des afrikanischen Fußballs, es ist ein Generalproblem der afrikanischen Mentalität.

Spruchreif

✻ **»Wenn Sie jemals einen Job suchen, dann können Sie meinen haben.«**

(Charles Haughey, Premierminister Irlands, zum irischen Nationaltrainer Jacky Charlton vor der Begegnung gegen Italien)

✻ **»Die Pressegespräche sind die Höchststrafe für einen Fußballspieler.«**

(Klaus Augenthaler)

✻ **»Von uns heißt es immer nur, wir hätten Glück. Ist es Glück, wenn uns die FIFA immer bei 40 Grad aufs Spielfeld schickt, während Italien immer nur abends spielt?«**

(Jorge Burruchaga, argentinischer Nationalspieler, vor der Begegnung gegen den WM-Gastgeber)

✻ **»Die Breite an der Spitze ist dichter geworden.«**

(Hermann Neuberger, DFB-Präsident, zur Qualität der WM)

✻ **»Hier verwarnen dich die Schiedsrichter auch, wenn du atmest.«**

(Diego Maradona)

✻ **»Sei brav, sonst ruf ich den Hooligan.«**

(Mutter zum Kind in einer Karikatur der italienischen Zeitung »La Republica«)

✻ **»Roger redet zu Hause nicht halb soviel wie in den Interviews, die er jetzt in Italien geben muß.«**

(Evelyne, Ehefrau des Torjägers Roger Milla aus Kamerun)

✻ **»Sie will mein Trikot. Ich gebe es ihr. Aber ich weiß noch nicht, was ich von ihr verlangen soll.«**

(Roberto Baggio, italienischer Nationalspieler, über einen Wunsch von Pop-Star Madonna)

Manndeckung: Diego Maradona im Schutz der Carabinieri.

Halbfinale

Spannender ging es nun wirklich nicht mehr. An beiden Halbfinalspielen hätte Alfred Hitchcock seine wahre Freude gehabt. Zweimal ging es in die Verlängerung, zweimal fiel die Entscheidung erst im Elfmeterkrimi. Für die Italiener hatte alles planmäßig begonnen. Schillaci erzielte die Führung. Doch der Weltmeister aus Argentinien konterte – mit Erfolg. Fassungslosigkeit bei den Tifosi nach der Niederlage. Deutschland hatte gegen die starken Engländer die besseren Nerven. Siegte nach einem harten, aber durchweg fairen Fight.

3. 7. 1990 in Neapel
Argentinien – Italien 5:4 n. E.

4. 7. 1990 in Turin
Deutschland – England 5:4 n. E.

(n. E. = nach Elfmeterschießen)

Erstmals in der WM-Geschichte gingen beide Halbfinalspiele in die Verlängerung und wurden erst im Elfmeterschießen entschieden. Welche Dramatik! Italien weinte, Deutschland jubelte.

Diego zauberte, Italien weinte

Ein ganzes Land weinte. Italien gegen Argentinien 4:5 nach Elfmeterschießen – das Aus für die Azzurri im Halbfinale. Dabei hatten sie sich so viel vorgenommen, wollten ihren Tifosi nach 1934, 1938 und 1982 den vierten WM-Titel schenken, wollten ihrem treuen Publikum zeigen, daß Italien nicht nur die beste Liga der Welt hat, sondern auch die beste Nationalelf.

Tränen statt Triumphe: Traurige Tifosi.

Und dann diese Pleite im Halbfinale. Zuerst der Aussetzer von Torhüter Walter Zenga, der bei Caniggias Kopfballtor zum 1:1 wie ein Anfänger aussah. Dann die Fehlschüsse von Roberto Donadoni und Aldo Serena im Elfmeterschießen. Italien weinte.

Und suchte verzweifelt nach einem Schuldigen. Torhüter Zenga lehnte aber sofort die Rolle des bösen Buben ab: »Ich habe keinen Fehler gemacht. Diesen Kopfball von Caniggia konnte ich nie und nimmer erreichen.« Auch Donadoni und Serena, die Unglücksraben, taugten nicht für diese Rolle. »Man darf ihnen keinen Vorwurf machen«, verteidigte sie Gianluca Vialli. »Wir alle sind schuld.«

Da kam er aber bei den Medien schlecht an. Die suchten gleich nach einem anderen Sündenbock – und fanden den Trainer Azeglio Vicini (57). Ein Verwirrspiel für die Fans. Denn gerade hatten sie angefangen, den ungeliebten Vicini ins Herz zu schließen. »Vicini, perchè? – Vicini, warum?« fragte »Tuttosport« in riesigen Lettern und hielt dem Coach seine angeblichen Fehler vor:
Er habe Vialli viel zu defensiv spielen lassen.

Abgestaubt:
Schillaci erzielt nach
17 Minuten das 1:0.

Er habe es versäumt, Maradona in Sonderbewachung zu nehmen.
Er habe es nicht geschafft, seine Mannschaft auf die laufschwache und langsame argentinische Hintermannschaft einzustellen.
Und dann der absurde Vorwurf, Vicini habe den Fehler gemacht, Vialli von Anfang an spielen zu lassen – Baggio sei aber doch viel besser in Form gewesen.
»Tuttosport« ging in die vollen, vergaß dabei aber, daß »Tuttosport« selbst vor dem Spiel Vialli für Baggio gefordert hatte.

Die Tifosi konnten sich an diesem Theater nicht ergötzen. Sie weinten. Und der Schuldige am italienischen Debakel war immer noch nicht gefunden. Der Mann auf der Straße beteiligte sich genauso daran wie arrivierte Professoren, der Tankwart genauso wie der Industriemanager. Im Fernsehen war das Aus der Azzurri tagelang Thema Nummer eins. Die Kommentatoren überschlugen sich vor Eifer, den Bösewicht zu finden, der Bella Italia diese Schmach angetan hatte. In der populären Sendung »Processo ai Mondiale« verrutschte dem Moderator Aldo Biscardi fast das Toupet, als er seinen Knüller enthüllte: Der Schiedsrichter war's! Michel Vautrot, der Franzose, hatte nämlich völlig ungerechtfertigt mal zwei Minuten unterbrochen, als er sich mit Linienrichter Peter Mikkelsen (Dänemark) beriet, und anschließend Argentiniens Ricardo Giusti wegen eines Fouls an Baggio vom Platz stellte. So viel Zeit, nur um die Rote Karte zu zükken. Da ging Biscardi »der Hut hoch«.

3. 7. 1990 in Neapel

Argentinien – Italien 1:1 n. V., 5:4 n. E.

ARGENTINIEN: Goicochea – Simon – Ruggeri, Serrizuela – Giusti, Calderon, Burruchaga, Basualdo, Olarticochea – Maradona, Caniggia – Trainer: Bilardo. ITALIEN: Zenga – Baresi – Bergomi, Ferri – de Napoli, Donadoni, Giannini, de Agostini, Maldini – Schillaci, Vialli – Trainer: Vicini. Auswechselspieler: 46. Troglio für Calderon, 98. Batista für Basualdo – 70. Serena für Vialli, 73. Baggio für Giannini. Tore: 1:0 Schillaci (17), 1:1 Caniggia (67.) – Tore im Elfmeterschießen: Serrizuela, Burruchaga, Olarticochea, Maradona für Argentinien – Baresi, Baggio, de Agostini für Italien (Donadoni und Serena verschießen) – Schiedsrichter: Vautrot (Frankreich) – Zuschauer: 59978 – Gelbe Karten: Olarticochea (2), Caniggia (2), Batista (2), Ruggeri. Rote Karte: Giusti (105., wegen eines Schlages gegen Baggio).

Auf das Naheliegende kam keiner. Darauf, daß die Italiener an Argentinien (das 34 Zweikämpfe mehr gewann!) und damit an Diego Armando Maradona gescheitert waren. Der Superstar war genau in dem Moment, als er gebraucht wurde, voll da. Und er versuchte, seinen Vorteil gnadenlos auszunutzen, seinen Heimvorteil in Neapel. Schon Tage vor dem Spiel ging der Kampf los. Der Kampf um die Gunst des Publikums. Napolis Liebe Diego Maradona gegen ganz Italien. Ein Transparent im Stadion gab die Stimmung treffend wieder: »Diego – Napoli liebt Dich, aber Italien ist unser Vaterland.« Diesen Kampf hatte Maradona verloren – den Kampf auf dem Feld gewann er.

Und zwar ganz allein. Wie der kleine Mann aus Buenos Aires seine Mitspieler aufbaute, wie er ihnen Mut machte, wie er sie mitriß – das hatte Klasse. Maradona führte eine bestenfalls durchschnittliche Mannschaft ins Finale dieser Weltmeisterschaft. Er nahm den ganzen Druck, die ganze Belastung im Vorfeld dieses für die Italiener vorweggenommenen Endspiels auf sich. Die größte Sportzeitung des Landes, die »Gazzetta dello Sport«, titelte folgerichtig: »Ein Wahnsinns-Halbfinale – Maradona gegen Italien.«

Diego warb im Vorfeld um die Gunst »seiner« Neapolitaner: »Es ärgert mich, wenn ich erlebe, daß Napoli 364 Tage im Jahr nicht zu Italien gehört, und jetzt soll ausgerechnet Napoli Italien unterstützen.« Das war clever. Der 29jährige Superstar nutzte den Nord-Süd-Konflikt in Italien, er nutzte die Minderwertigkeitskomplexe der Neapolitaner eiskalt für seine Zwecke aus. Denn er wußte: In Napoli lieben sie ihn. Von den reichen Italienern aus dem Norden verachtet, zogen die Neapolitaner seit Jahren ihr Selbstwertgefühl aus den Fußball-Erfolgen, die Maradona ihnen bescherte. Als die Mannschaften ins Stadion einliefen, feuerten die Tifosi zwar doch Italien an, aber sie pfiffen Argentinien wenigstens nicht aus. Mehr hatte Maradona nicht gewollt.

Zwar sah im Spiel nach 17 Minuten alles so logisch aus: Italien führte durch ein Tor des neuen Superstars Salvatore Schillaci mit 1:0. Aber Maradona, obwohl bei dieser WM nicht in bester körperlicher Ver-

fassung, zeigte seinem Team den Weg: Ruhe bewahren und auf die Chance warten. Sie kam in der 67. Minute, und Claudio Caniggia nutzte sie. Und als es in der Verlängerung noch einmal eng wurde, trat wieder Diego Maradona auf den Plan: Wie er zauberte, wie er immer wieder drei Gegner auf sich zog, um den ausgepumpten Mitspielern Luft zu verschaffen, das war grandios. Daß Maradona selbst den letzten, den wichtigsten Elfmeter für Argentinien verwandelte, war nur noch die Sahne auf der Torte.

Mein Gott, Walter:
Zenga verpaßt, Caniggia köpft ein.

Wahnsinn! Bodo hielt den Ballermann

Die Uhr zeigte 22.41 Uhr auf den beiden riesigen Anzeigetafeln im »Stadio delle Alpi« zu Turin. Die Sekunden der Entscheidung waren gekommen im Halbfinale zwischen Deutschland und England. Die Sekunden, in denen entschieden werden sollten, ob die deutsche Nationalmannschaft zum dritten Mal hintereinander nach 1982 und 1986 bei einer Weltmeisterschaft das Endspiel erreicht, oder ob England zum zweiten Mal nach 1966, als im eigenen Land der Titelgewinn gelang, ins Finale vorstößt. 120 Minuten lang hatten sich die beiden Mannschaften in diesem großen Fußball-Klassiker schon bekämpft. 1:1 stand es nach 90 Minuten, nachdem Andreas Brehme in der 60. Minute einen Freistoß verwandelt hatte, der von Parker noch abgefälscht wurde, und Garry Lineker in der 80. Minute nach dem einzigen Fehler von Jürgen Kohler den Ausgleich erzielen konnte. In der Verlängerung trafen beide Mannschaften je einmal den Torpfosten – erst Waddle und später Buchwald –, aber nicht mehr ins Tor. Wie schon im Halbfinale tags zuvor zwischen Italien und Argentinien, mußte nun auch in Turin das Elfmeterschießen über die Endspielteilnahme entscheiden. Lineker, der dieses Shootout begann, Beardsley und Platt für die Engländer, Brehme, Matthäus und Riedle für die Deutschen hatten die im Wechsel vorgenommene Nervenprobe bereits bestanden. Nun, um 22.41 Uhr lag der Ball auf dem Elfmeterpunkt bereit für Stuart Pearce.

Der linke Außenverteidiger von Nottingham Forest lief sechs, sieben Schritte an, schoß die Lederkugel in die linke Ecke. Doch Bodo Illgner reagierte richtig. Blitzschnell warf der Kölner Schlußmann seinen Körper in die Flugbahn und wehrte den Ball mit dem Knie ab. Nun schritt Olaf Thon von der Mittellinie zu dem Punkt, an dem an diesem Abend WM-Schicksal geschrieben wurde. Auch Peter Shilton, der Routinier und Länderspiel-Rekordmann, der an diesem Abend seinen 124. Einsatz für Englands Nationalmannschaft absolvierte, ahnte die Ecke. Doch der kleine Münchner schoß so hart und plaziert, daß der 40 Jahre alte Torwart-Oldie aus Derby County keine Abwehrchance hatte. 5:4 stand das Halbfinale nun für Deutschland – und der Stadion-Chronometer auf 22.43 Uhr, als Chris Waddle den

Unterdrückt:
Wright ist gegen Klinsmann kein Kind von Traurigkeit (rechts).

Auge contra Paule:
Duell zwischen Augenthaler und Gascoigne.

18

Guido grätscht:
Der lange Stuttgarter zieht in dieser Szene den kürzeren.

WM-Stimmen

BODO ILLGNER: »Den gehaltenen Elfmeter habe ich Pierre Littbarski gewidmet, weil er heute wegen seiner Verletzung nicht dabei sein konnte. Ich war überrascht, daß unsere Spieler die Nerven behalten und so gut getroffen haben. Ich glaube, wir sind stark genug, um im Endspiel ohne Elfmeterschießen auszukommen.«

OLAF THON: »Ich habe schon vor dem Elfmeterschießen gesagt, wir müssen alle an uns glauben. Als der Bodo dann den ersten Elfmeter gehalten hat, war ich mir sicher, daß ich treffe.«

FRANZ BECKENBAUER: »Beide Teams sind bis an die körperliche Leistungsgrenze gegangen, und darüber hinaus. Beim Elfmeterschießen gewinnt immer der Glücklichere. Ich glaube aber, wir haben auch verdient gewonnen, weil wir das Spiel über weite Strekken dominiert haben. Am Anfang fehlte die Ordnung.«

LOTHAR MATTHÄUS: »Die Engländer waren in einer guten körperlichen Verfassung und haben immer Pressing gespielt. Es war schwierig, gegen so eine Mannschaft nur mit technischem Fußball zu gewinnen. Ich glaube, daß dieses Spiel eine größere Werbung für den Fußball war als unser 4:1 gegen Jugoslawien.«

BOBBY ROBSON: »Wir können hocherhobenen Hauptes und stolz nach Hause fahren. Zwischen den vier besten Mannschaften der Welt bestehen keine großen Unterschiede. Da ist es dann im Elfmeterschießen selbst in der Mannschaftssportart Fußball jedem einzelnen selbst überlassen, zu gewinnen oder zu verlieren.«

fünften Elfmeter über das Tor drosch. Thomas Berthold, der als fünfter Elfmeterschütze der Deutschen vorgemerkt war, raste von der Mittellinie zu Bodo Illgner. Alle Kollegen folgten und begruben in ihrer Begeisterung den Torwart aus Köln unter sich. Ganz oben auf dem Menschenknäuel: Olaf Thon. Der Mann, der den entscheidenden Elfmeter verwandelt hatte.

Der Junge aus dem Ruhrrevier hatte sich in seinem Hinterkopf schon von diesem Turnier verabschiedet. »Statistisch war ich bei dieser WM dabei«, hatte er vorher mal auf seinen Einsatz als Einwechselspieler in den letzten zwei Minuten des Spiels gegen Kolumbien hingewiesen und fügte auf seine lokkere Art hinzu: »Die anderen werden Weltmeister, ich werde Waldmeister.«

Die Gedanken eines Fußball-»Kaisers« gehen freilich manchmal seltsame Wege mit für die Beteiligten höchst überraschenden Abzweigungen. Noch am Vortag des Halbfinales hatte Franz Beckenbauer während der mittäglichen Pressekonferenz im Brustton der vermeintlich eigenen Überzeugung versichert: »Es gibt nicht die geringste Veranlassung, die Mannschaft des Viertelfinales zu ändern.« Ganz besonders hob er dabei Uwe Bein hervor: »Er war der einzige, der gegen die CSFR unser Spiel gestaltet hatte.« Nun aber wurde der Teamchef für seinen gerade noch hochgelobten Spielgestalter zum Spielverderber. Uwe Bein flog ebenso wie Pierre Littbarski aus dem Aufgebot für das Englandspiel. Sie seien nicht hundertprozentig fit, verwies Beckenbauer als Begründung auf leichtere Blessuren der beiden Pechvögel. Die beteuerten zwar einhellig, topfit zu sein.
Die Entscheidung Beckenbauers war aber unwiderruflich. Für Littbarski wurde Thomas Häßler, dem in den beiden Spielen zuvor eine vor allem auch mentale Regenerationspause verordnet worden war, in die Mannschaft zurückgeholt. Und eben, zur allgemeinen Verblüffung, Olaf Thon.

Ein Traum, dem er sich schon gar nicht mehr hinzugeben wagte, war an diesem Abend auch für Thomas Häßler in Erfüllung gegangen. Nach den drei ersten recht matten Vorstellungen und einem Muskelfaserriß gegen Kolumbien galt der ehemalige Kölner schon als der große WM-Verlierer im deutschen Team. Das Turnier schien ohne ihn weiterzugehen. Nun aber bekam er ausgerechnet an seiner künftigen Arbeitsstätte, an der er von Beginn der Saison 1990/91 für Juventus Turin spielen wird, von Beckenbauer eine neue Chance. Der kleine Berliner nutzte sie im Stil eines großen Routiniers. Die beiden Zwerge im deutschen Aufgebot – Häßler mißt 1,66 Meter, Thon ist vier Zentimeter größer –, die zwischen den athletischen englischen Hünen Butcher, Wright, Waddle, Parker oder Gascoigne wie

zarte Liliputaner wirkten, beeindruckten mit beachtlichen spielerischen und kämpferischen Taten.

Dieser letzte »Kampf um Rom«, dessen ersten Teil die Italiener am Vorabend in Neapel im Elfmeterschießen bereits gegen Argentinien verloren hatten, war ein großartiges Kampfspiel gewesen. Überfallartig waren die Briten immer wieder in der Anfangsphase in den deutschen Strafraum gestürmt. Dort aber hatten Jürgen Kohler und Guido Buchwald als Bewacher von Lineker und Beardsley zu großer Form gefunden. Der Druck der Engländer ging zunächst auch noch mit großem Pech einher: Rudi Völler mußte in der 38. Minute ausgewechselt werden. Bei einem Schlag an den Unterschenkel war ein Nerv getroffen worden, der das gesamte Bein gefühllos machte und den Römer zum Ausscheiden zwang. Mit großem Kampfgeist, jedoch kühl und ohne Hektik, versuchte die deutsche Mannschaft zu ihrem Spiel zu finden. Neben Häßler und Buchwald sowie später Thon war es vor allem Berthold, der das Spiel immer wieder über die rechte Seite nach vorne trieb.

Ein ununterbrochen rotierendes Schwungrad aber war und blieb während der gesamten 120 Minuten Paul Gascoigne im englischen Mittelfeld. Der 23 Jahre alte Fußball-Bullterrier war die überragende und eindrucksvollste Figur auf dem Platz. Unermüdlich trieb er Englands Spiel an. Mit verblüffender Technik behandelte dieser Kraftprotz den Ball. Und wenn die eine oder andere Spielunterbrechung es zuließ, feuerte er, die Hand zur Faust geballt, die englischen Anhänger auf den Rängen mit aufpeitschenden Armbewegungen an.
Es war ein großer, ein spannender, ein toller Fußballabend im »Stadio delle Alpi« in Turin. Mit einem dramatischen Finish.

4. 7. 1990 in Turin
Deutschland – England 1:1 n.V., 5:4 n.E.
DEUTSCHLAND: Illgner – Augenthaler – Buchwald, Kohler – Berthold, Häßler, Matthäus, Thon, Brehme – Klinsmann, Völler – Trainer: Beckenbauer. ENGLAND: Shilton – Butcher – Walker, Wright, Pearce – Parker, Waddle, Gascoigne, Platt – Lineker, Beardsley – Trainer: Robson. Auswechselspieler: 38. Riedle für Völler, 67. Reuter für Häßler – 71. Steven für Butcher. Tore: 1:0 Brehme (60.), 1:1 Lineker (80.) – Tore im Elfmeterschießen: Brehme, Matthäus, Riedle, Thon für Deutschland – Lineker, Beardsley, Platt für England (Pearce scheitert an Illgner, Waddle schießt drüber) – Schiedsrichter: Wright (Brasilien) – Zuschauer: 45000 – Gelbe Karten: Brehme – Parker, Gascoigne (2).

Prima, Brehme: Sein (abgefälschter) Freistoß senkt sich zum 1:0 ins Netz.

Kohler auf dem Keeper: Illgner im Mittelpunkt.

Trio im Finale: Prof. Liesen, Franz Beckenbauer und Paul Steiner jubeln (rechts).

Es war aber auch ein ungemein fairer Schlagabtausch zwischen den beiden Fußball-Großmächten. Als die Spannung auf dem Höhepunkt war, das Elfmeterschießen begann, da gingen Bobby Robson und Franz Beckenbauer, die beiden Strategen, aufeinander zu, gaben sich lächelnd die Hand und verkörperten damit jene Fairneß, die an diesem Abend auch auf den Rängen und rund ums Stadion herrschte. »Es war das aufregendste, dramatischste und attraktivste Spiel, das ich bei dieser WM erlebt habe. Eine Werbung für den Fußball«, wertete Franz Beckenbauer diesen Fußball-Krimi. Der Weg nach Rom war frei. Das WM-Finale war erreicht. Zum sechsten Mal in 36 Jahren.

Computer-Analyse . . . Computer-Analyse . . . Computer-Analyse

Name	Kurzpässe		Pässe über mehr als 25 m		Zweikämpfe		Fouls		Kopfballduelle		Freistöße/Eckbälle ausgeführt	Torschüsse	Ballkontakte
	zum Mitspieler	Fehlpaß	zum Mitspieler	Fehlpaß	gewonnen	verloren	gefoult worden	foul gespielt	gewonnen	verloren			
Klaus Augenthaler	59	2	19	4	5	3	2	1	1	0	3	3	103
Guido Buchwald	50	0	4	0	9	5	1	1	5	3	0	2	78
Jürgen Kohler	39	0	3	0	11	3	0	3	4	2	0	0	61
Thomas Berthold	54	3	8	1	3	8	2	1	3	4	3	2	104
Thomas Häßler bis 67. Min.	35	0	6	0	9	7	3	0	0	0	2	1	68
Lothar Matthäus	48	2	13	5	12	4	1	2	0	0	7	3	100
Olaf Thon	37	2	1	0	7	7	2	2	1	1	1	6	76
Andreas Brehme	45	1	15	4	8	8	2	3	0	2	15	4	119
Jürgen Klinsmann	17	2	1	1	2	15	2	0	4	4	0	3	51
Rudi Völler bis 38. Min.	5	0	0	0	1	3	1	1	1	0	0	0	14
Karlheinz Riedle ab 38. Min.	14	0	1	0	4	6	1	1	1	1	0	1	30
Stefan Reuter ab 67. Min.	19	0	1	0	4	6	1	0	0	1	0	1	35

Berti Vogts: Hart, aber herzlich

Italiens Fußball-»Tragödie« im Halbfinale – was waren ihre Gründe und Ursachen? Im sechsten Spiel dieser WM kassierten die Italiener zum ersten Mal einen Gegentreffer und flogen dadurch aus dem Wettbewerb. Auf den ersten Blick war es natürlich der schwere Fehler des Weltklassetorwarts Walter Zenga, der Italiens »Aus« verursacht hatte. Doch die Gründe für dieses unglückliche Ausscheiden nach Elfmeterschießen liegen tiefer. Sehr überrascht war ich zum Beispiel, daß die italienische Mannschaft für dieses Spiel von ihrer eingespielten Formation abging. Und das offensichtlich ohne Not.

In der zweiten Halbzeit bekam die Mannschaft dann körperliche Probleme und wurde Opfer ihres hohen Tempos, das sie in allen Spielen vorher gegangen war. Hier hätten die Mittelfeldspieler mit mehr Geduld zu Werke gehen, das Spiel besser kontrollieren, den Ball länger halten und die Aktionen in die Angriffsspitze besser vorbereiten müssen.

Dazu hatte die »Squadra Azzurra« das Pech, in diesem Spiel auf eine Mannschaft zu treffen, die in allen Spielen zuvor das Glück gepachtet zu haben schien, sich nun aber doch noch als amtierender Weltmeister präsentierte. Den Argentiniern hatte man nach ihrem mühsamen Sieg und der Verlängerung gegen Jugoslawien in diesem Halbfinale gegen Italien wirklich nichts zugetraut. Doch von der 60. Minute an traten die Südamerikaner weltmeisterlich auf.

Die Trauer, in die ganz Italien nach dieser unglücklichen Niederlage eine Station vor dem so ersehnten Finale von Rom fiel, war tagelang zu spüren. Vor allem noch am nächsten Tag bei unserem Halbfinale in Turin. Dabei mußten wir, aus der Not geboren, eine veränderte Formation aufbieten. Am Dienstag mittag hatte ein längeres Gespräch des Trainerstabs mit unserer medizinischen Abteilung stattgefunden. Dabei stellte sich heraus, daß sowohl Uwe Bein wie auch Pierre Littbarski nicht hundertprozentig fit für das Spiel gegen England am nächsten Tag waren. So entschieden wir uns für Thomas Häßler und Olaf Thon. Häßler war wieder gesund, mental erholt und psychisch in guter Verfassung. Bei Thon waren aus taktischen Erwägungen seine kurzen Bewegungen, die die hochgewachsenen und athletischen Engländer gar nicht mögen, und seine spielerische Klasse ausschlaggebend.

Ein Kompliment muß ich aber auch unserem Gegner, den Engländern, machen. Es war großartig, mit wieviel Herz sie in ihrem besten Spiel bei dieser WM für ihr Land gekämpft haben. Beeindruckend war aber auch die Fairneß dieses Spiels. Die Engländer boten Gentleman-Fußball – und gingen dennoch knallhart zur Sache. Hätten wir uns dabei nur auf den Kampf eingelassen, wäre der Sieger mit Sicherheit England gewesen. Wir haben mit einer ähnlichen Taktik wie gegen Holland gespielt, nur erheblich kontrollierter und haben als die technisch bessere Mannschaft unsere Stärken diesmal noch besser ausgespielt.

Dennoch brauchten wir im Elfmeterschießen einen Bodo Illgner als Matchwinner des Halbfinales. Deutschland gegen England – das war am Tag nach der italienischen »Tragödie« ein herrlicher Schlagabtausch. Getragen von großem Sportsgeist.

Überflieger: Olaf Thon.

Spiel um Platz 3

Italien – England 2:1

Auch das »kleine Finale« bot großartigen Fußball. Es war eine Partie, in der es eigentlich nur Gewinner gab.

Handarbeit: Butcher (links) gegen Ancelotti.

Kleines Finale großartig

Die Trauer war vorbei. Die Fans feierten ihre Spieler und die Spieler feierten ihre Fans. Das Spiel um Platz 3, das viele für völlig überflüssig halten, brachte für die Italiener und Engländer doch noch einen versöhnlichen Abschluß dieser WM. Beide Teams schenkten sich nichts. Die Azzurri übernahmen sofort das Kommando, doch die Männer von der Insel hielten dagegen. Schiedsrichter Quiniou pfiff nach der Devise: Im Zweifelsfall für die Italiener. Doch das soll den letztlich verdienten Erfolg der Gastgeber nicht schmälern. Insgesamt waren sie aktiver und suchten zielstrebiger den Weg zum Tor.

So gab es am Ende eigentlich nur Gewinner. »Für uns war der Sieg ein schöner Abschluß«, meinte Italiens Trainer Azeglio Vicini. »Der dritte Platz kann sich sehen lassen. Zum Abschluß haben wir noch einmal ein gutes Spiel geliefert gegen eine englische Mannschaft, die uns nichts geschenkt hat. Ich meine, es war ein gutes Spiel um Platz 3.«
Sein englischer Kollege Bobby Robson sah es ähnlich: »Ich hatte mir zum Abschied natürlich einen Sieg gewünscht. Aber nach diesem Spiel kann ich nicht traurig sein.«

Auch ein anderer hatte keinen Grund zur Traurigkeit. Salvatore »Toto« Schillaci schoß mit einem verwandelten Foulelfmeter nicht nur den 2:1-Siegtreffer, sondern sich selbst auch an die Spitze der Torjägerliste. Sechs Treffer in sieben Spielen, damit hatte er den Tschechoslowaken Tomas Skuhravy (der allerdings nur fünf Spiele absolvierte) auf Platz zwei verdrängt.
Der kleine Sizilianer steht nun in der Liste der WM-Torschützenkönige neben Größen wie Gary Lineker, Paolo Rossi, Mario Kempes, Gerd Müller oder Eusebio. Davon konnte »Toto« wenige Monate zuvor nicht einmal träumen.

Für einen großen »alten« Mann sollte dieses Spiel in Bari der letzte Auftritt in der Nationalmannschaft gewesen sein. Englands Torwart-Legende Peter Shilton, mit 40 Jahren ältester WM-Spieler und mit 125 Länderspielen Weltrekordler und zudem (nach Meinung von Bobby Robson) »der beste Keeper dieser WM«, kündigte seinen Rücktritt an.
»Es waren 20 herrliche Jahre«, meinte der Mann von Derby County, »aber ich denke dabei auch an meinen Freund Chris Woods, der endlich seinen Platz im Tor bekommen sollte.« Immerhin ist der Nachfolger auch schon 30 Jahre alt...

Wie bereits erwähnt, trotz der 1:2-Niederlage der Engländer gab es in Bari eigentlich keinen Verlierer. Die Männer von Bobby Robson wurden (völlig zu Recht) mit dem Fairneß-Preis ausgezeichnet, und die Tifosi waren letztlich mit der Bronzemedaille wieder einigermaßen versöhnt. Und wann hat man schon einmal 44 hochdotierte Fußballer gesehen, die ausgelassen auf dem Siegertreppchen die »La Ola«-Welle produzierten. So war auch das »kleine Finale« ein großartiges Fußballfest.

7. 7. 1990 in Bari

Italien – England 2:1 (0:0)

ITALIEN: Zenga – Baresi – Ferrara, Vierchowod – Bergomi, Ancelotti, Giannini, de Agostini, Maldini – Baggio, Schillaci – Trainer: Vicini. ENGLAND: Shilton – Wright – Parker, Walker – Stevens, Steven, Platt, McMahon, Dorigo – Lineker, Beardsley – Trainer: Robson. Auswechselspieler: 67. Berti für de Agostini, 90. Ferri für Giannini – 72. Webb und Waddle für Wright und McMahon. Tore: 1:0 Baggio (72), 1:1 Platt (82), 2:1 Schillaci (86., Foulelfmeter) – Schiedsrichter: Quiniou (Frankreich) – Zuschauer: 51426 – Gelbe Karten: keine.

Auge um Auge: Die geschlagenen Mannen aus England.

Endspiel

Deutschland – Argentinien 1:0

Geschafft! Ein Elfmetertor von Andreas Brehme entschied das Endspiel. Die Revanche für 1986 war eindrucksvoll geglückt.

Schreier-Bande: Brehme, Littbarski, Matthäus.

Weltmeister! Krönung für den »Kaiser«

Ein halbes Dutzend Journalisten hatte sich am 2. Juni am Frankfurter Flughafen eingefunden. Die deutsche Nationalmannschaft flog ab nach Italien. Hunderttausend standen am 9. Juli in Frankfurt Spalier. Die deutsche Nationalmannschaft war zurückgekehrt von der 14. Fußballweltmeisterschaft in Italien. Als Weltmeister! Innerhalb von fünf Wochen hat sich für den deutschen Fußball eine Welt verändert. Die Nationalmannschaft hat im Sommer 1990 die Anerkennung und die Herzen der Deutschen zurückgewonnen auf eine Art und Weise, wie es vorher keiner für möglich gehalten hatte.

Natürlich war das Team von Franz Beckenbauer als einer der Favoriten zu diesem Turnier gereist. Daß Lothar Matthäus am 8. Juli kurz nach 22 Uhr den »Worldcup« in Empfang nahm und dem sternenklaren Himmel über dem »Stadio Olympico« entgegenstreckte, war mitnichten eine Überraschung. Überraschend und über alle Maßen begeisternd war aber die Art und Weise, wie die deutsche Nationalmannschaft das Finale erreichte und dort Argentinien mit 1:0 entthronte.
»Wir haben in Deutschland eine neue Fußball-Begeisterung ausgelöst. Was die Generationen vorher in 16 Jahren nicht geschafft haben, das gelang dieser Mannschaft innerhalb von fünf Wochen. Der Fußball in Deutschland hat jetzt wieder einen Stellenwert wie bei unserem letzten Titelgewinn im Jahr 1974. Der deutsche Fußball ist jetzt wieder anerkannt in der ganzen Welt. Vor allem die Italiener brachten uns Sympathie fast wie ihrem eigenen Team entgegen. Das ist für mich persönlich das wichtigste Ergebnis dieser WM«, wertete Franz Beckenbauer dieses nahezu perfekte Turnier mit seinem einzigartigen Flair.

Hoch soll er leben: Der »Kaiser« und seine tapferen »Ritter«.

Breakdancer: Guido Buchwald und Diego Maradona (re.).

Computer-Analyse ... Computer-Analyse ... Computer-Analyse

Name	Kurzpässe zum Mitspieler	Kurzpässe Fehlpaß	Pässe über mehr als 25 m zum Mitspieler	Pässe über mehr als 25 m Fehlpaß	Zweikämpfe gewonnen	Zweikämpfe verloren	Fouls gefoult worden	Fouls foul gespielt	Kopfballduelle gewonnen	Kopfballduelle verloren	Freistöße/ Eckbälle ausgeführt	Torschüsse	Ballkontakte
Klaus Augenthaler	53	1	17	4	4	3	1	0	3	0	3	1	93
Jürgen Kohler	27	1	2	1	5	2	2	1	7	0	0	1	50
Guido Buchwald	38	3	5	0	14	3	5	5	3	1	1	1	78
Thomas Berthold bis 73. Min.	28	1	3	0	4	1	0	1	1	1	0	1	40
Thomas Häßler	41	3	3	1	4	3	1	2	0	0	1	2	60
Lothar Matthäus	33	3	16	2	11	3	2	2	2	0	4	1	79
Pierre Littbarski	18	5	1	3	5	4	5	2	1	0	5	3	51
Andreas Brehme	33	0	17	3	3	2	1	0	0	0	11	6	78
Jürgen Klinsmann	9	0	1	0	2	5	5	2	0	6	0	2	24
Rudi Völler	8	0	0	0	4	7	4	3	4	1	0	5	33
Stefan Reuter ab 73. Min.	10	0	1	0	2	2	0	0	0	0	0	0	17

Alfa Romeo
Coca-Cola

Höhenflug:
Völler gewinnt das Duell
gegen Serrizuela.

... Computer-Analyse ...

Hier finden Sie die umfassende Computer-Analyse der beiden Finalisten. Sie beinhaltet alle sieben WM-Spiele beider Mannschaften. Vom ersten Gruppenspiel bis zum Finale in Rom. Deutschland spielte 660, Argentinien 690 Minuten.

	Deutschland	Argentinien
Tore	15	5
Gegentore	5	4
Torschüsse	155	71
Torschüsse der Gegner	63	117
Torchancen	53	24
Zweikämpfe: gewonnen	819	728
Zweikämpfe: verloren	576	751
in Offensive gewonnen	353	355
in Offensive verloren	286	398
in Defensive gewonnen	467	370
in Defensive verloren	290	353
Kopfbälle: in Offensive gewonnen	39	36
in Offensive verloren	44	76
in Defensive gewonnen	102	92
in Defensive verloren	36	43
Gefoult worden	134	169
Foul gespielt	104	164
Pässe über 20 Meter	574	278
Dribblings über 20 Meter	34	20
Fehler bei der Ballannahme	32	22
Fehlpässe unter 20 Meter	131	155
Eckbälle	31	26
Im Abseits gestanden	32	20
Flanken	127	44
Torhüter: Abgewehrte Schüsse	8	18

Für Franz Beckenbauer brachte dieser letzte Auftrag in seiner sechsjährigen Amtszeit als Teamchef den Höhepunkt. Er hatte die Nationalmannschaft, die unter seiner Führung sich bereits vor vier Jahren allein dank ihrer athletischen Fähigkeiten ins WM-Finale von Mexiko vorgekämpft hatte, zum Abschluß vor allem spielerisch genau auf den Punkt gebracht. Für den »Kaiser« war dieser Titelgewinn denn auch die Krönung. Zunächst wegen der Tatsache, daß er als zweiter Fußballer auf dem Globus nach dem Brasilianer Mario Zagalo sowohl als Spieler als auch als Trainer Weltmeister wurde. Mehr aber noch durch die Art und Weise, wie er mit seinem Team jetzt in Italien diesen Titel holte.

Zum dritten Mal nach 1954 und 1974 gewann Deutschland die Weltmeisterschaft. Zum ersten Mal ungeschlagen. Und mit Deutschland gewann bei »Italia '90« das Team mit den meisten Toren und dem attraktivsten Fußball den Titel. Dazu war das achtwöchige Beisammensein der Mannschaft während der Vorbereitung und des Turniers selbst durch keinerlei Affären oder unliebsame Vorkommnisse belastet. Eindrucksvoll wurde der Lehrsatz notorischer Scharfmacher widerlegt, nur in einem Reizklima, das die Spieler auch nervlich fordere, seien außergewöhnliche Leistungen möglich. Kein Wunder also, daß das Auftreten der deutschen Nationalmannschaft – vorwiegend stürmisch auf dem Spielfeld, fast immer harmonisch außerhalb des Rasenrechtecks – in Deutschland eine geradezu euphorische Resonanz hervorrief. Der große Empfang in Frankfurt am 9. Juli brachte zum Ausdruck und zum Ausbruch, was sich in den vier Wochen an Begeisterung angestaut und bisweilen schon in geradezu südländischen Reaktionen auf den Straßen und Plätzen in der Bundesrepublik, aber auch in der DDR, entladen hatte.

Deutschland, so heißt also der Weltmeister 1990. Diesen Titel gewann die Mannschaft hochverdient. Gewiß, am Ende kam der Erfolg etwas glücklich zustande. Ein Foulelfmeter sechs Minuten vor dem Abpfiff brachte die Entscheidung, nachdem Rudi Völler von seinem Gegenspieler Serrizuela im Strafraum zu Fall gebracht worden war. Andreas Brehme war der Mann, der letztlich dem deutschen Team und den 30000 deutschen Schlachtenbummlern in der römischen Superarena den Worldcup bescherte. Der linke Außenverteidiger behielt die Nerven und verwandelte die größte der vielen großen deutschen Chancen in diesem Spiel mit einem Rechtsschuß eiskalt.

Tragende Rolle: Klinsmann trägt seinen Spezi Völler.

Natürlich haderten die Argentinier mit der Entscheidung des Schiedsrichters – nicht nur mit dieser. Der Unparteiische hatte in diesem Finale den Südamerikanern zweimal die Rote Karte – für Monzon und Dezotti wegen brutaler Fouls – zeigen müssen. Doch der Weltmeister von 1978 und 1986 hatte in diesem Endspiel nie eine Chance auf eine erfolgreiche Titelverteidigung. Im Gegenteil: Die Argentinier trieben vor 73600 Zuschauern ihre destruktive Spielweise auf die Spitze und brachten Bodo Illgners Tor kein einziges Mal in Gefahr. 23 Torschüssen der deutschen Elf stand ein (!) Schuß der Argentinier gegenüber.
»Wie während des gesamten Turniers, so haben wir auch in diesem Finale von der ersten bis zur letzten Minute auf hohem Niveau und die Argentinier 90 Minuten lang an die Wand gespielt. Es war eine sehr dominierende Partie unserer Mannschaft«, analysierte Franz Beckenbauer diese höchst einseitige Partie.

8. 7. 1990 in Rom

Deutschland – Argentinien 1:0 (0:0)

DEUTSCHLAND: Illgner – Augenthaler – Kohler, Buchwald – Berthold, Littbarski, Matthäus, Häßler, Brehme – Klinsmann, Völler – Trainer: Beckenbauer. ARGENTINIEN: Goicochea – Simon – Sensini, Serrizuela, Ruggeri – Troglio, Burruchaga, Basualdo, Lorenzo – Dezotti, Maradona – Trainer: Bilardo. Auswechselspieler: 73. Reuter für Berthold – 46. Monzon für Ruggeri, 53. Calderon für Burruchaga. Tore: 1:0 Brehme (84., Foulelfmeter) – Schiedsrichter: Mendez (Mexiko) – Zuschauer: 73603 – Gelbe Karten: Völler – Dezotti, Maradona – Rote Karten: Monzon (übertriebene Härte), Dezotti (Tätlichkeit).

Für die deutsche Dominanz beim krönenden Abschluß sorgte vor allem Andreas Brehme, der wie schon beim Auftakt gegen Jugoslawien nun auch beim Finale gegen Argentinien eine Weltklasseleistung auf der linken Seite bot.

Kaum nach standen dem Außenverteidiger aus Mailand in diesem Endspiel Jürgen Kohler, der als Vorstopper die gegnerische Sturmspitze Dezotti völlig abmeldete, Guido Buchwald als großartiger Gegenspieler von Diego Maradona und Thomas Häßler, der, im richtigen Moment sein Tief aus der Vorrunde überwunden, körperlich und geistig regeneriert, von dem so oft intuitiv richtig handelnden Franz Beckenbauer nach seiner vielversprechenden Rückkehr gegen England nun auch in dieses Endspiel geschickt wurde und dabei der große Antreiber im Mittelfeld war.
Darüber hinaus beeindruckte die deutsche Mannschaft mit einer ungemein geschlossenen Mannschaftsleistung, in der vor allem der Römer Rudi Völler in »seinem« Stadion mit seinem unermüdlichen Einsatz kämpferisch Vorbildliches leistete.

In diesem Endspiel bei diesem Turnier wurde Diego Maradona, der große argentinische Ballzauberer, als der überragende Superstar des Weltfußballs abgelöst. »Ich kann mir vorstellen, daß der neue Superstar jetzt Lothar Matthäus heißt«, setzte Franz Beckenbauer in der Stunde des Triumphs die Krone der überragenden Persönlichkeit dieser WM dem deutschen Kapitän aufs Haupt.
Deutschland ist Weltmeister. Und innerhalb von fünf Wochen hat sich in Deutschland die Fußball-Welt verändert. Natürlich ist das innerhalb von so kurzer Zeit nicht möglich. Tatsächlich resultiert denn auch diese Leistungsexplosion bei der WM und diese neue Begeisterung in der deutschen Öffentlichkeit aus Franz Bekkenbauers Arbeit während der vergangenen zwei Jahre nach der Europameisterschaft. In diesen zwei Jahren schweißte der Teamchef ein idea-

les Ensemble zusammen, das sich vor allem durch die richtige Mischung aus spielerischen und kämpferischen Typen sowie aus jugendlichem Elan und kühler Erfahrung auszeichnet.

Stars wie Lothar Matthäus, Rudi Völler, Pierre Littbarski und Andreas Brehme stehen im Zenit ihrer großen internationalen Laufbahn. Klaus Augenthaler ist darüber schon ein kleines Stück hinaus. Doch der Münchner war bei dieser Weltmeisterschaft die große Persönlichkeit als Abwehrchef, die sich Franz Bekkenbauer von seinem Comeback vor einem Jahr erhofft hatte. Thomas Häßler, Bodo Illgner, Uwe Bein, Stefan Reuter, Olaf Thon, Andreas Möller, Karlheinz Riedle, Thomas Berthold, Jürgen Klinsmann, vor allem Guido Buchwald, der strahlende WM-Komet, und Jürgen Kohler, der – anfangs wegen Verletzung pausierend – im Laufe des Turniers gegen Marco van Basten, das technische Kopfballungeheuer Tomas Skuhravy, den englischen Stürmerstar Gary Lineker und nun auch gegen Gustavo Dezotti eindrucksvoll seinen Ruf als weltbester Vorstopper untermauerte und bestätigte, sie sind die Garanten für den Fortbestand der neuen deutschen Fußballklasse, deren Erfolge vor allem auf spielerischer Klasse sich gründen.

»Ich wurde nicht mehr gebraucht, deswegen gehe ich jetzt«, begründete Franz Beckenbauer, der Macher dieses Weltmeisterteams, nach dem Abpfiff von Rom noch einmal seinen Rücktritt. Das Ergebnis seiner sechsjährigen Arbeit ist aller Ehren wert. Das Vermächtnis des »Kaisers« stellt einen ebenso schweren wie reizvollen Maßstab dar für Berti Vogts, seinen Nachfolger. Beckenbauer verschmitzt: »Es tut mir leid für den Rest der Welt, doch wir werden jetzt, wo auch noch die ostdeutschen Spieler hinzukommen, in den nächsten Jahren nicht mehr zu besiegen sein...«

Schwarz-Rot-Goldig: Das Weltmeisterteam von 1990.

Das Tor zum Titel:
Brehme verwandelt den Elfmeter
gegen Goicochea.

Welt-Meister-Macher: Franz Beckenbauer, der Chef des Teams.

»Alles, was ich bin, verdanke ich dem Fußball«

Lässig hingestreckt saß Berti Vogts unter einer Palme auf der Stufe einer halbverfallenen Treppe im Garten des Castello di Casiglio. Der vorletzte Tag im deutschen Mannschaftsquartier bei Erba. Die ersten Koffer wurden bereits gepackt. Vorgestern waren die Engländer im Halbfinale in einem dramatischen Spiel im Elfmeterschießen besiegt worden. Morgen würde der Abflug nach Rom erfolgen. Zum Endspiel gegen Argentinien. »Wichtig ist«, sagte der designierte Bundestrainer plötzlich und unvermittelt, »daß der Kaiser am Sonntagabend mit der Krone abtritt.«

An jenem Sonntag kam es zur Kaiser-Krönung in Rom. Im Olympiastadion erkämpfte Franz Beckenbauer mit der deutschen Nationalmannschaft die Weltmeisterschaft. Zum zweiten Mal. 1974 war er als Spieler Weltmeister geworden. Jetzt wurde er es als Trainer – oder als Teamchef, wie der Nationaltrainer hier nach wie vor genannt wurde. Dennoch trat er zurück von seinem Amt. Seine Zeit als Hauptverantwortlicher der Nationalmannschaft war vorbei. Er selbst hatte es so bestimmt. »Mit dem Tag unseres Ausscheidens bei der WM in Italien ist meine Dienstzeit als Teamchef beendet«, hatte er schon Ende November vergangenen Jahres verkündet. Die Fußball-Weltmeisterschaft in Italien, sein letzter Auftrag während seiner sechsjährigen Amtszeit, dauerte für ihn und seine Mannschaft bis zum letzten Tag. Mit dem Finale schloß sich für Franz Beckenbauer, den Teamchef, der Kreis, der vor sechs Jahren begann. Und mit dem Sieg über Argentinien und der Wachablösung auf dem Thron des Weltmeisters hat er zum Abschluß die letzte Rechnung beglichen, die noch offen war. Mit den Holländern, die ihm mit dem 1:2 im Halbfinale um die Europameisterschaft vor zwei Jahren in Hamburg die bitterste Niederlage während seiner Amtszeit zugefügt hatten, war er schon seit zwei Wochen quitt: im WM-Viertelfinale war der amtierende Europameister von Deutschland in Mailand mit 2:1 besiegt und aus dem Turnier gekippt worden. Nun also Argentinien. Gegen Argentinien begann Franz Bekkenbauer am 12. September 1984 seine Laufbahn als neuer Teamchef mit einer 1:3-Niederlage in Düsseldorf. Der beklagenswerte Zustand der Nationalmannschaft spiegelte sich damals in ihrer ersten Vorstellung unter der Leitung ihres früheren Kapitäns und deutschen Rekordnationalspielers. Gegen Argentinien erlebte Bekkenbauer zwei Jahre später bei der WM in Mexiko den ersten Höhepunkt seiner Arbeit, die die Nationalmannschaft am 29. Juni ins Endspiel von Mexiko City geführt hatte – mit einer 2:3-Niederlage. Gegen Argentinien erfuhr er nun die Krönung seiner Tätigkeit als Teamchef. Mit dem Sieg im Finale von Rom.

Seine Mission sah Franz Beckenbauer schon vorher als erfüllt. »Der deutsche Fußball ist aus dem Tal herausgekommen, in dem er sich 1984 nach der Europameisterschaft in Frankreich befand. Die Gesamtsituation ist mehr als befriedigend«, hatte er schon vor dem Abflug nach Italien festgestellt. Völlig unabhängig vom Resultat des Endspiels in Rom wertete er das Endergebnis seiner Arbeit mit der Mannschaft so: »In unserem Land herrscht wieder Fußball-Begeisterung. Das ist das wichtigste.« Die Bilder, die das Fernsehen aus Deutschland nach Erba ins Mannschaftsquartier übermittelte, die Erzählungen und Berichte aus der Heimat haben auch Franz Bekkenbauer beeindruckt: diese überwältigende, fast südländische Resonanz, mit der die Bevölkerung in Deutschland auf die Erfolge und vor allem auf die attraktive Spielweise der Nationalmannschaft bei »Italia '90« reagierte.

In den vergangenen sechs Jahren hat das Nationalteam einen neuen Charakter bekommen. Aber auch

Franz Beckenbauer erhielt in dieser Zeit ein neues Gesicht. Vor vier Jahren bei der WM in Mexiko noch überaus reiz- und streitbar, ist der inzwischen zum zweiten Mal verheiratete Weltbürger ruhig und gelassen geworden. Gewiß, die Bilder, die ihn am Rand der italienischen WM-Spielfelder zeigten, offenbarten sein nach wie vor vorhandenes großes Temperament und Engagement. Doch sein Wesen, selbst wenn es aufbraust, ist mittlerweile von anderer Qualität. Franz Beckenbauer hat sich in den Griff bekommen. Höflich und verbindlich, locker und lässig, eher mal nichts sagend als wie früher manchmal zuviel sagend, lebt er Selbstdisziplin vor. Und selbst wenn er am Rande des Rasens mal schreit und tobt, verliert er dabei nicht die Kontrolle über sich selbst. »Nur wer innerlich ausgeglichen ist, kann Großes vollbringen«, lautet mittlerweile der Glaubenssatz des Mittvierzigers. Sein Auftreten und äußeres Erscheinungsbild haben sich dabei gewandelt, sind etwas distanzierter und noch eine Spur eleganter geworden. Natürlich – mit dem Namen Franz Beckenbauer verbindet sich schon seit langem unangestrengte Kunst, Kitzbühel, Golf und überhaupt die Leichtigkeit des Seins. Und wenn er daherkommt im feinen modischen Tuch, fällt die Vorstellung schwer, daß auch bei einem wie ihm der Schweiß geflossen sein könnte.

In den vier Wochen in Italien verdichtete sich aber der Eindruck seiner totalen inneren Unabhängigkeit. Und seit dem Ende dieser Fußball-Weltmeisterschaft, seit dem Finale von Rom, steht Franz Beckenbauer auf einem Sockel, von dem er ohne Denkmalsschändung kaum mehr herunterzuholen ist. »Ich hänge sehr an dieser Mannschaft und ich freue mich für sie über unsere Erfolge in Italien«, hat er zum Abschluß der WM gesagt. Zum Abschluß seiner Tätigkeit als Teamchef hat er sich offiziell bei allen bedankt. Bei den großen und den kleinen Helfern in seinem Troß, natürlich bei den Spielern, aber auch bei den Medienvertretern. Dankbar, von Herzen dankbar ist Franz Beckenbauer vielleicht aber nur einem: dem Fußball. »Alles, was ich bin, alles, was ich habe, verdanke ich dem Fußball«, sagt er.

Auch nach seinem Abschied als Teamchef will er seine künftige Tätigkeit im Zusammenhang mit Fußball betreiben, was immer er auch tun wird. »Ich habe zwar Versicherungskaufmann gelernt. Doch was ich kann, das ist Fußball«, beschränkt sich dieses Fußball-Genie selbst. Wie alle Fußballer ist auch Franz Beckenbauer etwas abergläubisch. Die Vier, die Fünf und die Sechs seien, so erzählte er einmal in Erba, seine Glückszahlen. Und die 66. Das Endspiel in Rom war sein 66. Spiel als Teamchef gewesen. Mit der Nummer vier auf dem Trikot begann seine Karriere beim FC Bayern München. Mit der Nr. 5 erreichte er seine größten Erfolge als Spieler. Und mit der Nr. 6 erlebte er bei Cosmos New York die schönste Zeit überhaupt.
Die Sechs, sie steht auch für sechs Jahre als Teamchef der Nationalmannschaft. Sechs Jahre, die sich als Glücksfall für den deutschen Fußball herausstellen sollten. »Jetzt, wo du ein Welttrainer geworden bist, packst du deine Sachen und gehst. Wer kann das schon verstehen«, hat Berti Vogts in der Nacht nach dem großen Sieg im Halbfinale über England zu Franz Beckenbauer gesagt. Der »Kaiser« habe leise gelächelt und nichts gesagt. Vier Tage später ging er.

»Kaiser« und »Kronprinz«: Franz Beckenbauer und sein Nachfolger Berti Vogts.

WM-Stimmen

FRANZ BECKENBAUER: »Wir haben gewußt, daß wir die bessere Mannschaft sind. Wir haben von der ersten bis zur letzten Minute auf ein Tor gespielt. Einen verdienteren WM-Sieg habe ich noch nicht erlebt.«

CARLOS BILARDO: »Die Deutschen haben ein sehr gutes Angriffsspiel gezeigt, aber es gab eine Situation im Spiel, da waren wir in der Lage, das Match zu kontrollieren. Wir haben keine taktischen Fehler gemacht.«

LOTHAR MATTHÄUS: »Unser Dank gebührt Franz Beckenbauer. Er hat den deutschen Fußball wieder dahin geführt, wo er hingehört, nämlich an die Weltspitze. Mir ist in der ersten Halbzeit ein Stollen aus dem rechten Schuh gebrochen. Ich mußte den Schuh wechseln und habe deshalb den Elfer nicht geschossen.«

DIEGO MARADONA: »Fußball ist meine Arbeit und ein Teil meines Lebens. Manchmal ist es ungerecht. Aber ich habe nicht wegen des zweiten Platzes geweint, sondern weil der Schiedsrichter einen Elfmeter gegeben hat, der keiner war.«

GEORG HACKL (Rodel-Weltmeister): »Mich hat gefreut, daß wir gegen Argentinien genauso gekämpft haben wie gegen Holland. Der Sieg war wirklich verdient. Es war aber schade, daß Maradona so ausgepfiffen wurde. Er ist ein toller und fairer Sportler.«

NORBERT SCHRAMM (früherer Eiskunstlauf-Europameister): »Ich habe mich riesig über den Sieg gefreut und wäre selber gerne nach Rom gefahren.«

Berti Vogts: Ein Sieg für den Fußball

Wir sind Weltmeister! Dies war nicht nur ein Sieg für Deutschland, sondern ein Sieg für den Fußball. Unsere Mannschaft ist von der ersten bis zur letzten Minute bei dieser WM ihrer spielerischen Linie treu geblieben.
Ganz entscheidend ist, daß Fußball wieder als Spiel in den Vordergrund gerückt ist. Dies ist ein Verdienst unserer Mannschaft, aber auch Teams wie Italien, Brasilien oder Kamerun haben diesen Stil demonstriert.

Unser Sieg im Finale war hochverdient. Die Gerechtigkeit hat gesiegt. Es wäre eine Schande gewesen, wenn die Argentinier für ihren destruktiven Fußball auch noch belohnt worden wären.
Allerdings: Die Tränen von Diego Maradona muß man verstehen. Es war das »Good-Bye« eines Weltstars von der WM-Bühne. Ihm ist sicherlich bewußt geworden, daß auch er die Zeit nicht aufhalten kann und wohl nie mehr auf dem ganz hohen Gipfel stehen wird. Die Pfiffe der Italiener gegen ihn kann man verstehen, nachdem Argentinien Italien ausgeschaltet hatte. Verdient hat sie Diego Maradona jedoch nicht. Er war ein genialer Fußballer, zu seiner Glanzzeit sicherlich der Beste auf der Welt.

Doch das ist vergangener Ruhm. Frisch dagegen ist der unsere. Ich habe drei Weltmeisterschaften als Spieler und drei als Mitglied des Trainerstabs erlebt. Die Stimmung in Italien war das Größte. Selbst bei unserem WM-Sieg 1974 in München ging es nicht so ausgelassen zu wie jetzt in Rom. Es war riesig!
Selbst für Franz Beckenbauer war dieser Erfolg mehr als ein sportlicher Triumph. Seine Abschiedsrede fiel sehr kurz aus. Er hat sich bei allen 22 Spielern bedankt und jedem seine Freundschaft angeboten. Wer den Franz näher kennt und weiß, wie vorsichtig er ansonsten mit dem Wort »Freundschaft« umgeht, kann ermessen, was er für diese, seine Truppe empfindet. Ich glaube, daß es ihm in der Stunde des Abschieds wirklich leid getan hat, daß er das Team als Teamchef verläßt.

Für uns geht es jetzt darum, die Woge der Begeisterung zu nutzen. Wir müssen den Stellenwert des Fußballs wieder festigen. Jugendliche gewinnen und zurückgewinnen. Nicht zuletzt die Bundesliga ist jetzt gefordert, die Begeisterung, die die Nationalmannschaft in diesem ungeahnten Maß geweckt hat, zu erhalten.

Für mich als Bundestrainer wird die Aufgabe durch den Titelgewinn natürlich nicht leichter. Die Mannschaft muß jetzt nicht nur als Weltmeister spielen, sondern auch als Weltmeister auftreten. Doch ich bin sehr optimistisch.
Am Tag nach dem Finale lief ich durch den Garten der Villa Borghesiana. Die Sonne stieg auf, ich kam zufällig mit Rudi Völler ins Gespräch. Wir plauderten über unsere erste große Reise 1979 mit der Jugend-Nationalmannschaft nach China. Zum Abschied sagte Rudi zu mir: »Trainer, Sie können weiter auf mich zählen.« Ich habe mich sehr darüber gefreut.

Als Titelverteidiger müssen wir uns nicht für die Weltmeisterschaft 1994 in den USA qualifizieren. Die Europameisterschaft betrachte ich als Zwischenstation bis dahin. Bleibt mir nur zum Abschluß zu sagen: Ciao Italia, welcome United States '94.

Hitverdächtig:
Das Sängertrio Brehme, Berthold und Klinsmann.

Berti Vogts: Meine WM-Superelf

Eigentlich gibt es für mich nur eine WM-Superelf – und zwar die deutsche Nationalelf. Aber gut, diese Spielchen mit einer Superelf sind nunmal beliebt – also warum nicht? Natürlich ist diese Auswahl subjektiv, kann man sich über den einen oder anderen streiten. Ganz sicher unstrittig sind die Namen Franco Baresi, Guido Buchwald, Andreas Brehme, Lothar Matthäus, Paul Gasgoigne sowie »Toto« Schillaci.

Bodo Illgner (Deutschland)

Bei anderen mag es weniger Zustimmung geben. Natürlich kann man über Diego Maradona streiten, waren N'Kono, Conejo und Stejskal ebenfalls glänzende Torhüter, hat Milla für Furore gesorgt, Valderrama gezaubert, Baggio brillant gespielt, Stojkovic sein Können aufblitzen lassen, Jozic überzeugt, Scifo gut gespielt, Michel drei Tore in einem Spiel erzielt oder Skuhravy für Aufsehen gesorgt oder...

Jürgen Kohler (Deutschland)

Franco Baresi (Italien)

Guido Buchwald (Deutschland)

Andreas Brehme (Deutschland)

Paul Gascoigne (England)

Lothar Matthäus (Deutschland)

François Omam Biyik (Kamerun)

Diego Maradona (Argentinien)

Salvatore Schillaci (Italien)

Die WM-Torjäger

1. Salvatore Schillaci (Italien) 6
2. Tomas Skuhravy (CSFR) 5
3. Gary Lineker (England)
Lothar Matthäus (Deutschland)
Michel (Spanien)
Roger Milla (Kamerun) je 4
4. Andreas Brehme (Deutschland)
Jürgen Klinsmann (Deutschland)
David Platt (England)
Rudi Völler (Deutschland) je 3

Rudi Völler (Deutschland)

Qualifikation

Triumph der Rumänen über Dänen

Schon kurz nach der Auslosung mokierte sich Sepp Piontek: »Dieser Modus ist ungerecht.« Der deutsche Trainer, der im letzten Jahrzehnt die dänische Nationalelf betreute, bevor er nun ein Engagement in der Türkei übernahm, spielte auf diese Tatsache an: Aus den drei Vierer-Gruppen in Europa qualifizierten sich nur die zwei punktbesten Zweiten für die WM.

Piontek ahnte voraus, was sich schließlich ereignete: Eine große Fußball-Nation fährt nicht nach Italien! Am 15. November 1989 war es Gewißheit: Es hatte die Dänen erwischt. Die Senkrechtstarter im Weltfußball der 80er Jahre stürzten jäh ab.

Zum härtesten Widersacher der Dänen in der Gruppe 1 avancierten die Rumänen, während Griechenland und Bulgarien über die Außenseiterrolle nicht hinauskamen. Die entscheidenden Duelle fanden im Spätherbst 1989 statt. In Kopenhagen siegten die Dänen mit 3:0. Nur knapp einen Monat später lief das Schlüsselspiel in Bukarest über die Bühne.

Sepp Piontek wartete vor dieser Partie mit einer Überraschung auf: Comeback des Spielmachers Sören Lerby, das der Coach so begründete: »Solch einen dynamischen und gleichermaßen routinierten Spieler brauche ich in Rumänien. Einen, der kühlen Kopf behält.«

Beim Europacup-Duell zwischen Lerbys Arbeitgeber PSV Eindhoven und dem rumänischen Spitzenklub Steaua Bukarest hatte Piontek erlebt, wie glänzend der Blondschopf Lerby Regie führte.

Die Rumänen verlegten die Partie ins nur 29000 Zuschauer fassende Steaua-Stadion. Die Vorzeichen vor dem Duell in diesem Hexenkessel: ein Punkt hätte den Dänen gereicht. Povlsen brachte die Piontek-Schützlinge in Führung, die jedoch zu früh auf die Defensive setzten. Am Ende stand es nach zwei Toren von Balint und einem Treffer von Sabau 3:1 für die Rumänen, die ihren Star Hagi sogar noch durch eine Rote Karte verloren.

Dänemark blieb nur die Hoffnung. »Die Deutschen haben schon oft Glück gehabt. Vielleicht haben sie in der Qualifikation einmal Pech«, sagte Sepp Piontek. Wenige Stunden später war der Dänen Schicksal besiegelt: Die Beckenbauer-Elf besiegte Wales, Dänemark schied als Schlechtester der Gruppenzweiten aus – und Sepp Piontek verließ seine Wahlheimat in Richtung Türkei.

Regisseur: Gheorge Hagi. Der überragende Mann Rumäniens.

In Polen war was zu holen

Ihr Meisterstück machten sie beide in Polen: die Schweden, die endlich einmal in dem Moment, in dem es darauf ankommt, ihre in Freundschaftsspielen häufiger unter Beweis gestellte Klasse umsetzen konnten. Und die im eigenen Land als Versager gescholtenen Engländer, die die Scharte der EM-Schlappe in der Bundesrepublik ausmerzten und das Italien-Ticket lösten.

Das Kunststück der Engländer: sie erreichten beim Auswärtsspiel in Polen ein torloses Remis, wobei ihr Torwart-Veteran Peter Shilton, bereits jenseits der 40, sich als Held des Tages feiern lassen durfte. Mit diesem Punktgewinn hatten sich die Vollblutprofis für die WM qualifiziert, da sie in jedem Fall besser als der Tabellenzweite der Gruppe 1 dastanden.

Das Kunststück der Schweden: Sie bezwangen die Polen in Chorzów sogar mit 2:0, wobei sie den Hausherren die erste Heimniederlage in Qualifikationsspielen seit 1934 beibrachten. Mit diesem Sieg überholten die Nordländer die Briten, setzten sich an die Tabellenspitze und qualifizierten sich erstmals seit 1978 wieder für ein WM-Endturnier.

Ein Erfolg für die beiden Männer auf dem Regiestuhl, denen der Verband das Vertrauen geschenkt hatte. Beide Trainer zuvor nicht gerade erfolgreich: heftig umstritten vor allem der Engländer Bobby Robson, seit 1982 im Amt und seit dem Desaster bei der EM 1988, als die Engländer sogar dem kleinen Nachbarn Irland unterlagen, in der Beliebtheitsskala weit nach unten gerutscht. In die Kritik geraten aber auch der 1986 berufene Olle Nordin, der mit seinem Klasseteam nicht beim Euro-Spektakel 1988 dabei war.

Toller Toni: Österreich gut gepolstert

Finale: 15. November 1989, 55000 Fans im restlos ausverkauften Wiener Praterstadion. Österreich und die DDR kämpfen um das WM-Ticket. Sechs Tage zuvor ist die Mauer gefallen. Rund 5000 Anhänger aus der DDR sind mit ihren Trabis oder Wartburgs sowie mit Sonderzügen nach Wien gereist. »Wir wollen dabei sein!« heißt die Überschrift in der Ost-Berliner »Fußballwoche«. Der Mannschaft von Auswahltrainer Eduard Geyer würde bereits ein Unentschieden genügen, falls die UdSSR gleichzeitig die Türkei schlägt.
Doch Austria-Teamchef Josef Hikkersberger ist siegessicher: »Für die DDR wird die Meßlatte heute höher liegen als die Berliner Mauer. Wir gewinnen und fahren nach Italien!«
Für die Österreicher beginnt das Spiel nach Maß. Bereits nach zwei Minuten trifft Toni Polster zum 1:0. Wenig später zeigt der polnische Schiedsrichter Werner nach einer harmlosen Attacke von Dirk Stahmann gegen Christian Keglevits auf den Elfmeterpunkt. Die Gäste protestieren heftig. Vergeblich. Polster verlädt den Magdeburger Keeper Dirk Heyne. Es heißt 2:0 nach 22 Minuten.
Doch das DDR-Team gibt nicht auf. Erneut zieht sich Schiedsrichter Werner den Groll der Ost-Deutschen zu, als er ein elfmeterreifes Foul von Libero Ernst Aigner an Ulf Kirsten im Strafraum ungeahndet läßt. Nach 30 Minuten gibt er dann doch einen Strafstoß für die DDR, nachdem Aigner Andreas Thom von den Beinen holt. Der Karl-Marx-Städter Rico Steinmann läuft an, doch der Tiroler Torwart Klaus Lindenberger ist auf der Hut, fliegt in die rechte Ecke und wehrt ab. Den entscheidenden Tip hatte Lindenberger von Nachwuchstrainer Gerhard Hitzel bekommen. Der hatte die DDR beim 4:0 auf Malta beobachtet. Dabei verwandelte Steinmann einen Strafstoß. Halbhoch ins rechte Eck...

Weil nun mal aller guten Dinge drei sind, schlägt Toni Polster in der 61. Minute noch einmal zu. 3:0. Die Entscheidung.

Als fünf Minuten vor dem Schlußpfiff das 2:0 der Sowjetunion gegen die Türkei in Simferopol durchgegeben wird, knallen in Wien die (Krim-)Sektkorken. Der Jubel kennt bei den Österreichern keine Grenzen. Selbst Kanzler Franz Vranitzky springt auf der Ehrentribüne in die Höh', umarmt seinen Nachbarn. Die Schwarz-Weißen sehen rosarot.
Alle österreichischen Spieler machten sich auf zur Ehrenrunde. Das heißt, fast alle. Nur einer nicht: Toni Polster. Er hatte nicht vergessen, daß er bei der Verkündigung der Aufstellung ausgepfiffen worden war. Polster: »Ich wollte mich nicht von denselben Leuten feiern lassen, die mich zuvor geschmäht hatten.« Trotzdem: Der Anton war der Held. »Bravo, Toni. Italien, wir kommen« lautete die Schlagzeile im Wiener »Kurier«.
An diesem 15. November war die Qualifikation in der Europa-Gruppe 3 beendet. Sie war so spannend, als hätte Alfred Hitchcock das Drehbuch geschrieben.

Der Startschuß fiel am 31. August 1988 in Reykjavík. Fußball-Zwerg Island trotzte dem hohen Favoriten UdSSR ein 1:1 ab. Gretarson hatte das Team von Trainer Sigi Held mit 1:0 in Front gebracht. Der überragende Dassajew verhinderte weitere Gegentore. Dann gelang Litowtschenko doch noch der Ausgleich. Die Partie stand ohnehin unter keinem guten Stern für die UdSSR. Cheftrainer Lobanowski fehlte wegen einer Herzattacke. Erstmals setzte der Vize-Europameister mit Chidijatulin (FC Toulouse) einen Legio-

Überlistet:
Toni Polster erzielt eines seiner drei Tore beim Triumph gegen die DDR.

Jubelarie:
Die österreichischen Spieler feiern die geglückte Teilnahme an der WM.

10

**Umarmung:
Toni Polster nimmt seinen Gegenspieler Mathias Lindner in die Mangel.**

när ein. Doch der hatte Pech. Auf dem Flug von Paris ging sein Gepäck verloren. Und weil der UdSSR-Zeugwart keine Ersatzschuhe hatte, mußte der Libero in den »Tretern« seines Kameraden Dobrowolski spielen...

Am 19. Oktober 1988 mußte Österreich vor 100000 Zuschauern in Kiew beim 0:2 gegen die UdSSR die Segel streichen. Michailitschenko und Sawarow schossen nach dem Pausentee den verdienten Erfolg heraus. Am selben Tag kassierten die Isländer dann ihre erste Niederlage. Andreas Thom war beim 2:0-Sieg der DDR zweifacher Torschütze im Berliner Jahnpark.

Am 2. November 1988 führte Österreich gegen die Türkei durch zwei Treffer des überragenden Andy Herzog und einem Tor von Toni Polster bereits mit 3:0. Youngster Herzog stach in dieser Partie sogar »Schnekkerl« Prohaska aus, der nach langer Pause sein Comeback im Nationalteam feierte. Doch dann mußten die Austria-Fans im Praterstadion doch noch einmal kräftig zittern. Feyyaz und Colak verkürzten noch auf 3:2. Aber dabei blieb's.

Am 30. November unterlag die DDR in Istanbul mit 1:3 gegen die Türkei. Den beiden Treffern von Tanju Colak (mit 39 Treffern war der Stürmer von Galatasaray Istanbul in der Saison 1987/88 Europas Torjäger Nummer eins) und dem 3:0 durch Oguz, vermochte die DDR lediglich den Ehrentreffer durch Andreas Thom entgegenzusetzen. Nach dieser Niederlage wurde Bernd Stange als Auswahltrainer gefeuert. Manfred Zapf wurde sein Nachfolger.

Doch auch der frühere Magdeburger Libero blieb nicht lange in Amt und Würden. Am 12. April 1989 unterlag sein Team – ausgerechnet im Magdeburger Ernst-Grube-Stadion – der Türkei mit 0:2. Die Gäste konterten die übernervösen Gastgeber durch Treffer von Colak und Ridvan eiskalt aus. Mit den Worten »Arrivederci Italia« beendete DDR-Reporter Heinz-Florian Oertel die Fernsehübertragung.

Als die DDR schließlich 14 Tage später auch noch in der Sowjetunion mit 0:3 unterging, war das Team auf dem Tiefpunkt, zierte als Schlußlicht die Tabelle. Keiner hätte auch nur noch einen Ost-Pfennig auf die WM-Teilnahme gesetzt.

Am 20. Mai 1989 trennten sich die DDR und Österreich im Leipziger Zentralstadion mit 1:1. kicker-Herausgeber Karl-Heinz Heimann schrieb: »Wie ein verlorener Haufen wirkte die DDR-Elf. Die nach den letzten Niederlagen völlig entnervten Spieler machten Fehler, die ihnen in ihrer Jugendzeit nicht unterliefen. Es war ein mäßiges, von unzähligen Fehlern geprägtes Spiel. Drei Minuten nach dem Anpfiff zog Polster den Nutzen aus einer Rutschpartie der DDR-Abwehrspieler, drei Minuten vor dem Abpfiff hatte Kirsten einen lichten Moment, traf zum 1:1«.

Die Verbands-Bosse in der DDR griffen erneut zu ihrem scheinbar einzigen Mittel. Manfred Zapf mußte gehen, das Tandem Eduard Geyer und Eberhard Vogel sollte das schier Unmögliche doch noch möglich machen.

Am 31. Mai sorgten die Isländer wieder einmal für Aufsehen. 50000 Zuschauer in Moskau verstummten, als Askelsson vier Minuten vor Schluß den Führungstreffer von Dobrowolski egalisierte.
Nur 14 Tage später bissen sich die Österreicher an den Nordlichtern die Zähne aus. In Reykjavík kam man über ein 0:0 nicht hinaus, hatte sogar noch Glück, daß man wenigstens einen Punkt mit in die Alpenrepublik nehmen konnte. Im Land der Geysire feierte »Schneckerl« Prohaska endgültig seinen Abschied vom Nationalteam. Er war noch der Beste im Dreß der Schwarz-Weißen. Teamchef Hickersberger: »Schneckerl hat noch einmal gezeigt, welch großartiger Fußballer er ist.« Eine Ära ging zu Ende. Trotz des torlosen Remis hatte »Peppi« Hickersberger Grund zum Optimismus: »Jetzt können wir in unseren drei Heimspielen die WM-Fahrkarte erkämpfen.«
Doch das sollte nicht so ganz einfach werden. Am 23. August gelang dem Austria-Team dann in Salzburg ein 2:1-Sieg gegen den Fußball-Zwerg Island. Der wurde noch immer von Sigi Held betreut, der allerdings inzwischen auch zum Trainer von Galatasaray Istanbul avanciert war. Debütant Heimo Pfeifenberger schoß das 1:0 (49.), doch nur eine Minute später gelang Margeirson der Ausgleich. Manfred Zsak erlöste mit dem Siegtreffer schließlich die Fans, die alles andere als zufrieden waren – einen gewissen Toni Polster gnadenlos auspfiffen...

Am 6. September war das Wiener Praterstadion wieder prall gefüllt. Die UdSSR hatte mit Michailitschenko und Protassow wieder ihre zwei Langzeitverletzten an Bord, und das Team von Valerij Lobanowski machte es der Truppe von Josef Hickersberger schwer. Die Österreicher spielten zu Hause mit Auswärtstaktik. Überließen der Sowjetunion das Mittelfeld und verlegten sich aufs Kontern. Die 90 Minuten gingen vorüber, ohne daß ein Tor fiel. Zur gleichen Zeit wahrte die DDR ihre geringe Chance auf die WM-Teilnahme. Vor 5000 Zuschauern war Matthias Sammer der überragende Mann beim 3:0-Erfolg in Reykjavík.
Es folgten drei Spiele, die in der Gruppe 3 nochmals für knisternde Spannung sorgen sollten. Am 20. September schlug Island die Türkei durch zwei Treffer von Petursson mit 2:1.
8. Oktober in Karl-Marx-Stadt. Die Spieler der Sowjetunion waren alles andere als ausgeschlafen. Wegen eines Flugzeug-Defektes verzögerte sich der Abflug in Moskau. Dann flog die Maschine statt nach Leipzig nach Berlin-Schönefeld. Es folgte eine vierstündige Busfahrt nach Karl-Marx-Stadt. Erst nachts um zwei Uhr traf der Troß schließlich mit elf Stunden Verspätung am Spielort ein. Als Litowtschenko DDR-Keeper Dirk Heyne mit einem herrlichen Volleyschuß überwand (74.), schien der WM-Traum der Gastgeber nun doch endgültig ausgeträumt. Doch dann gelang Andreas Thom (80.) und Matthias Sammer innerhalb von 100 Sekunden doch noch die Wende. Die DDR durfte weiter hoffen.
Am 25. Oktober mußte Österreich in der Türkei ran. 34000 Zuschauer verwandelten das Inönü-Stadion in Istanbul in einen Hexenkessel. Doch wieder einmal gab sich »Peppi« Hikkersberger selbstbewußt: »Egal wie's ausgeht. Wir fahren zu 95 Prozent nach Italien.« Doch zunächst gab es eine herbe Schlappe. Durch zwei Treffer des überragenden Ridvan und ein Tor von Fayyaz triumphierten die Türken mit 3:0. Die Österreicher wurden in der Heimat »zerrissen«.

So hatten vor den beiden abschließenden Spielen neben Tabellenführer UdSSR noch die punktgleichen Teams aus der Türkei, der DDR und Österreich Chancen, sich das WM-Ticket zu sichern. Am Schluß hatten, wie eingangs erwähnt, die UdSSR und Österreich (letztlich verdientermaßen) die Nase vorn. Da hatte es auch nichts mehr genutzt, daß den türkischen Spielern als Prämie für die Qualifikation ganze Mietshäuser versprochen wurden. Sie scheiterten ebenso wie die DDR. Deren Spiel im Praterstadion kommentierte Max Merkel gewohnt süffisant: »Die DDR hat so gespielt, wie die DDR-Wirtschaft ist – planlos.«

Sprintduell: Oleg Protassow (links) und Mathias Lindner auf der Jagd nach dem Ball.

Der kleine Häßler war der Größte

Fast 10000 Kilometer war der Chef mit seinem Team vom Ort des Geschehens entfernt, als am 12. Dezember die ersten sportlichen Weichen zur WM 1990 in Italien gestellt wurden. Die Auslosung für die WM-Qualifikation in Zürich. 4000 Zuschauer waren im Züricher Hallenstadion Zeugen eines bunten Show-Spektakels. Pelé, der beste Fußballspieler aller Zeiten, erklärte um kurz nach 16 Uhr »Italia novanta« – Italien '90 – für eröffnet. Eine knappe Viertelstunde später öffnete Brasiliens Fußball-Denkmal dann die erste von insgesamt 123 Loskugeln.
Zur gleichen Zeit krochen in Brasilia, der Hauptstadt von Pelés Heimatland, die Spieler der deutschen Nationalmannschaft aus ihren Hotelbetten, in denen sie geruht hatten. Kurz nach halb sechs war es in Zürich, als der italienische Popsänger Eduardo Bennato die Bundesrepublik Deutschland als »Kopf« der Europa-Gruppe 4 aus der Glasschale fischte. Zu diesem Zeitpunkt etwa hatte sich die Nationalmannschaft im fernen Brasilia im Speisesaal ihres Hotels zur üblichen Kaffeetafel versammelt.
Die deutschen Spieler befanden sich in Brasilien im Mannschaftsbus auf der Fahrt zum Stadion, da loste Italiens Rock-Röhre Gianna Nannini den Deutschen kurz vor 18 Uhr aus dem Topf 2 den schwersten Gegner zu: Holland, das ein halbes Jahr später die Europameisterschaft gewinnen sollte.
Als in Brasilia schließlich um 19 Uhr deutscher Zeit das Länderspiel zwischen Brasilien und Deutschland angepfiffen wurde, waren in Zürich die Würfel gefallen. Das für ihn interessanteste Ergebnis der Auslosung erfuhr Franz Beckenbauer 25 Minuten vor Spielbeginn, als seine Schützlinge sich gerade aufwärmten. Rainer Holzschuh, der damalige DFB-Pressechef (und heutige Chefredakteur des kicker-sportmagazins), kam über die Tartanbahn im Stadion von Brasilia gelaufen und winkte mit dem Fernschreiben aus der Heimat: Deutschland in einer Vierer-Gruppe mit Holland, Wales und Finnland. Dies bedeutete, daß die deutsche Mannschaft entweder Gruppenerster oder einer von den beiden punktbesten Zweiten in den drei Vierer-Gruppen der Europa-Zone werden müßte, um sich für die Endrunde in Italien zu qualifizieren. »So ein Mist«, schimpfte der Teamchef in Brasilien. »Eine Fünfer-Gruppe, in der neben dem Ersten der Zweite auf jeden Fall qualifiziert ist, wäre mir viel lieber gewesen. Die bärenstarken Holländer, Wales mit seinem namhaften Angriffsduo Mark Hughes und Ian Rush und die kampf-

Der goldene Schuß: Thomas Häßler zieht mit links ab. Der Waliser Abwehrspieler geht in Deckung.

kräftigen Finnen – die WM-Qualifikation, das wird eine ganz, ganz schwere Aufgabe.«
Wie schwer es wirklich werden würde, daß am Ende des Parcours über die sechs Qualifikationshürden auch er ein Opfer der ungeheuren Dramatik werden und selbst er den Überblick etwas verlieren würde, das konnte Franz Beckenbauer zu jenem Zeitpunkt nicht ahnen.

Zeitsprung und Ortswechsel. 15. November 1989 im Stadion Müngersdorf zu Köln. Als es endlich geschafft war, Schiedsrichter Vautrot aus Frankreich mit seinem Schlußpfiff den »Krimi von Köln« beendet hatte und damit für die deutsche Mannschaft den Weg zur WM-Endrunde in Italien frei gemacht hatte, dauerte es eine ganze Weile, bis Franz Beckenbauer seine sprichwörtliche Gelassenheit und Contenance wiederfand. Im Gang vor der deutschen Kabine wartete Boris Becker. Voller Freude gratulierte der deutsche Tennis-König dem »Kaiser«. Dankbar, aber sichtlich geistesabwesend nahm dieser die Glückwünsche entgegen. Später ärgerte sich Franz Beckenbauer, daß er in diesem emotionalen Ausnahmezustand zwischen totaler Anspannung und grenzenloser Erleichterung vergessen hatte, den Tennis-Superstar in die Kabine zur Mannschaft zu bitten.
Während die Angst, die Angst vor dem Scheitern in buchstäblich letzter Minute den deutschen Spielern jetzt wie eine Zentnerlast von den Schultern fiel, vollzog Lothar Matthäus, der wegen einer Verletzung auf der Tribüne gesessen und mitgelitten hatte, in der Kabine eine symbolträchtige Handlung: der Kapitän heftete dem Teamchef »Ciao«, das offizielle WM-Maskottchen, ans Revers des Sakkos. Geschafft! Das erste Ziel war erreicht, das Pflichtprogramm erfüllt.
Auf den Tag fast 23 Monate nach der ersten Weichenstellung, der Auslosung der WM-Qualifikation, war dieser 2:1-Sieg im letzten Gruppenspiel gegen Wales der Schlußpunkt der deutschen Eignungsprüfung für »Italia 90«. Ein nüchternes Ergebnis, das die letzte Ungewißheit beseitigte. Doch welche Dramatik verbirgt sich dahinter! Welchen Höllentrip hatte die deutsche Mannschaft auf der Zielgeraden vor Italien noch durchstehen müssen!

Das nervliche Fegefeuer begann an jenem 15. November 1989 bereits am Nachmittag zu lodern. »Bei allem Respekt vor der Stärke unserer Gegner, doch wir werden Gruppen-Erster«, hatte der DFB-Ligaausschußvorsitzende Gerhard Mayer-Vorfelder zwei Jahre vorher als Delegationsleiter der Südamerikareise in Brasilia nach der Auslosung von Zürich voller Optimismus verkündet. Den Gruppensieg freilich sicherte sich Holland mit einem leichten 3:0-Sieg über Finnland zum

Das goldene Tor: Unhaltbar für Neville Southall rauscht das Leder ins Netz. 2:1 für Deutschland.

Abschluß in Rotterdam. Bosman, Erwin und Ronald Koeman hatten nach der Pause für den Europameister alles klargemacht.
In der zweiten Vierer-Gruppe stand England mit 9:3 Punkten und 10:0 Toren als Zweiter hinter Schweden schon vorher als WM-Teilnehmer fest. In der dritten Vierer-Gruppe aber hatte sich an diesem Nachmittag Rumänien mit einem 3:1-Heimsieg über Dänemark den ersten Platz gesichert. Kurz vor der Abfahrt aus ihrem Trainingsquartier in Hennef zum Stadion nach Köln erfuhr die deutsche Mannschaft von diesem ungünstigsten aller Ergebnisse. Es bedeutete, daß ein Sieg über Wales nun absolut notwendig würde, sollten die Deutschen nicht als schlechtester der drei Gruppen-Zweiten aus der WM-Qualifikation stürzen.
Mit viel Mut zur Offensive und voller Angriffslust versuchte die deutsche Mannschaft den plötzlich entstandenen riesigen Erfolgsdruck abzuschütteln. Im ausverkauften Kölner Stadion erlebte das Publikum zunächst einen begeisternden Sturmlauf der Gastgeber. Wie ein Blitz aus heiterem Himmel schlug aber das Führungstor der Waliser durch Allen in der 11. Minute ein. Doch auch diesen Nackenschlag verkraftete die deutsche Mannschaft, erzielte durch Rudi Völler den Ausgleich und durch Thomas Häßler gleich nach der Pause das Führungstor, das sich am Ende als der entscheidende Siegestreffer erweisen sollte.
Bis es freilich soweit war, trampelten die Waliser, die nichts mehr zu verlieren und diese WM-Qualifikation nicht als Tabellenletzter beenden wollten, in den letzten 20 Minuten des Spiels mit ihrem geradlinigen Spiel mitleidlos auf den Nerven der deutschen Spieler und ihrer Anhänger herum. In der 77. Minute hatte Pierre Littbarski einen Foulelfmeter und damit das erlösende 3:1 vergeben, nachdem der glänzend aufgelegte Rudi Völler von Maguire im Strafraum gelegt worden war. Danach steigerte sich die Hektik in allen deutschen Mannschaftsteilen fast in Panik.
Aufgeregt rannte Franz Beckenbauer am Spielfeldrand umher, erregt versuchte jeder seiner Spieler im Alleingang den alles zerstörenden Ausgleichstreffer zu verhindern. Eine Minute vor dem Abpfiff stand Mark Hughes, der frühere Münchner Bayern-Star, völlig frei zum Kopfball bereit. Doch Pascoe übersah seinen besser postierten Mittelstürmer, sprang in die Flanke und köpfte den Ball über das deutsche Tor. Glücklich, aber auch verdient, erreichte die Mannschaft von Franz Beckenbauer das Ziel. 60000 Zuschauer feierten Thomas Häßler, den kleinen Kölner Lokalhelden, als Matchwinner und Wegbereiter zur WM-Endrunde. Sein Tor öffnete die Türe nach Italien.

Thomas Häßler – dieser Name stand in keiner Planung, als bei der Auslosung der WM-Qualifikation im Dezember 1987 »Italia 90« erste Konturen bekam. Am Ende der geglückten Aufnahmeprüfung für die WM-Endrunde war der 23 Jahre alte Kölner nach nur acht Länderspielen die Symbolfigur der neuen, jungen deutschen Mannschaft, deren Aufbau Franz Beckenbauer nach der WM 1986 in Mexiko in Angriff nahm und nach der Europameisterschaft 1988 forcierte.
Schumacher – Jakobs – Eder (Littbarski), Karlheinz Förster, Briegel – Berthold, Matthäus, Magath, Brehme – Rummenigge (D. Hoeneß), Kl. Allofs. So lautete die deutsche Formation während des WM-Endspiels in Mexiko. Immel – Herget – Kohler, Buchwald, Brehme (Hochstätter) – Reuter, Schwabl (Ordenewitz), Matthäus, Frontzeck (Foda) – Klinsmann, Thon. In dieser Aufstellung bestritt Deutschland 1987 am Tag der Auslosung der WM-Qualifikation das Freundschaftsspiel in Brasilien. Illgner – Augenthaler (A. Reinhardt) – Reuter, Buchwald, Brehme – Häßler, Dorfner, Möller (Bein), Littbarski – Klinsmann, Völler. Mit dieser Truppe übersprang die Nationalmannschaft Ende 1989 die letzte Hürde auf dem Weg nach Italien. Innerhalb von drei Jahren waren 16 dieser Spieler auf dem Altenteil (Schumacher, Jakobs, Eder, Karlheinz Förster, Briegel, Magath, Karlheinz Rummenigge, Hoeneß, Herget und Klaus Allofs) oder international in der Versenkung (Immel, Hochstätter, Schwabl, Ordenewitz, Frontzeck und Foda) verschwunden.

Der Sommer 1988 war in den Planungen von Franz Beckenbauer zur großen Zäsur geworden. Nach dem Aus im EM-Halbfinale gegen Holland in Hamburg beschloß der Teamchef die Wandlung der »Arbeitsgemeinschaft Mexiko 1986«, die sich mit Kraft und Power bei der WM in Mittelamerika bis ins Finale durchgeackert hatte, zu einer »Spielgemeinschaft«, die seinen Vorstellun-

gen vom Fußball entsprach, noch energischer zu beschleunigen. Völlig überraschend brachte er schon beim Start der WM-Qualifikation in Finnland mit Holger Fach als Libero, Thomas Häßler im Mittelfeld und kurz vor Schluß mit Karlheinz Riedle im Sturm drei Neulinge, die spielerische Stärke und Drang nach vorne auszeichnen. Mit viel Schwung, Spielfreude und temporeichem Vorwärtsspiel startete die deutsche Mannschaft mit einem 4:0-Sieg in die WM-Qualifikation.
Rudi Völler, endlich frei von Verletzungen und körperlich topfit, mit vier Toren am Ende erfolgreichster deutscher Schütze in der Qualifikation und insgesamt auch der beste Angriffsspieler, schuf mit einem Doppelschlag in der ersten Halbzeit die Grundlage für diesen vielversprechenden Start. 14 Tage später verhinderte Ruud Gullit mit seinem Treffer zu Hollands 1:0-Zittersieg über Wales in Amsterdam einen Fehlstart des Europameisters.

Während die Niederländer in den kommenden Monaten – mit Ausnahme des verletzten Gullit – auf ihre bewährte Siegermannschaft der Europameisterschaft um die Größen Rijkaard, van Basten, van Breukelen und Roland Koeman bauten, bastelte Beckenbauer noch intensiver an seiner neuen Mannschaft. In Abwesenheit der Italien-Legionäre und der Olympia-Spieler in Seoul nutzte er am 21. September 1988 das Freundschaftsspiel gegen Vize-Europameister Sowjetunion in Düsseldorf, um Andreas Möller zum Debüt in der A-Nationalmannschaft zu verhelfen. Der 21 Jahre alte Dortmunder bestand diese Feuertaufe mit Bravour, mußte sich jedoch einen Monat später beim ersten Höhepunkt der WM-Qualifikation erst einmal wieder in Geduld üben.

Beim Gipfeltreffen in der Gruppe vier verzichtete Beckenbauer gegen Holland auf Andreas Möller. Dafür rechtfertigte Olaf Thon an seinem üblichen Bundesliga-Arbeitsplatz im Münchner Olympiastadion das Vertrauen des Teamchefs mit einer Galavorstellung. Zusammen mit Thomas Häßler sorgte er für ein spielerisches Übergewicht der deutschen Mannschaft, ohne daß dieser freilich die Revanche für die 1:2-Niederlage im Halbfinale der Europameisterschaft gelang. Die Partie endete torlos. Spielerisch noch stärker trumpfte das Beckenbauer-Team ein halbes Jahr später im April beim Rückspiel in Rotterdam auf. Karlheinz Riedle hatte mit einem tollen Hechtsprung den Ball in der 61. Minute ins holländische Tor geköpft. Hätte Andreas Möller bei seinem ersten WM-Qualifikationsspiel die riesige Chance danach zum 2:0 genutzt, die deutsche Mannschaft wäre verdientermaßen als Sieger vom Platz gegangen. So aber war es wieder einmal Marco van Basten, der drei Minuten vor Schluß – sein aufmerksamer Bewacher Jürgen Kohler war 13 Minuten zuvor verletzt vom Platz gegangen – den Deutschen erneut ein Schnippchen schlug und dem Europameister einen Punkt rettete.

Bauchlandung:
Hollands Adri van Tiggelen holt Jürgen Klinsmann unfair von den Beinen.

Nach drei Spielen hatten die beiden Topfavoriten der Gruppe vier sich mit 4:2 Punkten schon deutlich abgesetzt vor Wales und Finnland, die bis dahin lediglich je einen Punkt erkämpft hatten. Einen Monat später übernahm Holland dann die Führung in der Tabelle. In Cardiff bot die deutsche Mannschaft beim torlosen Unentschieden ohne ihren wegen der zweiten Gelben Karte gesperrten Kapitän Lothar Matthäus eine starke kämpferische Leistung gegen die kompromißlos fightenden walisischen Kämpfer. Gleichzeitig gelang den Niederländern mit einem schmucklosen 1:0-Sieg in Finnland der entscheidende Vorstoß an die Tabellenspitze. Der strahlende Europameister präsentierte sich allerdings längst schon als eine Minimalistenmannschaft, der einmal mehr kurz vor Schluß das Torglück zur Seite stand.

Gegen Wales gelang den Niederländern der Siegtreffer sieben Minuten vor Schluß und gegen die Deutschen in der 87. Minute der Ausgleichstreffer. In Helsinki war es nun Wim Kieft, der vier Minuten vor dem Abpfiff das »Goldene Tor« erzielte. Und beim Rückspiel in Wales mußte Holland schließlich bis 100 Sekunden vor Schluß warten, ehe Bosman den 2:1-Erfolg sicherstellte.

Ein Beispiel an Effizienz lieferte in der WM-Qualifikation Ruud Gullit. Gehandicapt durch eine nicht enden wollende Verletzungsmisere kam der Superstar nur zweimal zum Einsatz.

Beim Auftakt gegen Wales gelang ihm der Siegtreffer. Den 1:0-Erfolg in Finnland bereitete der Offensivkünstler mit den Rasta-Locken, der wegen Kniebeschwerden erst in der 55. Minute zum Einsatz gekommen war, mit einem tollen Solo über die rechte Seite und einer Maßflanke auf Kiefts Kopf vor.

Franz Beckenbauer puzzelte unterdessen weiter an seinem neuen Team. In Wales kam mit Alois Reinhardt der 36. Neuling in des Kaisers Amtszeit als Teamchef zum Einsatz. Gegen Ian Rush gab der Leverkusener einen vielversprechenden Einstand, der ihn freilich ein Jahr später nicht vor der Streichung aus dem endgültigen WM-Kader für Italien bewahrte.

Der spektakuläre Höhepunkt der WM-Qualifikation war aus deutscher Sicht sicherlich die »Nacht von Dortmund« mit dem großartig herausgespielten 6:1-Sieg im Rückspiel gegen Finnland. Das spielerische Wachs-

Textil-Test:
Jürgen Kohler prüft die Festigkeit des Trikots von Hollands Stürmer Marco van Basten.

Schmerzvoll:
Torjäger Rudi Völler nach einer rüden Attacke eines Holländers am Boden.

tum der jungen Mannschaft bei ihrer Annäherung an die WM-Endrunde, dessen prägende Merkmale stürmischer Offensivgeist und eine vor allem in den vorderen Mannschaftsteilen unübersehbare neue Kunstfertigkeit am Ball sind, erreichte im Westfalenstadion einen ersten stürmisch gefeierten Gipfel. Getragen vom Torschützen Andreas Möller, der als Lokalmatador zwei Treffer erzielte, und unterstützt von Uwe Bein, der als 38. Debütant der Beckenbauer-Ära eine geradezu sensationelle Premiere erlebte.

Über den ansehnlichen spielerischen Zuwachsraten blieb Franz Beckenbauer allerdings ein Kernproblem dieser Mannschaft von Anfang an nicht verborgen: Der erfreuliche Drang nach vorne ging nur selten mit der notwendigen Absicherung nach hinten einher. Wie ein roter Faden zog sich denn daher auch Beckenbauers permanente Suche nach der Ordnungsmacht in der Abwehr durch die WM-Qualifikation. Eine Persönlichkeit, die Respekt und Autorität ausstrahlt, die lautstark kommandiert, die Abwehr zusammenhält und mit klaren Akzenten das Spiel nach vorne inspiriert – so lautete das Anforderungsprofil des Teamchefs an seinen Abwehrchef. Daran gemessen erwiesen sich Holger Fach und Thomas Berthold, die Liberos in den ersten vier Qualifikationsspielen, trotz solider Leistungen nur als Notlösungen; es mußte also weiter probiert werden.

Die Ideallösung glaubte Beckenbauer gefunden zu haben, als er im April 1989 die Öffentlichkeit mit der Ankündigung überraschte, Klaus Augenthaler in die Nationalmannschaft zurückzuholen. Eine Reihe von Verletzungen machte jedoch nicht nur die ersten beiden geplanten Einsätze des Bayern-Liberos unmöglich, sie verhinderte danach auch, daß der Kapitän der Münchner Meistermannschaft die von ihm gewohnten Leistungen bieten konnte.

Die Bedenken über die Defensive trübten denn auch etwas den ansonsten positiven Gesamteindruck der geglückten WM-Qualifikation. Und sie dämpften die Hoffnungen für die WM-Endrunde, die neben den insgesamt guten Leistungen der deutschen Italien-Legionäre Matthäus, Völler, Klinsmann und Brehme und mit einigen Abstrichen auch Berthold vor allem die neue Garde um Thomas Häßler üppig ins Kraut schießen ließen.

Im Blickpunkt: Die Fotografen nehmen Teamchef Franz Beckenbauer gegen Wales ins Visier.

Jubelnde Jugoslawen

Es hat alles nichts genützt. Sogar ihren Trainer haben die Franzosen ausgewechselt, auf Henri Michel folgte Weltstar Michel Platini als Teamchef – vergeblich. Der Europameister von 1984 schaffte die Qualifikation für das Weltturnier in Italien nicht. Die große Überraschung, die Sensation in der Europa-Gruppe 5. Anstelle der Franzosen, die nur den dritten Rang erreichten, belegten die Jugoslawen und die Schotten die beiden Plätze an der Sonne.

19. November 1988. Belgrad, die Hauptstadt Jugoslawiens. WM-Qualifikationsspiel gegen Frankreich. 18000 Zuschauer. Ein Krimi. Die Gäste aus Frankreich, erstmals von Michel Platini betreut, gehen zweimal in Führung. Perez (3.) und Sauzée (68.) sorgen bei einem Gegentreffer von Spasic (12.) für einen 2:1-Vorsprung, ehe die Jugoslawen das Spiel noch herumdrehen. Susic (76.) und Stojkovic (82.) versetzen ihre Landsleute in Verzückung. Platini gibt sich trotzdem zuversichtlich: »Noch ist in der WM-Qualifikation nichts verloren.« Er sollte sich täuschen.

Im März '89 gab es eine weitere Niederlage für seine Mannschaft. In Glasgow schoß ausgerechnet ein Frankreich-Legionär die Schotten zum 2:0-Sieg: Mo Johnston (damals in Diensten des FC Nantes) erzielte beide Treffer. Ein weiterer Rückschlag folgte für Platini und Co. im April, als es in Paris lediglich zu einem torlosen Unentschieden gegen die Jugoslawen reichte.

Spätestens nach diesem Spiel war klar: In der Europa-Gruppe 5 würde einer der zwei WM-Teilnehmer Jugoslawien heißen. Die Mannschaft vom Balkan zeichnete sich durch gute Technik und große Routine aus. Die Dominanz der »Jugos« wurde auch in der Begegnung mit den Schotten am 6. September deutlich. Diese 90 Minuten vor 45000 Zuschauern in Zagreb waren entscheidend, der Sieger saß im Zug nach Italien. Zunächst waren die Schotten »schneller am Bahnhof«, Durie markierte in der 37. Minute das 0:1. Doch der frühere Profi des VfB Stuttgart, Srecko Katanec (Sampdoria Genua) pfiff die Schotten durch seinen Ausgleichstreffer (54.) vom Bahnsteig zurück, McLeish (59.) und Gillspie (60.) stoppten dann den Schotten-Expreß durch zwei Eigentore endgültig. Der erste Sieg Jugoslawiens über Schottland bedeutete freie Fahrt zur WM.

Größere Probleme hatten da schon die Schotten mit den sogenannten Kleinen. Die Zyprioten hätten den Mannen um Torjäger Johnston fast ihre Röcke ausgezogen. Auf Zypern schossen die Favoriten von der britischen Insel erst in der sechsten Nachspielminute das erlösende 3:2. Schiedsrichter Kirschen wurde daraufhin von aufgebrachten Zyprioten niedergeschlagen.

Ganz in Weiß: Jugoslawiens Superstar Dragan Stojkovic.

Irischer Frühling

Wie nach der Europameisterschaft 1988 erwartet, qualifizierten sich mit Spanien und der Republik Irland die beiden Favoriten der Gruppe 6. Nordirland stand nach den beiden WM-Teilnahmen 1982 und 1986 inmitten eines Neuaufbaus, und Ungarn, das seit Mexiko mehr durch Bestechungsaffären denn durch gute Leistungen auf dem grünen Rasen aufgefallen war, patzte zweimal gegen die tapfer kämpfenden Malteser.
Für Irland war es die erste Qualifikation für eine WM-Endrunde überhaupt. Dementsprechend groß war der Andrang der Fans zum letzten Spiel auf Malta. Doch dichter Nebel auf dem Dubliner Flughafen verzögerte den Abflug.
So nahmen 20 die Fähre nach Liverpool, um von Manchester aus zu fliegen. Wieder Nebel. Schließlich erreichten sie das Ta'Qali-Stadion eine Viertelstunde vor Abpfiff, ohne die beiden Tore von Aldridge zum 2:0-Sieg gesehen zu haben.

Zwischen dem ersten Spiel und diesem »Final Countdown« lag eine Zeitspanne von 19 Monaten. Noch vor Beginn der EM 1988 eröffneten die Nordiren den Qualifikationsreigen in Europa. Durch Tore von Quinn, Penney und Clarke schon vor der Pause schlugen sie in Belfast Malta mit 3:0.
Das nächste Spiel sah dann das Aufeinandertreffen der beiden verfeindeten Brüder: Nordirland gegen Republik Irland.
Aus Sicherheitsgründen wurden für das Spiel am 14. 9. 1988 im Windsor Park keine Eintrittskarten an Fans der Republik verkauft. Trotz dieses Nachteils erkämpften die Mannen von Jackie Charlton vor 24000 Zuschauern ein 0:0 und nahmen so die erste schwere Auswärtshürde.
Knapp einen Monat später büßte Nordirland mit dem 0:1 in Budapest gegen Ungarn schon vorzeitig alle Chancen auf eine dritte WM-Qualifikation in Folge ein. Aber auch die

Schieflage: Spaniens Stürmer Emilio Butragueño in Aktion.

Ungarn verstanden es nicht, darauf aufzubauen. Busuttils Ausgleich zum 2:2 in der 90. Minute ließ die maltesischen Fans Freudentänze vollführen, während die Ungarn geschockt nach Hause fuhren. Im April 1989 war es wieder Busuttil, der Malta in Budapest in Führung schoß. Zu mehr als dem Ausgleich durch Boda reichte es nicht mehr. Der Fußballzwerg von der Mittelmeerinsel hatte den Madjaren zweimal gehörig »in das Gulasch gespuckt«.

Spaniens erstes Spiel am 16. 11. 1988 sollte gleich von vorentscheidender Bedeutung sein.
Bis zur Halbzeit konnte Irland im Hexenkessel von Sevilla ein 0:0 halten. Doch dann zeigten Manolo und Butragueño, wer Herr im Hause war. Dem Auftaktsieg ließen die Spanier vier weitere Siege gegen Nordirland und Malta folgen.
In den restlichen Begegnungen ging es damit nur noch um den zweiten Platz. Nordirland hatte mit 3:7 Punkten nur noch theoretische Chancen. Seine eigene gute Ausgangsposition verbesserte Irland durch ein 0:0 in Budapest. Nachdem Ungarn gegen Malta ein zweites Mal gepatzt hatte, sollte die Vorentscheidung binnen fünf Wochen in den drei Heimspielen Irlands gegen Spanien, Malta und Ungarn fallen. Ein Eigentor des Real-Spielers Michel brachte die Iren schon in der 16. Minute auf die Siegesstraße, die in der 2. Halbzeit zwei weitere Treffer nicht anerkannt bekamen. Dublin lag im Fußballrausch, der sich nach zwei – allerdings ziemlich glanzlosen – 2:0-Siegen über Malta und Ungarn noch steigerte.

Die Entscheidung fiel am 11. 10. 1989. Während sich Spanien in Budapest nach eigener 2:0-Führung mit einem 2:2 bereits qualifizierte, war Irland nach dem 3:0 in Dublin gegen Nordirland praktisch nicht mehr einzuholen. Bereits ein einziger Punkt im letzten Spiel auf Malta würde alles klarmachen. Ungarn konnte es nur noch bei einem eigenen hohen Sieg in Sevilla und gleichzeitiger hoher irischer Niederlage in Valletta schaffen.
Die Iren waren selbstbewußt, wollten aber nichts dem Zufall überlassen. Also beantragten sie, daß beide Spiele am 15. 11. 1989 zeitgleich angepfiffen wurden. Alle Befürchtungen waren jedoch umsonst. Spanien ließ Ungarn beim 4:0 nicht den Hauch einer Chance, und Irlands größtes Problem mit Malta war der bereits erwähnte Dubliner Nebel.

Statt Feier gefeuert

Wohl auf der ganzen Welt hätte eine Qualifikation für die WM-Endrunde eine Welle der Begeisterung ausgelöst. Nicht so jedoch bei den beiden Teams aus der Europa-Gruppe 7, Belgien und der Tschechoslowakei. Nicht, daß man sich nicht gefreut hätte, aber der Jubel um die WM-Teilnahme mußte hinter anderen Dingen zurückstehen. In Belgien kostete der Heimpunktverlust im letzten, für die Qualifikation bereits unbedeutenden Spiel gegen den kleinen Nachbarn Luxemburg Auswahltrainer Walter Meeuws seinen Posten. Und in der CSSR, wie das Land damals noch hieß, ließen die politischen Veränderungen im Land König Fußball nur einen Platz auf den hinteren Seiten der Gazetten zu.
Ganz anderer Natur waren die Probleme von Belgiens Trainer Walter Meeuws. Nur neun Monate dauerte seine Amtszeit als Chef beim königlich-belgischen Fußball-Verband. Als Kronprinz von Guy Thys, der die Belgier in Mexiko auf den vierten Platz geführt hatte, mußte er von Anfang an gegen den übermächtigen Schatten seines Vorgängers ankämpfen.

Dabei galt er als der ideale Nachfolger von Thys, dessen Co-Trainer er seit 1984 gewesen war. Bei seinem Amtsantritt im Sommer 1989 lag Belgien mehr als aussichtsreich

im Rennen. 8:2 Punkte aus fünf Begegnungen lautete die Bilanz. Gegen die CSSR hatte man bereits drei Punkte eingefahren, in Portugal 1:1 gespielt. Bei den zwei noch ausstehenden Spielen zu Hause gegen Portugal und Luxemburg sowie auswärts in der Schweiz sollte nicht mehr viel passieren. Nun, es passierte auch nicht mehr viel – und das war zu wenig fürs verwöhnte belgische Fußballpublikum.
Am 6. 9. 1989 legte Kapitän Jan Ceulemans vom FC Brügge den Grundstein zum 3:0 über die Portugiesen. Der überragende Spieler aber war Marc van der Linden vom RSC Anderlecht, der die beiden restlichen Treffer hinzusteuerte. Als die Portugiesen dann genau einen Monat später in Prag gegen die CSSR mit 1:2 den kürzeren zogen, war Belgien so gut wie qualifiziert. Eine Vorentscheidung sollte am 11. 10. fallen.

An diesem Tag standen sich in Basel die Schweiz und Belgien und in Saarbrücken Luxemburg und Portugal gegenüber. Die Luxemburger, die wegen Bauarbeiten an ihrem eigenen Stadion bereits gegen die Belgier nach Lille ausweichen mußten, unterlagen klar mit 0:3.
In Basel wollten derweil nur 5000 Aufrechte ihre »Nati« sehen. Zu groß war die Enttäuschung im Schweizer Lager. Nach dem 4:1-Auftaktsieg im September 1988 in Luxemburg hatte es nur noch Niederlagen gegeben, knappe zwar, aber bei 2:8 Punkten war man zum sechsten Male hintereinander in der WM-Qualifikation auf der Strecke geblieben. Selbst die Verpflichtung des 42maligen deutschen Nationalspielers und Vizeweltmeisters von 1982, Uli Stielike, als Nationaltrainer hatte keine Wende zum Besseren bewirkt. Die Belgier dagegen hätten sich mit einem Sieg in Basel bereits die Fahrkarte nach Italien sichern können. In Gedanken schienen sie wohl auch bereits auf der Reise zu sein, denn die Leistungen in den ersten 45 Minuten konnte man nur als Schlafwagenfußball bezeichnen. Doch nach der Pause wurden sie von den Schweizern auf recht unsanfte Art und Weise geweckt. Knup erzielte in der 52. Minute die Führung für die Eidgenossen, Degryse glich sechs Minuten später aus, und in der 60. Minute brachte Turkyilmaz die Schweizer erneut in Front. Lediglich ein Eigentor des beim AS St. Etienne spielenden Liberos Alain Geiger verhinderte schließlich den zweiten Schweizer Sieg in der WM-Qualifikation.

Für Belgiens Coach Walter Meeuws aber war das 2:2 von Basel der Anfang vom Ende. Ein Tor des Luxemburgers Hellers zum 1:1-Endstand vor 15000 enttäuschten Zuschauern in Brüssel brachte das Faß zum Überlaufen. Von der Presse heftig unter Beschuß genommen, setzte ihn der Verband nach einer 0:2-Niederlage bei einem Freundschaftsspiel in Griechenland vor die Tür. Guy Thys kehrte auf die Kommandobrücke zurück.

Mittelfeld-Duell:
Der Belgier Stephane Demol (rotes Trikot) marschiert gegen die Tschechen nach vorn. Belgien siegte mit 2:1.

Der üble Sketch mit dem Ketchup

Es fehlte nicht viel, dann wäre der 3. September 1989 als eines der schwärzesten Daten in die Skandal-Historie des Fußballs eingegangen. Es hing an einer Kleinigkeit: An der Wachsamkeit und Unbestechlichkeit eines brasilianischen Amtsarztes, dessen Name der breiten Öffentlichkeit nicht einmal bekannt wurde.

Brütende Hitze lag an diesem Tag über Rio. Abends drängten sich im Maracana-Stadion 160000 Menschen. 160000 voller Vorfreude auf die greifbar nahe WM-Qualifikation der Brasilianer. Unter ihnen die 24jährige Hausfrau Rosemarie Melo. Brasilien spielte an diesem Abend gegen Chile – die entscheidende Partie der Südamerika-Gruppe 3. Die Brasilianer benötigten noch einen Punkt, um nach Italien zu fahren, die Chilenen mußten gewinnen.

Bis zur 69. Minute lief alles programmgemäß: Die wesentlich stärkeren Brasilianer führten durch ein Tor von Careca hochverdient mit 1:0, beherrschten ihren Gegner total.

Da trat Rosemarie Melo in Aktion.

Sie entzündete einen Feuerwerkskörper, schleuderte ihn in den chilenischen Strafraum, das »Knallbonbon« explodierte, hüllte das Geschehen in dichte Rauchschwaden. Als sich der Qualm verzogen hatte, wälzte sich Chiles Torhüter Roberto Rojas am Boden. Ein chilenischer Betreuer sprintete herbei, stellte sein Versorgungs-Köfferchen ab, behandelte den Keeper. Mit- und Gegenspieler besahen sich die Szene, Polizisten, Betreuer, Funktionäre standen herum. Dann wurden die Sanitäter gerufen. Sie hievten Roberto Rojas auf eine Trage, brachten ihn in die Kabine. Chiles Mannschaft folgte dem »Schwerverletzten«, weigerte sich, das Spiel wieder aufzunehmen.

Der Skandal war da, der brasilianische Fußballverband wurde in die Ecke des Täters gedrängt, Rojas und damit ganz Chile wurde zum Opfer. Denn Fernsehkameras hatten Rojas auf der Trage in Großaufnahme gezeigt: blutverschmiert und schreiend. Chile verlangte Brasiliens Disqualifikation, mindestens aber eine Neuansetzung der Partie auf neutralem Platz.

Fans mit Fahne: Lautstarke Unterstützung für die Brasilianer.

Rosemarie Melo schien Trainer Lazaroni und seine Spieler um die Früchte ihrer Arbeit gebracht zu haben.

Wäre da nicht jener namenlose Amtsarzt aus Rio de Janeiro gewesen. Er untersuchte noch in der Kabine den blutüberströmten Roberto Rojas. Und stellte fest: Alles nur – Ketchup!

Der chilenische Betreuer, der zuerst am Tatort war, hatte den »Skandal« gekonnt, wirkungsvoll und mediengerecht inszeniert. Im Schutz der Rauchschwaden schmierte er seinem Keeper Ketchup ins Gesicht und an den Hals, täuschte eine Verletzung vor, die keine war.

Noch in den Katakomben des Maracana-Stadions versuchten chilenische Funktionäre, den Arzt zu beeinflussen – mit Drohungen, Handgreiflichkeiten und angeblich auch mit Bestechungsgeldern. Doch der Mann, dessen Name wahrlich fette Schlagzeilen verdient gehabt hätte, ließ sich nicht einschüchtern.

Er rettete damit nicht nur Brasiliens WM-Fahrkarte, sondern auch die Ehre des Landes. Chiles Ehre aber war zerstört. Durch die »Schmieren«-Komödie, die ein Betreuer und Torhüter Rojas inszeniert hatten.

Was aus dem Betreuer wurde, ist nicht bekannt. Roberto Rojas, der sein Geld bis dahin beim brasilianischen Klub FC São Paulo verdiente, erhielt sofort den blauen Brief, wurde fristlos entlassen – noch bevor die Wahrheit ans Licht kam. Als alles bekannt war, suspendierte ihn auch die FIFA auf Lebenszeit.

Die FIFA-Kommission unter Vorsitz des DFB-Präsidenten Hermann Neuberger beendete das Possenspiel. Sie entschied: Die Partie wird mit 2:0 für Brasilien gewertet, weil Chile den Platz verlassen hat.

Brasilien schaffte die WM-Qualifikation, das beste Team setzte sich in dieser Gruppe 3 durch.

Traumhaft starten Sebastião Lazaroni und seine Jungs. 4:0 gewinnt die Mannschaft zum Auftakt in Venezuela. Und die 20000 Zuschauer in Caracas sind überzeugt, einen WM-Teilnehmer gesehen zu haben.

Und so sorgen dann vor allem die Legionäre für die WM-Tickets: Neapels Careca, der baumlange Stopper Mozer von Olympique Marseille, Branco vom FC Porto, Kapitän Ricardo Raymundo von Benfica Lissabon, Alemão vom SSC Neapel, Dunga vom AC Florenz, Romario vom PSV Eindhoven und aus der Bundesliga Jorginho von Bayer Leverkusen.

Dem 4:0-Triumph von Caracas läßt Brasiliens Kontrahent Chile ein 3:1 in Venezuela folgen.

Dann das erste Duell der beiden Giganten. 70000 sehen am 13. August 1989 das knüppelharte 1:1 in Santiago. Tritte, Schläge, Fouls prägen dieses Match, von dem Sebastião Lazaroni nachher sagt: »Das war kein Fußballspiel, das war Krieg.«

Die Chronologie der Ereignisse:

3. Minute: Romario sieht die Rote Karte, nachdem er seinem Gegenspieler Ormeno nach einem üblen Foul des Chilenen den Ellbogen ins Gesicht gerammt hat.

10. Minute: Auch Ormeno erwischt es. Nach einem Dutzend Fouls leistet er sich einen besonders rüden Tritt gegen Dunga – Platzverweis. In der Folgezeit wirkt Brasilien im Kampf zehn gegen zehn reifer, ballsicherer, erspielt sich die besseren Torchancen.
56. Minute: Die Belohnung für die Brasilianer – Chiles Gonzales schießt den Ball unbedrängt ins eigene Tor.
85. Minute: Der umstrittene Ausgleichstreffer. Brasiliens Torhüter Taffarel soll den Ball zu lange in der Hand gehalten haben, Chiles Mittelfeldspieler Basay verwandelt den Freistoß zum 1:1. Trainer Lazaroni stürmt aufgebracht auf das Feld, läßt sich nicht mehr beruhigen. Erst die Polizei kann ihn wieder vom Platz schaffen.
Brasilien gewinnt das nächste Spiel souverän mit 6:0 vor 100000 Zuschauern in São Paulo gegen Venezuela, ist fast am Ziel der Wünsche. Es ist die Partie des Antonio Oliveira de Filho, genannt Careca: Vier Tore schießt er selbst, das fünfte, erzielt von Silas, bereitet er vor. Den sechsten Treffer steuert Venezuelas Acosta per Eigentor bei.
Aber Chile zieht nach, gewinnt gegen Venezuela 5:0 – Tore: Letelier (3), Yanez, Vera. Das Spiel muß im argentinischen Mendoza ausgetragen werden wegen der Ausschreitungen in Santiago beim Match Chile–Brasilien.
Dann kommt der 3. September, und mit ihm der brasilianische Sieg am grünen Tisch. Aber dieser Sieg läßt keinen Zweifel darüber, daß Brasilien das deutlich stärkste Team der Gruppe 3 war und verdient nach Italien fährt.

Weniger skandalös, aber genauso spannend geht es in den beiden anderen Gruppen zu. In Gruppe 1 setzt sich Uruguay aufgrund des besseren Torverhältnisses gegen Bolivien durch, die einst so starken Peruaner sind nur Kanonenfutter, holen keinen einzigen Punkt und schießen nur ganze zwei Tore.
Obwohl ihr Auftakt nicht schlecht ist. In La Paz trotzen sie lange den Bolivianern, müssen sich erst in der Schlußphase der Heimmannschaft 1:2 geschlagen geben. Doch schon im nächsten Spiel zeigt Uruguay Perus Grenzen auf. Ruben Paz und Alzamendi schießen die Tore zum 2:0-Erfolg der Urus in Peru.
Dann setzt Bolivien zum Zwischenspurt an, gewinnt erst gegen Uruguay mit 2:1, dann mit demselben Ergebnis in Peru. Die Partie in Montevideo zwischen den Urus und Bolivien muß entscheiden.
Sie entscheidet gründlich. Den Doppelschlag durch Ruben Sosa (37. Minute) und Francescoli (39.) verkraften die Bolivianer nicht. In der Folgezeit treten sie auf jeden Uruguayer, der sich bewegt. Trotzdem haben sie Glück: Nur Sanchez (56.) und Fontana (77.) fliegen vom Platz – der Schiedsrichter hätte wahlweise auch jedem anderen Bolivianer die Rote Karte zeigen können. Uruguay macht die Treterei nicht mit, verzichtet aber auch aufs Toreschießen, begnügt sich mit dem 2:0.
Der Rest ist Formsache. Uruguay gewinnt gegen Peru mit 2:0, sichert sich die WM-Tickets.

Uruguay feiert die ganze Mannschaft. Kolumbien feiert zur gleichen Zeit den Helden der WM-Qualifikation: Arnoldo Iguaran, den 33jährigen Stürmer von Millionarios Bogotá und mit 45 Länderspielen erfahrensten Spieler. Iguaran, von Trainer Francisco Maturana meist als einzige Spitze eingesetzt, schießt vier der fünf kolumbianischen Qualifikationstore – und damit die Fahrkarten zur WM.
Beim 2:0-Auftakt gegen Ekuador ist er zweimal erfolgreich, beim 1:2 in Paraguay schießt er den Ehrentreffer, und beim entscheidenden 2:1 im Rückspiel gegen Paraguay trifft er zum 1:1-Ausgleich, Hernandez besorgt schließlich den Sieg.
Kolumbien liegt im Freudentaumel. Vergessen sind die Skandale, Affären, die Bombendrohungen gegen Spieler, Schiedsrichter und Funktionäre, die dieses von der Drogen-Mafia gebeutelte Land erschütterten. Was hat während dieser Zeit eigentlich unsere Freundin Rosemarie Melo gemacht? Sie stand vor der Kamera, ließ sich hüllenlos für das Männer-Magazin »Playboy« ablichten. Und konnte damit die 12000 Dollar Strafe, die ihr ein Gericht nach Klage des brasilianischen Fußballverbandes aufbrummte, locker bezahlen.

Star mit Sternchen: Torwart René Higuita an der Seite der frisch gekürten »Miß Kolumbien«.

ARF
9

Ballzauber:
Die brasilianischen Angreifer Dunga und Muller versuchen die Abwehr Venezuelas zu knacken. Zweimal siegte Brasilien klar. Mit 4:0 und 6:0.

Caligiuri gelang das Glückstor

Noch am 17. November 1989 kannte sie keiner. Auch nicht die Stewardeß, die zum letzten Mal den Pan-Am-Flug von Miami, Florida, nach Port of Spain, Hauptstadt von Trinidad und Tobago, aufrief: »Wir bitten nun auch den Soccer-Klub von Miami, sich an Bord der Maschine zu begeben.« Die amerikanische Fußball-Nationalmannschaft fühlte sich angesprochen und bestieg gelassen den blau-weißen Clipper, der sie zu ihrem letzten Qualifikationsspiel für die WM in Italien brachte.

Nach 18 Spielen in der Gruppe Nord-/Mittelamerika und zwei vorangegangenen Ausscheidungsrunden stand gerade Fußball-Zwerg Costa Rica als Teilnehmer fest. Begegnung Nummer 19 am 19. November 1989 mußte über das Aussehen der zweiten Reisegruppe zum Fußball-Stiefel entscheiden. Trinidad und Tobago reichte ein Unentschieden, den USA half nur ein Sieg auf den Weg nach Italien.

Der »Piarco International Airport« von Port of Spain brodelte. 2000 einheimische Fans empfingen die Gäste aus Nordamerika mit Trommel- und Calypso-Klängen. Das Spiel gegen den großen Nachbarn USA legte die ganze Inselgruppe lahm, das Alltagsleben wurde für eine Woche dem Fußball untergeordnet. »Alle 1,2 Millionen Einwohner sind an diesem Spiel interessiert. Vom kleinsten Kind bis zur ältesten Großmutter«, behauptete Harold Tayler, Vize-Präsident des Fußball-Verbandes von Trinidad und Tobago.

Die Amerikaner mochten ihren Augen nicht trauen. Die Regierung hatte die Tage vor dem Spiel zur »Winner-Week« erklärt, den Freitag vor der Partie zum »Red Day« und den Sonntag danach zum nationalen Feiertag zu Ehren der eigenen Nationalmannschaft. Das ganze Land trug deshalb Rot, die Trikotfarbe der »T+T Strike Force«, von den Antennen der Autos flatterten rote Bänder, die Frauen hatten ihre Fingernägel entsprechend lackiert.

Das ganze Land feierte seine Chance, sich ins Rampenlicht der Weltöffentlichkeit drängeln zu können.

Sie tanzten und sangen auch dann noch, als die amerikanische Nationalmannschaft ihrerseits die Sektkorken auf die erste Teilnahme bei einer Fußball-Weltmeisterschaft seit 1950 knallen ließ.

Zu Hause in den USA, dort wo »Football« eine Art kriegerisches Rasenschach ist und der Fußball deshalb »Soccer« heißen muß, folgte dem »Plopp« der Champagnerflaschen zwar kein Urknall, doch die erstaunte Öffentlichkeit stellte widerstrebend fest, daß sich ihr Land für eine Weltmeisterschaft qualifiziert hatte – in einer Sportart, von der die wenigsten wußten, daß es

Sunny-Boy:
Paul Caligiuri schoß mit seinem Tor zum 1:0 gegen Trinidad/Tobago die USA nach Italien.

dort eine Nationalmannschaft gibt. Eigentlich rechnete jedermann erst 1994, bei der Weltmeisterschaft in den eigenen 50 Bundesstaaten, mit dem Auftritt der eigenen Mannschaft. Und jetzt das. Reporter mußten plötzlich ungeeignete Namen wie Windischmann, Trittschuh oder Stollmeyer in die Schlagzeilen quetschen, die Vorwahl der Kleinstadt Kearny in New Jersey ausfindig machen und sich vom großen Sport-Brockhaus den Unterschied zwischen einem Freistoß und einem Eckball erklären lassen.

Und alles nur, weil ein junger Mann mit dem »typisch amerikanischen« Namen Paul Caligiuri ihre Fußball-Nationalmannschaft zur Weltmeisterschaft nach Italien geschossen hatte.

Das konnte nun wirklich keiner erwarten. In seinen vorangegangenen sieben Qualifikationsspielen durfte das US-Team nur fünfmal über einen Torerfolg jubeln. Dem 1:0 gegen El Salvador am 17. September folgten torlose Unentschieden erneut gegen die Mittelamerikaner und gegen Guatemala.

Doch 239 Minuten nach dem Treffer des für Red Star Paris in der zweiten französischen Liga spielenden Hugo Perez hatte die Durststrecke ein Ende. Jeder halbwegs interessierte Soccer-Fan in den USA kann mittlerweile die Szene beschreiben, die diese 239 torlosen Minuten und 40 Jahre Frustration beendete. 19. November 1989, 16.01 Uhr Ortszeit Port of Spain. Die 31. Spielminute: Mittelfeldspieler Tab Ramos sieht sich zu einem Rückpaß auf Paul Caligiuri gezwungen. Der 25jährige, Ex-Profi beim Hamburger SV und beim SV Meppen, läßt zwei Gegenspieler aussteigen und weiß plötzlich 25 Meter vor dem Tor nicht wohin mit dem Ball. Er entscheidet sich für einen Fernschuß. Treffer, Sieg, Italien.

Der glückliche Torschütze wurde über Nacht zum Star. Zwölf Tage nach dem Kracher in der Sonne von Port of Spain stand Paul Caligiuri im Scheinwerferlicht. Exotisches kommt beim Publikum an, doch hinter den Kulissen der »Pat Sajak Show« kämpfte der Ex-Bundesligaprofi noch mit den Kinderkrankheiten eines Medienstars. »Fall nur nicht über ein Kabel«, schoß es ihm durch den Kopf.

Er meisterte die Situation schließlich profihaft und mit der gleichen selbstbewußten Einstellung, mit der er einem eher bunt zusammengewürfelten Haufen von Studenten den Traum vom Trip nach Italien erfüllt hatte. »Ein Wunder«, wie selbst Bob Gansler, der Nationaltrainer mit der deutschen Vergangenheit, zugab. In den USA existierte zum Zeitpunkt der Qualifikation nicht einmal eine funktionierende Profiliga. Die Spieler mußten deshalb eine häufig als Knebelvertrag kritisierte Abmachung mit ihrem Verband unterschreiben, der künftig als ihr »Verein« auftrat und sie spärlich entlohnte.

Kein Vergleich zu den Schwierigkeiten, die andere Gruppenteilnehmer hatten. Da war zuerst Mexiko, das von der FIFA ausgeschlossen wurde, weil es bei der U-20-Weltmeisterschaft eigenmächtig und in betrügerischer Absicht die Geburtsdaten einiger Spieler gefälscht hatte. Da spielten El Salvador und Guatemala die beiden letzten – allerdings unbedeutenden – Gruppenspiele nicht mehr, weil El Salvador einen Bürgerkrieg zum Gegner hatte.

Costa Rica machte sich dagegen selbst das Leben schwer. Wenn auch erst nach geglückter Qualifikation. Zunächst bezwang der WM-Neuling in der ersten Vor-Qualifikationsrunde, in der auch Fußball-Exoten wie Antigua, die Niederländischen Antillen und Guyana Eingang in die Statistik des Weltfußballs fanden, die Mannschaft aus Panama, profitierte dann vom Geburtsdaten-Fälscher Mexiko und schaffte die Qualifikation für Italien schließlich als Gruppensieger. Am 16. Juli 1989, nach dem 1:0 über El Salvador, feierten sie in San Juan und Alajuela den ersten Auftritt ihres Landes auf der Weltbühne des Fußballs.

Danach die Ernüchterung. Es folgten deprimierende Resultate und schwache Vorstellungen in den WM-Vorbereitungsspielen und schließlich nach heftigen Auseinandersetzungen auf oberster Verbandsebene die Entlassung von Nationaltrainer Marvin Rodriquez. Am 7. März, fast auf den Tag genau drei Monate vor dem ersten Spiel in Italien, sprang der Jugoslawe Bora Milutinovic, 1986 noch in Diensten von WM-Gastgeber Mexiko, als »Feuerwehrmann« ein. Zuvor hatte der Fußball-Verband von Costa Rica vergeblich Verhandlungen mit Argentiniens Meistermacher Cesar Luis Menotti geführt. Milutinovic sorgte gleich für zusätzliche Aufregung, als er zum Amtsantritt fünf Stammspieler aus der Mannschaft warf, darunter die Publikumslieblinge Diaz und Coronado.

Reaktionen der Fans hatte US-Nationaltrainer Bob Gansler nicht zu befürchten, als er seine 22 Spieler für Italien benannte. Außer mit »Caligiuri« wußte die Öffentlichkeit ohnehin mit den meisten Namen nichts anzufangen. Immerhin konnten die Amerikaner ihren Bekanntheitsgrad so enorm steigern, daß sie beim Abflug nach Europa nicht wieder mit dem »Miami Soccer-Klub« verwechselt wurden. Auch wenn sie niemand erkannte, als sie die Maschine bestiegen.

Stoßgebet:
Costa Ricas Torwart Luis Conejo bittet den Himmel um Hilfe.
Mit Erfolg.

Torjäger mit Trophäen: Adnan Al Taliyani, der gefährliche Stürmerstar der Vereinigten Arabischen Emirate.

Trainer, Tiger und Triumphe

Malta im Februar. Ein langer Tag neigt sich seinem Ende zu. Am Horizont vollendet die Sonne mit malerischen Farbtönen ihr tägliches Abschiedsbild. Ein Gemälde wie aus einem Urlaubs-Prospekt. Helmut Schulte, der Trainer des FC St. Pauli, muß heute noch schmunzeln, wenn er an jenen Abend damals auf der Mittelmeerinsel zurückdenkt. »Wir saßen mit den Südkoreanern gemeinsam zum Essen am Tisch«, erinnert er sich. »Spaghetti gab's damals.« Der »Lange Helmut« und seine St.-Pauli-Jungs staunten nicht schlecht über ihre asiatischen Tischnachbarn. »Nicht mit der Gabel, sondern mit dem Mund gingen sie zum Teller«, erzählt Schulte von dem Aufeinandertreffen mit einer anderen Kultur.

So unkonventionell ihre Eßgewohnheiten, so unkonventionell auch die Spielweise der Südkoreaner auf dem Rasen. Und Spaghetti sind ohnehin längst zu ihrem Lieblings-Menü aufgestiegen, seit die Kicker aus Fernost die WM-Fahrkarte nach Italien in den Händen halten. Helmut Schulte kam an diesem Tag aus dem Staunen gar nicht mehr heraus. Auf Malta, wo die Hanseaten während der Bundesliga-Winterpause ihre Zelte aufgeschlagen hatten, war es vorm Spaghetti-Treffen zum Ortstermin auf dem Rasen mit den Südkoreanern gekommen. Und die legten los wie die Feuerwehr, während den müden Hamburgern das harte Training der vorausgegangenen Tage noch sichtlich in den Knochen steckte. Vier Bälle landeten im Tornetz des Bundesligisten, nur ein einziger schlüpfte durch die engmaschige Abwehrreihe der Südkoreaner. Helmut Schulte war begeistert von diesem Auftritt.

Singapur im Oktober '89. Der Monat der Wahrheit. Der Startschuß zum großen Schlußspurt in der WM-Qualifikation fällt in Singapur, wo sechs Länder an der Tür zu »Italia '90« anklopfen. Nur zwei von ihnen können am Ende das Ziel aller Träume auch erreichen. Zu den sechs Gruppensiegern, die sich für das große Play-off-Finale in Asien qualifiziert hatten, gehören neben Hoe-Taik Lee und seinen favorisierten Südkoreanern der Brasilianer Mario Zagalo mit den Vereinigten Arabischen Emiraten sowie dessen Landsmann Carlos Alberto Pereira mit Saudi-Arabien. Die weiteren Mitstreiter kommen aus China, Katar und Nordkorea.

Doch zunächst einmal sorgten die Chinesen für Farbe in Singapur. Ein Mann namens Chao ließ die Träume Saudi-Arabiens vom italienischen WM-Maskottchen »Ciao« wie eine Seifenblase platzen. Sein Doppelschlag beim 2:1-Sieg über den Mitfavoriten bescherte der Asien-Endrunde die erste Überraschung. Dabei freilich blieb es. Am Ende brüllte nur noch einer – Südkoreas Tiger, jenes Maskottchen der Nationalmannschaft, das einmal mehr seine Krallen zeigte. Nach dem goldenen Tor von Stürmer Seon-Hong Hwang im »Bruderkampf« gegen Nordkorea kamen die »Tiger« erst so richtig auf den Geschmack. Für China, dessen Eifer Joo-Sung Kim mit seinem Siegtor vorerst bremste, und Saudi-Arabien gab es da wenig zu bestellen. Allein die Überraschungself aus Katar und die Emirate erbeuteten gegen den scheinbar übermächtigen Favoriten jeweils einen Zähler. Punkteteilungen, die wie Siege gefeiert wurden.

Erst im letzten Endrundenspiel gelang dem Torjäger der Vereinigten Arabischen Emirate, Adnan Khamees Al Taliyani, in Kuala Lumpur eben jenes, was in zehn Begegnungen zuvor seine Stürmerkollegen aus anderen Ländern vergeblich versucht hatten – ein Torerfolg gegen Südkorea.

Al Taliyani, jener 26jährige Stürmer-Star aus Sharjah, hielt sich dagegen am 28. Oktober nach seinem denkwürdigen Tor gegen Südkorea nicht mehr zurück. Grenzenloser Jubel in seinem Team, den Vereinigten Arabischen Emiraten. Sein Treffer zum 1:1-Ausgleich bescherte der Mannschaft aus dem Scheichtum am Persischen Golf den zweiten Platz in der Endabrechnung hinter Südkorea und damit die ersehnten WM-Tickets. Ganze 18 Jahre, nachdem die Ölscheichs in den Emiraten ihre Liebe für das runde Leder entdeckt und einen Fußball-Verband gegrün-

det hatten, lagen zwischen der Geburtsstunde und der ersten WM-Teilnahme der Wüstensöhne. Der Triumph in Kuala Lumpur war vor allem das Werk eines Mannes. Mario Zagalo, als Spieler 1958 und 1962 sowie als Trainer 1970 mit Brasilien Weltmeister, feierte die WM-Qualifikation als seinen persönlichen Erfolg. Doch der Meistermacher aus Südamerika stand bei seinen Scheichs nur kurze Zeit später plötzlich allein im Regen.
Unmittelbar nach der Rückkehr aus Singapur erhielt Mario Zagalo den Laufpaß. Der Brasilianer war in Ungnade gefallen, mußte über Nacht die Koffer packen und das Land heimlich verlassen.

Der Wundermann von einst war nun der Buhmann. Auf dem Trainerstuhl der Emirate saß alsbald ein anderer. Sein Name: Bernhard Blaut, einstiger polnischer Nationalspieler und Trainer. Der Pole hatte in den Vereinigten Arabischen Emiraten in der nationalen Meisterschaft Erstligist Sharjah zum Titelgewinn geführt. Doch in der Nationalelf verschwand er ebenso schnell wieder wie er dort aufgetaucht war. So schlug die große Stunde des Carlos Alberto Pereira. Jenem Landsmann von Mario Zagalo, der während der WM-Qualifikation noch als dessen Gegenspieler bei Saudi-Arabien auf der Bank saß. Nun ergatterte der in Saudi-Arabien erfolglose Brasilianer doch noch die begehrten WM-Tikkets, ohne dafür auch nur einen Finger gekrümmt zu haben. Auch Pereira war 1970 Weltmeister – als Konditionstrainer der Brasilianer. Zehn Jahre später stieg er zum Nationalcoach auf, ehe er dem Ruf der Petro-Dollars nach Kuwait und Saudi-Arabien folgte. Mit den »Saudis« aber enttäuschte er in Singapur bitter, landete vor Nordkorea auf dem vorletzten Rang. Und Mario Zagalo, der große Pechvogel? Er fuhr doch nach Italien – als offizieller WM-Beobachter der Brasilianer.

»Roter Teufel«:
Südkoreas Stürmer Joo-Sung Kim.
Er ist torgefährlich und zudem pfeilschnell.

Comeback mit 56 Jahren Anlauf

Kamerun ist ein armes Land. Ein wenig Erdöl, Kakao, Kaffee, Baumwolle, Aluminium, Holz – viel mehr gibt die verdorrte Erde in diesem Flecken an der afrikanischen Westküste nicht her. Und fallende Preise auf dem Weltmarkt haben die Wirtschaft in dem Zehn-Millionen-Staat im Lauf der achtziger Jahre in große Schwierigkeiten gestürzt.

So reicht es für die meisten nicht einmal für eine tägliche Zeitung. Es sei denn, in der »Cameroon Tribune«, dem landesweit erscheinenden Blatt, steht etwas über die Fußball-Nationalmannschaft. Und wenn Schlagzeilen wie die vom 20. November 1989 auf dem Titel prangen, dann steigt der Verkauf gewaltig. »Wir gehen nach Rom« kündeten riesige Lettern auf Seite eins. Und ganz Kamerun wußte, was gemeint war. Die Fußball-Nationalmannschaft hatte sich am Tag zuvor für die Weltmeisterschaft qualifiziert. Das Blatt ging weg wie warme Semmeln...

Was zweierlei zeigte: Zum einen geben die Kameruner für den Fußball ihr letztes Hemd, wenn's sein muß. Zum anderen können sich die Kameruner für nichts so sehr begeistern wie für den Fußball, vor allem für »ihre« Nationalmannschaft.

1:0 hatten die »Lions indomptables«, die unzähmbaren Löwen, wie Kameruns Fußballer im Volksmund heißen, in Tunesien gewonnen und damit die Fahrkarten zur WM nach einem 2:0-Hinspielerfolg endgültig gelöst. In der ersten Runde mit einem Freilos ausgestattet, hatte sich Kamerun in den Gruppenspielen in Runde zwei souverän gegen Nigeria, Angola und Gabun behauptet, und die beiden Siege in den Finalspielen gegen Tunesien, dem WM-Teilnehmer von 1978, bestätigten schließlich den exzellenten Ruf, den sich Kameruns Fußballer in den Jahren zuvor erworben hatte: Sie, so heißt es auf dem »Schwarzen Kontinent«, sind die besten in Afrika.

Kameruns fußballerischer Aufschwung begann praktisch im Jahr 1982. Da hatten sich die Löwen zum ersten Mal für eine Weltmeisterschaft qualifiziert. Und bei der Endrunde in Spanien sorgten sie bei ihrer Premiere gleich für Furore. Zwar mußten sie letztlich erwartungsgemäß das Feld nach der Vorrunde räumen, flogen allerdings ohne Niederlage aus dem Wettbewerb – und das bei Gegnern wie Peru, Polen und Italien. Italien – man erinnert sich – wurde später gar Weltmeister. Und hatte vor dem großen Finale gegen Kamerun schon am Boden gelegen.

1:1 hieß es am Ende, für die Kameruner zu wenig. Aufgrund des schlechteren Torverhältnisses gegenüber den Italienern kam das Aus.

Doch Kameruns Weg in erfolgreiche Zeiten war damit vorgezeichnet. 1984 bestätigte die Nationalmannschaft die in Spanien gesungenen Lobeshymnen mit dem Gewinn der Afrika-Meisterschaft. Auch 1988 ging dieser Titel nach Kamerun.

Erfolg, der allerdings auch seine Auswirkungen hatte, die man in Kamerun nicht nur mit lachenden Augen sah. Denn nach 1982 interessierten sich auch europäische Vereine für die technisch so versierten Kikker, sie standen in der Folge vor allem in Frankreich hoch im Kurs. So tauchte Torhüter Joseph-Antoine Bell, überragender Mann in Spanien 1982, plötzlich bei Girondins Bordeaux auf. Er stand und steht als bekanntestes Beispiel für die vielen seiner Kollegen, die auswanderten, um in der Fremde ihr Glück und ihr Geld zu machen.

Die Nationalmannschaft jedoch verkraftete das expandierende Legionärswesen besser als die Kameruner Vereine, in denen plötzlich die Stars fehlten. Die »Löwen« von Kamerun mußten nach der WM in Spanien immer wieder teils aus dem eigenen Land, teils aber auch aus Europa zusammengetrommelt werden. Den Leistungen tat dies jedoch kaum einen Abbruch.

Auch die Fans nehmen die in Europa spielenden Stars immer wieder mit offenen Armen auf, wenn die ins »Stade Omnisport«, der größten Arena des Landes, einlaufen. Für die Begeisterung in Kamerun aber reicht selbst der riesige Bau in der Hauptstadt Yaounde nicht aus. 80000 Besucher passen hinein, 100000, so sagt man, seien es wenigstens gewesen, die die »Löwen« beim 2:0 gegen Tunesien nach vorn peitschten.

Noch einmal 20000 mehr, genau 120000 Zuschauer, waren Zeuge, wie der zweite Afrika-Vertreter seine Tickets für Italien löste. Ägypten gegen Algerien – so hieß die zweite Finalpaarung in Afrika. Algerien war gegen Ägypten im ersten Treffen zu Hause nicht über ein 0:0 hinausgekommen, und im Rückspiel versetzte ein Mann mit dem Allerweltsnamen Hassan besagte 120000 in Verzükkung. Er schoß an jenem 17. November mit seinem Tor in der vierten Minute Ägypten auf die Weltbühne des Fußballs.

Wie für Kamerun ist es auch für Ägypten die zweite Teilnahme an einer Weltmeisterschaft, allerdings nimmt sich die Bilanz etwas schlechter aus als die der Kameruner. Ein Spiel, eine Niederlage – so wurde Ägypten bisher in den Statistiken geführt. 2:4 hieß es 1934 gegen Ungarn – davon spricht heute, nach 56 Jahren, keiner mehr.

Triumphzug: Ägyptens Kapitän Gamal wird von den Fans »geschultert«.

Europa

(14 Endrundenteilnehmer: Italien als Ausrichter, Rumänien, Schweden, UdSSR, Holland, Jugoslawien, Spanien, Belgien, Österreich, Schottland, Irland, CSFR, England und Deutschland)
Alle Gruppensieger der sieben Europa-Gruppen waren für Italien qualifiziert. Hinzu kamen aus den vier Gruppen mit fünf Teilnehmern (Gruppe 3, 5, 6 und 7) jeweils die Gruppenzweiten. Aus den drei Vierergruppen (1, 2 und 4) waren noch die zwei punktbesten Zweiten qualifiziert.

Gruppe 1:

19.10.1988
Griechenland–Dänemark 1:1

19.10.1988
Bulgarien–Rumänien 1:3

2.11.1988
Dänemark–Bulgarien 1:1

2.11.1988
Rumänien–Griechenland 3:0

26.4.1989
Griechenland–Rumänien 0:0

26.4.1989
Bulgarien–Dänemark 0:2

17.5.1989
Rumänien–Bulgarien 1:0

17.5.1989
Dänemark–Griechenland 7:1

11.10.1989
Bulgarien–Griechenland 4:0

11.10.1989
Dänemark–Rumänien 3:0

15.11.1989
Griechenland–Bulgarien 1:0

15.11.1989
Rumänien–Dänemark 3:1

1. Rumänien	**6**	**10:5**	**9-3**
2. Dänemark	**6**	**15:6**	**8-4**
3. Griechenland	**6**	**3:15**	**4-8**
4. Bulgarien	**6**	**6:8**	**3-9**

Gruppe 2:

19.10. 1988
England–Schweden 0:0

19.10.1988
Polen–Albanien 1:0

5.11.1988
Albanien–Schweden 1:2

8.3.1989
Albanien–England 0:2

26.4. 1989
England–Albanien 5:0

7.5.1989
Schweden–Polen 2:1

3.6.1989
England–Polen 3:0

6.9.1989
Schweden–England 0:0

8.10.1989
Schweden–Albanien 3:1

11.10.1989
Polen–England 0:0

25.10.1989
Polen–Schweden 0:2

15.11.1989
Albanien–Polen 1:2

1. Schweden	**6**	**9:3**	**10-2**
2. England	**6**	**10:0**	**9-3**
3. Polen	**6**	**4:8**	**5-7**
4. Albanien	**6**	**3:15**	**0-12**

Die Spiele der Qualifikation

Gruppe 3: Die österreichische Gruppe

31.8.1988 in Reykjavík
Island – UdSSR 1:1 (1:0)
ISLAND:Sigurdsson – Bergsson, Saevar Jonsson, Edvaldsson, Thordarsson, Gislason, Ormslev, Sigurd Jonsson, Sigurvinsson, Gudjohnsson, Gretarsson (ab 82. Torfason). UdSSR: Dassajew – Chidijatulin, Bessonow (ab 60. Dobrowolski), Kusnetzow, Demjanenko, Litowtschenko, Michailitschenko, Raz, Sawarow, Protassow, Aleijnikow. Tore: 1:0 Gretarsson (11.), 1:1 Litowtschenko (73.). Zuschauer: 8300. Schiedsrichter: Snoddy (Nordirland).

12.10.1988 in Istanbul
Türkei – Island 1:1 (0:0)
TÜRKEI: Fatih – Recep (ab 57. Feyyaz), Semih, Cüneyt, Mucahit, Gökhan, Ugur, Ridvan, Ünal, Colak, Savas. ISLAND: Frederiksson, Gislason, Edvaldsson, Arnthorsson (79. Askelsson), Bergsson, Sigurd Jonsson, Margeirsson, O. Torfason, G. Torfason, Gudjohnsen, Thordarsson. Tore: 0:1 O. Torfason (63.), 1:1 Önal (74.). Zuschauer: 25680. Schiedsrichter: Ben Itzhak (Israel).

19.10.1988 in Kiew
UdSSR – Österreich 2:0 (0:0)
UdSSR: Dassajew – Chidijatulin, Iwanauskas (ab 46. Gorlukowitsch), Sigmantowitsch, Demjanenko, Litowtschenko, Aleijnikow, Michailitschenko, Sawarow, Raz, Protassow (ab 83. Sawitschew). ÖSTERREICH: Lindenberger – Weber, Pfeffer, Degeorgi, Artner, Zsak, Willfurth, Russ, Hörmann (ab 63. Herzog), Keglevits, Polster. Tore: 1:0 Michailitschenko (47.), 2:0 Sawarow (69.). Zuschauer: 100000. Schiedsrichter: Larsson (Schweden).

19.10.1988 in Ost-Berlin
DDR – Island 2:0 (1:0)
DDR: Weißflog – Stahmann, Schößler, Lindner, Döschner, Ernst, Raab, Steinmann, Stübner (ab 38. Sammer), Kirsten, Thom. ISLAND: Sigurdsson – Bergsson, Saevar Jonsson, Edvaldsson, Gislason, Thordarsson, Sigurvinsson, Gudjohnsen, O. Torfason, G. Torfason (ab 77. Margeirsson), Gretarsson. Tore: 1:0 Thom (34.), 2:0 Thom (88.). Zuschauer: 12300. Schiedsrichter: Halle (Norwegen).

2.11.1988 in Wien
Österreich – Türkei 3:2 (2:0)
ÖSTERREICH: Lindenberger – Weber, Artner, Pfeffer, Russ, Willfurth (ab 54. Pacult), Prohaska, Herzog (ab 68. Glatzmayer), Degeorgi, Ogris, Polster. TÜRKEI: Fatih – Cüneyt, Recep, K. Gökhan, Semih, G. Gökhan (ab 60. Savas), Ünal, Oguz, Mustafa, Ridvan, Feyyaz (ab 68. Colak). Tore: 1:0 Polster (38.), 2:0 Herzog (42.), 3:0 Herzog (54.), 3:1 Feyyaz (61.), 3:2 Colak (81.). Zuschauer: 27000. Schiedsrichter: Lanese (Italien).

30.11.1988 in Istanbul
Türkei – DDR 3:1 (1:0)
TÜRKEI: Fatih – G. Gökhan, Recep, Cüneyt, Semih, Oguz (ab 87. Hasan), Ugur, Ünal, Ridvan, Colak (ab 79. Metin), Feyyaz. DDR: Weißflog – Stahmann, Kreer (ab 66. Schößler), Lindner, Döschner, Pilz, Stübner, Ernst (ab 44. Doll), Steinmann, Kirsten, Thom, Tore: 1:0 Colak (24.), 2:0 Colak (63.), 3:0 Oguz (70.), 3:1 Thom (75.). Zuschauer: 42000. Schiedsrichter: Nemeth (Ungarn).

12.4.1989 in Magdeburg
DDR – Türkei 0:2 (0:1)
DDR: Müller – Rohde, Hauptmann, Trautmann, Lindner, Pilz (ab 18. Doll), Stübner (ab 64. Wuckel), Sammer, Minge, Kirsten, Thom. TÜRKEI: Engin – K. Gökhan, Yusuf, Cüneyt, Semih, Recep, Tütüneker (ab 65. Keser), Oguz (ab. 80. G. Gökhan), Ünal, Ridvan, Colak. Tore: 0:1 Colak (21.),0:2 Ridvan (88.). Zuschauer: 23000. Schiedsrichter: Damgaard (Dänemark).

26.4.1989 in Kiew
UdSSR – DDR 3:0 (3:0)
UdSSR: Dassajew – Gorlukowitsch, Luschny, Kusnetzow, Michailitschenko, Aleijnikow (ab 81. Kulkow), Litowtschenko, Sawarow, Raz, Protassow, Dobrowolski (75. Sawitschew). DDR: Weißflog – Lieberam, Hauptmann (ab 74. März), Trautmann, Döschner, Scholz (ab 55. Kirsten), Sammer, Dwosch, Köhle, Doll, Thom. Tore: 1:0 Dobrowolski (3.), 2:0 Litowtschenko (20.), 3:0 Protassow (40.). Zuschauer: 100000. Schiedsrichter: Hope (Schottland).

10.5.1989 in Istanbul
Türkei – UdSSR 0:1 (0:1)
TÜRKEI: Engin – Gökhan, Cüneyt, Semih, Recep, Tütüneker (ab 46. Hasan, ab 58. Feyyaz), Yusuf, Ünal, Mustafa, Ridvan, Colak. UdSSR:Dassajew – Gorlukowitsch, Luschny, Kusnetzow, Aleijnikow, Litowtschenko, Sawarow, Michailitschenko, Raz, Dobrowolski, Protassow (ab 87. Borodjuk). Tor: 0:1 Michailitschenko (41.). Zuschauer: 34553. Schiedsrichter: Vautrot (Frankreich).

20.5.1989 in Leipzig
DDR – Österreich 1:1 (0:1)
DDR: Weißflog – Stahmann, Lindner, Trautmann (ab 46. Doll), Kreer, Stübner, Rohde, Steinmann, Sammer (ab 68. Weidemann), Kirsten, Thom. ÖSTERREICH: Lindenberger – Weber, Russ, Pfeffer, Pecl, Zsak, Prohaska, Herzog (ab 60. Stöger), Artner, Rodax (ab 68. Ogris), Polster. Tore: 0:1 Polster (3.), 1:1 Kirsten (87.). Zuschauer: 22000. Schiedsrichter: Constantin (Belgien).

31.5.1989 in Moskau
UdSSR – Island 1:1 (0:0)
UdSSR: Dassajew – Gorlukowitsch, Luschny, Kusnetzow, Bessonow (ab 80. Kitaschwili), Aleijnikow, Litowtschenko, Sawarow, Dobrowolski, Raz, Protassow (ab 80. Sawitschew). ISLAND: Sigurdsson – Bergsson, Evaldsson, Saevar Jonsson, Gislason, Sigurd Jonsson, Thordarsson, O. Torfason (ab 82. Kristinsson), Arnthorsson, Gretarsson, G. Torfason (ab 69. Askelsson). Tore: 1:0 Dobrowolski (64.), 1:1 Askelsson (86.). Zuschauer: 50000. Schiedsrichter: Keltanen (Finnland).

14.6.1989 in Reykjavík
Island – Österreich 0:0
ISLAND: Sigurdsson – Bergsson, Edvaldsson, Gislason (ab 65. Thorkelsson), Sigurd Jonsson, Thordarsson, Saevar Jonsson, Arnthorsson, Sigurvinsson, Gretarsson, Torfason. ÖSTERREICH: Lindenberger – Weber, Pecl, Pfeffer, Hörtnagl (ab 36. Herzog), Russ, Zsak, Artner, Prohaska, Polster, Rodax (ab 46. Ogris). Zuschauer: 10500. Schiedsrichter: King (Wales).

23.8. 1989 in Salzburg
Österreich – Island 2:1 (0:0)
ÖSTERREICH: Lindenberger – Weber, Russ, Pecl (ab 30. Streiter), Pfeffer, Linzmaier, Zsak, Herzog (ab 59. Hörtnagl), Ogris, Rodax, Pfeifenberger. ISLAND: Sigurdsson – Agust Jonsson, Saevar Jonsson, Bergsson, Gislason, Thordarsson, Margeirsson (ab 70. Kristinsson), Arnthorsson, Sigurd Jonsson (ab 80. O. Torfason), G. Torfason, Gretarsson. Tore: 1:0 Pfeifenberger (49.), 1:1 Margeirsson (50.), 2:1 Zsak (62.). Zuschauer: 16000. Schiedsrichter: Mikkelsen (Dänemark).

6.9.1989 in Wien
Österreich – UdSSR 0:0
ÖSTERREICH: Lindenberger – Weber, Russ, Pfeffer, Streiter, Linzmaier, Artner, Zsak, Herzog (ab 77. Hörtnagl), Ogris (ab 66. Rodax), Polster. UdSSR: Tschanow – Chidijatulin, Bessonow, Kusnetzow, Gorlukowitsch, Litowtschenko, Sawarow, Tschrenkow, Michailitschenko, Dobrowolski, Protassow. Zuschauer: 60000. Schiedsrichter: Hackett (England).

6.9.1989 in Reykjavík
Island – DDR 0:3 (0:0)
ISLAND: Sigurdsson – Bergsson, Agust Jonsson, Saevar Jonsson, Thordarsson, Gislason (ab 58. Margeirsson), Gudjohnsen, Sigurvinsson, O. Torfason, G. Torfason, Gretarsson. DDR: Heyne – Stahmann, Kreer, Reich, Stübner, Lindner, Ernst (81. Steinmann), Döschner, Sammer, Doll, Kirsten. Tore: 0:1 Sammer (55.), 0:2 Ernst (63.), 0:3 Doll (65.). Zuschauer: 7000. Schiedsrichter: Cooper (Wales).

20.9.1989 in Reykjavík
Island – Türkei 2:1 (0:0)
ISLAND: Sigurdsson – Kristinsson, Gislason, Oddsson, Orlygsson, Gudjohnsen, Bergsson, Thordarsson, Sigurvinsson, Petursson, Gratarsson. TÜRKEI: Engin – Gökhan, Recep, Cüneyt, Yusuf (ab 60. Feyyaz), Semih, Tütüneker (ab 46. Mustafa), Oguz, Ünal, Hakan, Hasan. Tore: 1:0 Petursson (53.), 2:0 Petursson (69.), 2:1 Feyyaz (85.). Zuschauer: 13000. Schiedsrichter: Perez Sanchez (Spanien).

8.10.1989 in Karl-Marx-Stadt
DDR – UdSSR 2:1 (0:0)
DDR: Heyne – Stahmann, Kreer, Lindner, Döschner, Sammer, Stübner, Ernst (ab 74. Doll), Steinmann (ab 88. Weidemann), Kirsten, Thom. UdSSR: Tschanow – Chidijatulin, Bessonow, Kusnetzow, Gorlukowitsch, Litowtschenko, Aleijnikow, Sawarow, Michailitschenko, Dobrowolski, Protassow. Tore: 0:1 Litowtschenko (74.), 1:1 Thom (80.), 2:1 Sammer (82.). Zuschauer: 15900. Schiedsrichter: Helen (Schweden).

25.10.1989 in Istanbul
Türkei – Österreich 3:0 (1:0)
TÜRKEI: Engin – Riza, Semih, Cüneyt, Gökhan, Ünal, Ugur (ab 87. Colak), Ridvan, Mustafa, Oguz, Feyyaz (ab 87 Metin). ÖSTERREICH: Lindenberger – Weber, Russ, Pfeffer, Streiter, Linzmaier, Artner (ab 46. Rodax), Zsak, Herzog (ab 58. Glatzmayer), Ogris, Polster. Tore: 1:0 Ridvan (15.), 2:0 Ridvan (54.), 3:0 Feyyaz (61.). Zuschauer: 40000. Schiedsrichter: Marko (CSFR).

15.11.1989 in Simferopol
UdSSR – Türkei 2:0 (0:0)
UdSSR: Dassajew – Chidijatulin, Luschny, Gorlukowitsch, Sigmantowitsch, Jaremtschuk, Litowtschenko (ab 66. Raz), Michailitschenko, Sawarow, Dobrowolski (ab 76. Tscherenkow), Protassow. TÜRKEI: Engin – Gökhan, Recep, Riza, Semih, Kemal, Mustafa (ab 46. Metin), Oguz, Hakan (ab 65. Colak), Ridvan, Feyyaz. Tore: 1:0 Protassow (67.), 2:0 Michailitschenko (77.). Zuschauer: 30000. Schiedsrichter: Pauly (Deutschland).

15.11.1989 in Wien
Österreich – DDR 3:0 (2:0)
ÖSTERREICH: Lindenberger – Aigner, Pecl, Pfeffer, Artner, Keglevits, Zsak, Linzmaier, Hörtnagl (ab 76. Herzog, ab 82. Pfeifenberger), Ogris, Polster. DDR: Heyne – Stahmann, Lindner, Schößler, Kreer, Steinmann, Stübner, Sammer (ab 80. Weidemann), Döschner (ab 43. Doll), Kirsten, Thom. Tore: 1:0 Polster (2.), 2:0 Polster (22., Foulelfmeter), 3:0 Polster (61.). Zuschauer: 55000. Schiedsrichter: Werner (Polen).

1. Sowjetunion	**8**	**11:4**	**11-5**
2. Österreich	**8**	**9:9**	**9-7**
3. Türkei	**8**	**12:10**	**7-9**
4. DDR	**8**	**9:13**	**7-9**
5. Island	**8**	**6:11**	**6-10**

Die Qualifikation auf einen Blick

Gruppe 1:	**1. Rumänien**	**6**	**10:5**	**9-3**
	2. Dänemark	6	15:6	8-4
	3. Griechenland	6	3:15	4-8
	4. Bulgarien	6	6:8	3-9
Gruppe 2:	**1. Schweden**	**6**	**9:3**	**10-2**
	2. England	**6**	**10:0**	**9-3**
	3. Polen	6	4:8	5-7
	4. Albanien	6	3:15	0-12
Gruppe 3:	**1. UdSSR**	**8**	**11:4**	**11-5**
	2. Österreich	**8**	**9:9**	**9-7**
	3. Türkei	8	12:10	7-9
	4. DDR	8	9:13	7-9
	5. Island	8	6:11	6-10
Gruppe 4:	**1. Holland**	**6**	**8:2**	**10-2**
	2. Deutschland	**6**	**13:3**	**9-3**
	3. Finnland	6	4:16	3-9
	4. Wales	6	4:8	2-10
Gruppe 5:	**1. Jugoslawien**	**8**	**16:6**	**14-2**
	2. Schottland	**8**	**12:12**	**10-6**
	3. Frankreich	8	10:7	9-7
	4. Norwegen	8	10:9	6-10
	5. Zypern	8	6:20	1-15
Gruppe 6:	**1. Spanien**	**8**	**20:3**	**13-3**
	2. Irland	**8**	**10:2**	**12-4**
	3. Ungarn	8	8:12	8-8
	4. Nordirland	8	6:12	5-11
	5. Malta	8	3:18	2-14
Gruppe 7:	**1. Belgien**	**8**	**15:5**	**12-4**
	2. CSFR	**8**	**13:3**	**12-4**
	3. Portugal	8	11:8	10-6
	4. Schweiz	8	10:14	5-11
	5. Luxemburg	8	3:22	1-15

Alle Gruppensieger der Europa-Gruppen waren für Italien qualifiziert. Hinzu kamen aus den vier Gruppen mit fünf Teilnehmern (Gruppen 3, 5, 6 und 7) jeweils die Gruppenzweiten. Aus den drei Vierer-Gruppen (1, 2 und 4) waren noch die beiden punktbesten Zweiten qualifiziert. **Italien** als Gastgeber und **Argentinien** als Titelverteidiger waren automatisch qualifiziert.

Gruppe 4: Die deutsche Gruppe

31.8.1988 in Helsinki
Finnland–Deutschland 0:4 (0:2)
FINNLAND: Laukkanen – Europaeus, Haennikaeinen (ab 44. Lipponen), Lahtinen, Petaejae, Myyry, Pekkonen, Ukkonen (ab 63. Alatensioe), Hjelm, Rantanen, Paatelainen. DEUTSCHLAND: Illgner – Fach, Kohler, Buchwald (ab 27. Rolff), Brehme, Häßler, Matthäus, Görtz, Littbarski, Völler, Eckstein (ab 76. Riedle). Tore: 0:1 Völler (7.), 0:2 Völler (15.), 0:3 Matthäus (52.), 0:4 Riedle (87.). Zuschauer: 22000. Schiedsrichter: Juk (UdSSR).

14.9.1988 in Amsterdam
Holland–Wales 1:0 (0:0)
HOLLAND: Van Breukelen – R. Koeman, Van Tiggelen, Rijkaard, Van Aerle, Wouters, Vanenburg (ab 66. Kieft), E. Koeman, Krüzen, Gullit, Van Basten. WALES: Southall – Nicholas, Knill, Horne, Hall, Williams, Davis, Blackmore, Aizlewood, Rush, Hughes (ab 77. Saunders). Tor: 1:0 Gullit (83.). Zuschauer: 55000. Schiedsrichter: Damgaard (Dänemark).

19.10.1988 in Swansea
Wales–Finnland 2:2 (2:2)
WALES: Southall – Hall (ab 57. Bowen), Van den Hauwe, Ratcliffe, Blackmore, Nicholas, Horne, Pascoe, Saunders, Rush, Hughes. FINNLAND: Huttunen – Pekkonen, Lahtinen, Europaeus, Kanerva, Myyry, Holmgren, Ukkonen, Petaejae (ab 59. Rantanen), Paatelainen, Hjelm. Tore: 0:1 Ukkonen (8.), 1:1 Saunders (24., Foulelfmeter), 2:1 Lahtinen (40., Eigentor), 2:2 Paatelainen (45.). Zuschauer: 9603. Schiedsrichter: Haraldsson (Island).

19.10.1988 in München
Deutschland–Holland 0:0
DEUTSCHLAND: Illgner – Fach, Kohler, Buchwald, Berthold, Brehme, Matthäus, Thon, Häßler, Klinsmann (ab 68. Mill), Völler. HOLLAND: Van Breukelen – R. Koeman, Rijkaard, Van Tiggelen, Van Aerle (ab 19. Winter), Wouters, Silooy, Vanenburg, E. Koeman, Van Basten, Bosman. Zuschauer: 73000. Schiedsrichter. D'Elia (Italien).

26.4.1989 in Rotterdam
Holland–Deutschland 1:1 (0:0)
HOLLAND: Hiele – R. Koeman, Van Tiggelen, Rijkaard, E. Koeman, Van Aerle, Vanenburg, Hofkens (ab 84. Rutjes), Huistra (ab 74. Eijkelkamp), Van Basten, Winter. DEUTSCHLAND: Illgner, Berthold, Reuter, Buchwald, Kohler (ab 74. Rolff), Matthäus, Möller, Häßler, Brehme, Riedle, Völler (ab 34. Klinsmann). Tore: 0:1 Riedle (68.), 1:1 Van Basten (87.). Zuschauer: 55000. Schiedsrichter; Fredriksson (Schweden).

31.5.1989 in Cardiff
Wales–Deutschland 0:0
WALES: Southall – Blackmore (ab 81. Bowen), Ratcliffe, Aizlewood, Phillips, Nicholas, Horne, Williams (ab 81. Pascoe), Saunders, Hughes, Rush. DEUTSCHLAND: Illgner – Berthold, A. Reinhardt, Buchwald, Reuter, Fach, Brehme, Möller, Häßler, Riedle (ab 78. Klinsmann), Völler. Zuschauer: 30000. Schiedsrichter: Da Silva Valente (Portugal).

31.5.1989 in Helsinki
Finnland–Holland 0:1 (0:0)
FINNLAND: Laukkanen – Europaeus, Holmgren, Heikkinen (ab 82. Petaejae), Kanerva, Myyry, Ikaelaeinen, Ukkonen (ab 68. Tornvall), Lipponen, Paatelainen, Hjelm. HOLLAND: Van Breukelen – R. Koeman, Rutjes, Van Tiggelen, Vanenburg (ab 82. Huistra), Van Aerle, Rijkaard, E. Koeman, Kieft, Van Basten, Ellerman (ab 55. Gullit). Tor: 0:1 Kieft (86.). Zuschauer: 45000. Schiedsrichter: Werner (Polen).

6.9.1989 in Helsinki
Finnland–Wales 1:0 (0:0)
FINNLAND: Laukkanen – Europaeus, Holmgren, Heikkinen, Lahtinen, Myyry, Ukkonen (ab 82. Tauriainen), Ikaelaeinen, Tarkkio, Lipponen, Paatelainen (ab 65. Tornvall). WALES: Southall – Ratcliffe, Blackmore, Aizlewood, Nicholas (ab 88. McGuire), Phillips, Davies, Williams, Saunders, Rush, Hughes. Tor: 1:0 Lipponen (51.). Zuschauer: 7480. Schiedsrichter: Kirschen (DDR).

4.10.1989 in Dortmund
Deutschland–Finnland 6:1 (1:0)
DEUTSCHLAND: Illgner – Augenthaler, Reuter, Buchwald, Brehme, Häßler (ab 46. Bein), Matthäus, Möller (ab 81. Mill), Littbarski, Klinsmann, Völler. FINNLAND: Laukkanen – Europaeus, Holmgren, Heikkinen, Lahtinen, Myyry, Ikaelaeinen (ab 71. Hjelm), Ukkonen, Tarkkio, Lipponen, Paatelainen (ab 62. Lius). Tore: 1:0 Möller (12.), 2:0 Littbarski (47.), 3:0 Klinsmann (53.), 4:0 Völler (62.), 4:1 Lipponen (76.), 5:1 Möller (80.), 6:1 Matthäus (84., Foulelfmeter). Zuschauer: 40000. Schiedsrichter: Snoddy (Nordirland).

11.10.1989 in Wrexham
Wales–Holland 1:2 (0:1)
WALES: Southall – Blackmore, Hopkins, McGuire, Bowen, Phillips, Saunders, Williams (ab 82. Pascoe), Nicholas, Roberts (ab 62. Jones), Allen. HOLLAND: Van Breukelen – Van Aerle, R. Koeman, Rutjes, Koot, Van't Schip, Wouters, Rijkaard (ab 46. Bosman), Hofkens, Kieft, Witschge (ab 68. Van Basten). Tore: 0:1 Rutjes (12.), 0:2 Bosman (68.), 1:2 Bowen (88.). Zuschauer: 17000. Schiedsrichter: Kohl (Österreich).

15.11.1989 in Köln
Deutschland–Wales 2:1 (1:1)
DEUTSCHLAND: Illgner – Augenthaler (ab 46. A. Reinhardt), Reuter, Buchwald, Brehme, Häßler, Dorfner, Möller (ab 82. Bein), Littbarski, Klinsmann, Völler. WALES: Southall – Phillips, Melville (ab 80. Pascoe), McGuire, Aizlewood, Saunders, Blackmore, Nicholas, Bowen (ab 65. Horne), Hughes, Allen. Tore: 0:1 Allen (11.), 1:1 Völler (25.), 2:1 Häßler (48.). Zuschauer: 60000. Schiedsrichter: Vautrot (Frankreich).

15.11.1989 in Rotterdam
Holland–Finnland 3:0 (0:0)
HOLLAND: Van Breukelen – R. Koeman, Van Aerk, Van Tiggelen, Rijkaard, Wouters, Bosman, E. Koeman (ab 71. Hofkens), Van't Schip (ab 78. Witschge), Van Basten, Ellermann. FINNLAND: Laukkanen – Holmgren, Europaeus, Heikkinen, Kanerva, Myyry, Ikaelaeinen, Ukkonen (57. Tariainen), Paatelainen, Tarkkio (76. Pataejae), Lipponen. Tore: 1:0 Bosman (50.), 2:0 E. Koeman (61.), 3:0 R. Koeman (73., Foulelfmeter). Zuschauer: 50000. Schiedsrichter: Nervik (Norwegen).

1. Holland	**6**	**8:2**	**10-2**
2. Deutschland	**6**	**13:3**	**9-3**
3. Finnland	**6**	**4:16**	**3-9**
4. Wales	**6**	**4:8**	**2-10**

Gruppe 5:

14.9.1988
Norwegen – Schottland 1:2

28.9.1988
Frankreich – Norwegen 1:0

19.10.1988
Schottland – Jugoslawien 1:1

22.10.1988
Zypern – Frankreich 1:1

2.11.1988
Zypern – Norwegen 0:3

19.11.1988
Jugoslawien – Frankreich 3:2

11.12.1988
Jugoslawien – Zypern 4:0

8.2.1989
Zypern – Schottland 2:3

8.3.1989
Schottland – Frankreich 2:0

26.4.1989
Schottland – Zypern 2:1

29.4.1989
Frankreich – Jugoslawien 0:0

21.5.1989
Norwegen – Zypern 3:1

14.6.1989
Norwegen – Jugoslawien 1:2

5.9.1989
Norwegen – Frankreich 1:1

6.9.1989
Jugoslawien – Schottland 3:1

11.10.1989
Jugoslawien – Norwegen 1:0

11.10.1989
Frankreich – Schottland 3:0

28.10.1989 (in Athen)
Zypern – Jugoslawien 1:2

15.11.1989
Schottland – Norwegen 1:1

18.11.1989
Frankreich – Zypern 2:0

1. Jugoslawien	**8**	**16:6**	**14-2**
2. Schottland	**8**	**12:12**	**10-6**
3. Frankreich	**8**	**10:7**	**9-7**
4. Norwegen	**8**	**10:9**	**6-10**
5. Zypern	**8**	**6:20**	**1-15**

Gruppe 6:

21.5.1988
Nordirland – Malta 3:0

14.9.1988
Nordirland – Irland 0:0

19.10.1988
Ungarn – Nordirland 1:0

16.11.1988
Spanien – Irland 2:0

11.12.1988
Malta – Ungarn 2:2

21.12.1988
Spanien – Nordirland 4:0

22.1.1989
Malta – Spanien 0:2

8.2.1989
Nordirland – Spanien 0:2

8.3.1989
Ungarn – Irland 0:0

23.3.1989
Spanien – Malta 4:0

12.4.1989
Ungarn – Malta 1:1

26.4.1989
Malta – Nordirland 0:2

26.4.1989
Irland – Spanien 1:0

28.5.1989
Irland – Malta 2:0

4.6.1989
Irland – Ungarn 2:0

6.9.1989
Nordirland – Ungarn 1:2

11.10.1989
Ungarn – Spanien 2:2

11.10.1989
Irland – Nordirland 3:0

15.11.1989
Spanien – Ungarn 4:0

15.11.1989
Malta – Irland 0:2

1. Spanien	**8**	**20:3**	**13-3**
2. Irland	**8**	**10:2**	**12-4**
3. Ungarn	**8**	**8:12**	**8-8**
4. Nordirland	**8**	**6:12**	**5-11**
5. Malta	**8**	**3:18**	**2-14**

Gruppe 7:

21.9.1988
Luxemburg – Schweiz 1:4

19.10.1988
Belgien – Schweiz 1:0

18.10.1988
Luxemburg – CSFR 0:2

16.11.1988
CSFR – Belgien 0:0

16.11.1988
Portugal – Luxemburg 1:0

15.2.1989
Portugal – Belgien 1:1

26.4.1989
Portugal – Schweiz 3:1

29.4.1989
Belgien – CSFR 2:1

9.5.1989
CSFR – Luxemburg 4:0

1.6.1989 (in Lille)
Luxemburg – Belgien 0:5

7.6.1989
Schweiz – CSFR 0:1

6.9.1989
Belgien – Portugal 3:0

20.9.1989
Schweiz – Portugal 1:2

6.10.1989
CSFR – Portugal 2:1

11.10.1989
Schweiz – Belgien 2:2

11.10.1989 (in Saarbrücken)
Luxemburg – Portugal 0:3

25.10.1989
Belgien – Luxemburg 1:1

25.10.1989
CSFR – Schweiz 3:0

15.11.1989
Schweiz – Luxemburg 2:1

15.11.1989
Portugal – CSFR 0:0

1. Belgien	**8**	**15:5**	**12-4**
2. CSFR	**8**	**13:3**	**12-4**
3. Portugal	**8**	**11:8**	**10-6**
4. Schweiz	**8**	**10:14**	**5-11**
5. Luxemburg	**8**	**3:22**	**1-15**

Südamerika

(4 Endrundenteilnehmer: Argentinien als Titelverteidiger, Uruguay, Brasilien und Kolumbien)

Gruppe 1:

20.8.1989
Bolivien – Peru 2:1

27.8.1989
Peru – Uruguay 0:2

3.9.1989
Bolivien – Uruguay 2:1

10.9.1989
Peru – Bolivien 1:2

17.9.1989
Uruguay – Bolivien 2:0

24.9.1989
Uruguay – Peru 2:0

1. Uruguay	**4**	**7:2**	**6-2**
2. Bolivien	**4**	**6:5**	**6-2**
3. Peru	**4**	**2:8**	**0-8**

Gruppe 2:

20.8.1989
Kolumbien – Ecuador 2:0

27.8.1989
Paraguay – Kolumbien 2:1

3.9.1989
Ecuador – Kolumbien 0:0

10.9.1989
Paraguay – Ecuador 2:1

17.9.1989
Kolumbien – Paraguay 2:1

24.9.1989
Ecuador – Paraguay 3:1

1. Kolumbien	**4**	**5:3**	**5-3**
2. Paraguay	**4**	**6:7**	**4-4**
3. Ecuador	**4**	**4:5**	**3-5**

Gruppe 3:

30.7.1989
Venezuela – Brasilien 0:4

6.8.1989
Venezuela – Chile 1:3

13.8.1989
Chile – Brasilien 1:1

20.8.1989
Brasilien – Venezuela 6:0

27.8.1989 (in Argentinien)
Chile – Venezuela 5:0

3.9.1989
Brasilien – Chile abgebr. **1:0**
Wertung **2:0**

1. Brasilien	4	13:1	7-1
2. Chile	4	9:4	5-3
3. Venezuela	4	1:18	0-8

Entscheidung Ozeanien/Südamerika 2

15.10.1989
Kolumbien – Israel 1:0

30.10.1989
Israel – Kolumbien 0:0

Ozeanien

1. Runde:

26.11.1988
Fidschi – Australien 1:0

3.12.1988
Australien – Fidschi 5:1

11.12.1988 (in Neuseeland)
Taiwan – Neuseeland 0:4

15.12.88
Neuseeland – Taiwan 4:1

Freilos: Israel

2. Runde:

5.3.1989
Israel – Neuseeland 1:0

12.3.1989
Australien – Neuseeland 4:1

19.3.1989
Israel – Australien 1:1

2.4.1989
Neuseeland – Australien 2:0

9.4.1989
Neuseeland – Israel 2:2

16.4.1989
Australien – Israel 1:1

1. Israel	4	5:4	5-3
2. Australien	4	6:5	4-4
3. Neuseeland	4	5:7	3-5

Mittel-Nordamerika

(2 Endrundenteilnehmer: USA und Costa Rica)

1. Runde:

17.4.1988
Guyana – Trinidad & Tobago 0:4

8.5.1988
Trinidad & Tobago – Guyana 1:0

30.4.1988
Kuba – Guatemala 0:1

15.5.1988
Guatemala – Kuba 1:1

12.5.1988
Jamaika – Puerto Rico 1:0

29.5.1988
Puerto Rico – Jamaika 1:2

19.6.1988
Antigua – Niederl. Antillen 0:1

29.7.1988
Niederl. Antillen – Antigua n. V. **3:1**

17.7.1988
Costa Rica – Panama 1:1

31.7.1988
Panama – Costa Rica 0:2

Freilos:
Kanada, Honduras, Mexiko (von der FIFA ausgeschlossen), El Salvador, USA

2. Runde:

1.10.1988
Niederl. Antillen – El Salvador 0:1

16.10.1988
El Salvador – Niederl. Antillen 5:0

24.7.1988
Jamaika – USA 0:0

13.8.1988
USA – Jamaika 5:1

30.10.1988
Trinidad & Tobago – Honduras 0:0

13.11.1988
Honduras – Trinidad & Tobago 1:1

9.10.1988
Guatemala – Kanada 1:0

15.10.1988
Kanada – Guatemala 3:2

Costa Rica kampflos in der 3. Runde.

3. Runde:

19.3.1989
Guatemala – Costa Rica 1:0

2.4.1989
Costa Rica – Guatemala 2:1

16.4.1989
Costa Rica – USA 1:0

30.4.1989
USA – Costa Rica 1:0

13.5.1989
USA – Trinidad & Tobago 1:1

28.5.1989
Trinidad & Tobago – Costa Rica 1:1

11.6.1989
Costa Rica – Trinidad & Tobago 1:0

17.6.1989
USA – Guatemala 2:1

25. 6.1989 (in Honduras)
El Salvador – Costa Rica 2:4
abgebr. (so gewertet)

16.7.1989
Costa Rica – El Salvador 1:0

30.7.1989
Trinidad & Tobago – El Salvador 2:0

13.8.1989 (in Honduras)
El Salvador – Trinidad & Tobago 0:0

20.8.1989
Guatemala – Trinidad & Tobago 0:1

3.9.1989
Trinidad & Tobago – Guatemala 2:1

17.9.1989 (in Honduras)
El Salvador – USA 0:1

8.10.1989
Guatemala – USA 0:0

5.11.1989
USA – El Salvador 0:0

19.11.1989
Trinidad & Tobago – USA 0:1

Guatemala – El Salvador
(nicht ausgetragen)

El Salvador – Guatemala
(nicht ausgetragen)

1. Costa Rica	8	10:6	11-5
2. USA	8	6:3	11-5
3. Trinidad & Tobago	8	7:5	9-7
4. Guatemala	6	4:7	3-9
5. El Salvador	6	2:8	2-10

Asien

(2 Endrundenteilnehmer: Vereinigte Arabische Emirate und Südkorea)

Gruppe 1:

6.1.1989
Katar – Jordanien 1:0

6.1.1989
Oman – Irak 1:1

13.1.1989
Oman – Katar 0:0

13.1.1989
Jordanien – Irak 0:1

20.1.1989
Jordanien – Oman 2:0

20.1.1989
Katar – Irak 1:0

27.1.1989
Jordanien – Katar 1:1

27.1.1989
Irak – Oman 3:1

3.2.1989
Katar – Oman 3:0

3.2.1989
Irak – Jordanien 4:0

10.2.1989
Oman – Jordanien 0:2

10.2.1989
Irak – Katar 2:2

1. Katar	6	8:3	9-3
2. Irak	6	11:5	8-4
3. Jordanien	6	5:7	5-7
4. Oman	6	2:11	2-10

Gruppe 2:

10.3.1989
Nordjemen – Syrien 0:1

15.3.1989
Saudi-Arabien – Syrien 5:4

20.3.1989
Nordjemen – Saudi-Arabien 0:1

25.3.1989
Syrien – Nordjemen 2:0

30.3.1989
Syrien – Saudi-Arabien 0:0

5.4.1989
Saudi-Arabien – Nordjemen 1:0

(Bahrain verzichtet)

1. Saudi-Arabien	4	7:4	7-1
2. Syrien	4	7:5	5-3
3. Nordjemen	4	0:5	0-8

Gruppe 3:

6.1.1989
Pakistan – Kuwait 0:1

13.1.1989
Kuwait – Ver. Arab. Emirate 3:2

20.1.1989
Ver. Arab. Emirate – Pakistan 5:0

27.1.1989
Kuwait – Pakistan 2:0

3.2.1989
Ver. Arab. Emirate – Kuwait 1:0

10.2.1989
Pakistan – Ver. Arab. Emirate 1:4

(Volksrepublik Jemen verzichtet)

1. Ver. Arab. Emirate	4	12:4	6-2
2. Kuwait	4	6:3	6-2
3. Pakistan	4	1:12	0-8

Gruppe 4:

Turnier in Südkorea

23.5.1989
Malaysia – Nepal 2:0
23.5.1989
Singapur – Südkorea 0:3
25.5.1989
Malaysia – Singapur 1:0
25.5.1989
Nepal – Südkorea 0:9
27.5.1989
Singapur – Nepal 3:0
27.5.1989
Südkorea – Malaysia 3:0

Turnier in Singapur

3.6.1989
Singapur – Malaysia 2:2
3.6.1989
Südkorea – Nepal 4:0
5.6.1989
Malaysia – Südkorea 0:3
5.6.1989
Nepal – Singapur 0:7
7.6.1989
Singapur – Südkorea 0:3
7.6.1989
Malaysia – Nepal 3:0

(Indien verzichtet)

1. Südkorea	6	25:0	12-0
2. Malaysia	6	8:8	7-5
3. Singapur	6	12:9	5-7
4. Nepal	6	0:28	0-12

Gruppe 5:

19.2.1989
Thailand – Bangladesch 1:0
23.2.1989
Thailand – Iran 0:3
23.2.1989
China – Bangladesch 2:0
27.2.1989
Bangladesch – Iran 1:2
28.2.1989
Thailand – China 0:3
4.3.1989
Bangladesch – China 0:2
8.3.1989
Bangladesch – Thailand 3:1
17.3.1989
Iran – Bangladesch 1:0
30.5.1989
Iran – Thailand 3:0
15.7.1989
China – Iran 2:0
22.7.1989
Iran – China 3:2
29.7.1989
China – Thailand 2:0

1. China	6	13:3	10-2
2. Iran	6	12:5	10-2
3. Bangladesch	6	4:9	2-10
4. Thailand	6	2:14	2-10

Gruppe 6:

21.5.1989
Indonesien – Nordkorea 0:0
21.5.1989
Hongkong – Japan 0:0
27.5.1989
Hongkong – Nordkorea 1:2
28.5.1989
Indonesien – Japan 0:0
4.6.1989
Hongkong – Indonesien 1:1
4.6.1989
Japan – Nordkorea 2:1
11.6.1989
Japan – Indonesien 5:0
18.6.1989
Japan – Hongkong 0:0
25.6.1989
Indonesien – Hongkong 3:2
25.6.1989
Nordkorea – Japan 2:0
2.7.1989
Nordkorea – Hongkong 4:1
9.7.1989
Nordkorea – Indonesien 2:1

1. Nordkorea	6	11:5	9-3
2. Japan	6	7:3	7-5
3. Indonesien	6	5:10	5-7
4. Hongkong	6	5:10	3-9

Endrunde:

Turnier in Singapur

12.10.1989
Ver. Arab. Emirate – Nordkorea 0:0
12.10.1989
China – Saudi-Arabien 2:1
13.10.1989
Südkorea – Katar 0:0
16.10.1989
Katar – Saudi-Arabien 1:1
16.10.1989
Südkorea – Nordkorea 1:0
17.10.1989
China – Ver. Arab. Emirate 1:2
20.10.1989
China – Südkorea 0:1
20.10.1989
Nordkorea – Katar 2:0
21.10.1989
Saudi-Arabien – V.Arab.Emirate 0:0
24.10.1989
Ver. Arab. Emirate – Katar 1:1
24.10.1989
Nordkorea – China 0:1
25.10.1989
Saudi-Arabien – Südkorea 0:2
28.10.1989 (in Kuala Lumpur)
Ver. Arab. Emirate – Südkorea 1:1
28.10.1989 (in Kuantan)
Saudi-Arabien – Nordkorea 2:0
28.10.1989
Katar – China 2:1

1. Südkorea	5	5:1	8-2
2. Ver. Arab. Emirate	5	4:3	6-4
3. Katar	5	4:5	5-5
4. China	5	5:6	4-6
5. Saudi-Arabien	5	4:5	4-6
6. Nordkorea	5	2:4	3-7

Afrika

(2 Endrundenteilnehmer: Kamerun und Ägypten)

1. Runde:

7.8.1988
Angola – Sudan 0:0
11.11.1988
Sudan – Angola 1:2

Lesotho – Zimbabwe
Zimbabwe – Lesotho
(Lesotho verzichtet)

Ruanda – Sambia
Sambia – Ruanda
(Ruanda verzichtet)

16.7.1988
Uganda – Malawi 1:0
30.7.1988
Malawi – Uganda 3:1
3.6.1988
Libyen – Burkina Faso 3:0
3.7.1988
Burkina Faso – Libyen 2:0
7.8.1988
Ghana – Liberia 0:0
21.8.1988
Liberia – Ghana 2:0
5.8.1988
Tunesien – Guinea 5:0
21.8.1988
Guinea – Tunesien 3:0

Togo – Gabun
Gabun – Togo
(Togo verzichtet)

Freilos:
Algerien, Kamerun, Ägypten, Marokko, Elfenbeinküste, Kenia, Nigeria, Zaire

2. Runde:

Gruppe A:

6.1.1989
Algerien – Zimbabwe 3:0
22.1.1989
Zimbabwe – Elfenbeinküste 0:0
11.6.1989
Elfenbeinküste – Algerien 0:0
25.6.1989
Zimbabwe – Algerien 1:2
13.8.1989
Elfenbeinküste – Zimbabwe 5:0
25.8.1989
Algerien – Elfenbeinküste 1:0

(Libyen verzichtet)

1. Algerien	4	6:1	7-1
2. Elfenbeinküste	4	5:1	4-4
3. Zimbabwe	4	1:10	1-7

2. Runde

Gruppe B:

6.1.1989
Ägypten – Liberia 2:0
7.1.1989
Kenia – Malawi 1:1
21.1.1989
Malawi – Ägypten 1:1
22.1.1989
Liberia – Kenia 0:0
10.6.1989
Kenia – Ägypten 0:0
11.6.1989
Liberia – Malawi 1:0
24.6.1989
Malawi – Kenia 1:0
25.6.1989
Liberia – Ägypten 1:0
11.8.1989
Ägypten – Malawi 1:0
12.8.1989
Kenia – Liberia 1:0
26.8.1989
Ägypten – Kenia 2:0
26.8.1989
Malawi – Liberia 0:0

1. Ägypten	6	6:2	8-4
2. Liberia	6	2:3	6-6
3. Malawi	6	3:4	5-7
4. Kenia	6	2:4	5-7

2. Runde:

Gruppe C:

7.1.1989
Nigeria – Gabun 1:0
8.1.1989
Kamerun – Angola 1:1
22.1.1989
Gabun – Kamerun 1:3
22.1.1989
Angola – Nigeria 2:2
10.6.1989
Nigeria – Kamerun 2:0
11.6.1989
Angola – Gabun 2:0
25.6.1989
Angola – Kamerun 1:2
25.6.1989
Gabun – Nigeria 2:1
13.8.1989
Nigeria – Angola 1:0
13.8.1989
Kamerun – Gabun 2:1
27.8.1989
Kamerun – Nigeria 1:0
27.8.1989
Gabun – Angola 1:0

1. Kamerun	6	9:6	9-3
2. Nigeria	6	7:5	7-5
3. Angola	6	6:7	4-8
4. Gabun	6	5:9	4-8

2. Runde

Gruppe D:

8.1.1989
Marokko – Sambia 1:0
8.1.1989
Zaire – Tunesien 3:1
22.1.1989
Tunesien – Marokko 2:1
22.1.1989
Sambia – Zaire 4:2
11.6.1989
Zaire – Marokko 0:0
11.6.1989
Sambia – Tunesien 1:0
25.6.1989
Sambia – Marokko 2:1
25.6.1989
Tunesien – Zaire 1:0
13.8.1989
Marokko – Tunesien 0:0
13.8.1989
Zaire – Sambia 1:0
27.8.1989
Tunesien – Sambia 1:0
27.8.1989
Marokko – Zaire 1:1

1. Tunesien	6	5:5	7-5
2. Sambia	6	7:6	6-6
3. Zaire	6	7:7	6-6
4. Marokko	6	4:5	5-7

Endrunde

8.10.1989
Algerien – Ägypten 0:0
17.11.1989
Ägypten – Algerien 1:0
8.10. 1989
Kamerun – Tunesien 2:0
19.11.1989
Tunesien – Kamerun 0:1

Die Spiele der Endrunde

Vorrunde

Gruppe A

Italien – Österreich 1:0 (0:0)
ITALIEN: Zenga – Baresi – Bergomi, Ferri, Maldini – Donadoni, Ancelotti, de Napoli, Giannini – Vialli, Carnevale – Trainer: Vicini. ÖSTERREICH: Lindenberger – Aigner – Russ, Pecl, Streiter – Artner, Linzmaier, Schöttel, Herzog – Ogris, Polster – Trainer: Hickersberger. Auswechselspieler: 46. de Agostini für Ancelotti, 75. Schillaci für Carnevale – 61. Zsak für Artner, 78. Hörtnagl für Linzmaier. Tor: 1:0 Schillaci (78.) – Schiedsrichter: José Ramiz Wright (Brasilien) – Zuschauer: 72303 – Gelbe Karte: Herzog

USA – CSFR 1:5 (0:2)
USA: Meola – Windischmann – Trittschuh, Armstrong – Caligiuri, Stollmeyer, Ramos, Harkes, Wynalda – Murray, Vermes – Trainer: Gansler. CSFR: Stejskal – Kocian – Straka, Kadlec – Hasek, Chovanec, Kubik, Moravcik, Bilek – Skuhravy, Knoflicek – Trainer: Venglos. Auswechselspieler: 63. Balboa für Stollmeyer, 78. Sullivan für Murray – 77. Luhovy für Knoflicek, 82. Weiss für Moravcik. Tore: 0:1 Skuhravy (25.), 0:2 Bilek (39., Foulelfmeter), 0:3 Hasek (51.), 1:3 Caligiuri (61.), 1:4 Skuhravy (79.), 1:5 Luhovy (90.) – Schiedsrichter: Röthlisberger (Schweiz) – Zuschauer: 33266 – Gelbe Karten: Meola, Trittschuh – Kubik, Kadlec – Rote Karte: Wynalda (54.) wegen Tätlichkeit – Bes. Vorkommnis: Meola hält Foulelfmeter von Bilek (87.)

Italien – USA 1:0 (1:0)
ITALIEN: Zenga – Baresi – Bergomi, Ferri, Maldini – Berti, de Napoli, Giannini, Donadoni – Carnevale, Vialli – Trainer: Vicini. USA: Meola – Windischmann – Banks, Doyle, Armstrong – Caligiuri, Harkes, Ramos, Balboa – Vermes, Murray – Trainer: Gansler. Auswechselspieler: 51. Schillaci für Carnevale – 81. Stollmeyer für Banks, 82. Sullivan für Murray. Tor: 1:0 Giannini (12.) – Schiedsrichter: Mendez (Mexiko) – Zuschauer: 73423 – Gelbe Karten: Ferri – Banks

Österreich – CSFR 0:1 (0:1)
ÖSTERREICH: Lindenberger – Aigner – Pecl, Pfeffer – Russ, Hörtnagl, Zsak, Schöttel, Herzog – Rodax, Polster – Trainer: Hickersberger. CSFR: Stejskal – Kocian – Kadlec, Nemecek – Hasek, Moravcik, Chovanec, Kubik, Bilek – Skuhravy, Knoflicek – Trainer: Dr. Venglos. Auswechselspieler: 46. Streiter für Schöttel, 46. Ogris für Russ – 30. Bielik für Chovanec, 82. Weiss für Knoflicek. Tor: 0:1 Bilek (29., Foulelfmeter) – Schiedsrichter: Smith (Schottland) – Zuschauer: 38962 – Gelbe Karten: Pecl, Pfeffer, Streiter, Zsak – Kubik, Moravcik

Italien – CSFR 2:0 (1:0)
ITALIEN: Zenga – Baresi – Ferri, Bergomi – de Napoli, Donadoni, Berti, Giannini, Maldini – Schillaci, Baggio – Trainer: Vicini. CSFR: Stejskal – Kadlec – Nemecek, Kinier – Moravcik, Hasek, Chovanec, Weiss, Bilek – Skuhravy, Knoflicek – Trainer: Dr. Venglos. Auswechselspieler: 51. de Agostini für Donadoni, 66. Vierchowod für de Napoli – 46. Bielik für Nemecek, 59. Griga für Weiss. Tore: 1:0 Schillaci (9.), 2:0 Baggio (78.) – Schiedsrichter: Quiniou (Frankreich) – Zuschauer: 73303 (ausverkauft) – Gelbe Karten: Baggio, Berti – Chovanec, Skuhravy

Österreich – USA 2:1 (0:0)
ÖSTERREICH: Lindenberger – Aigner – Pecl, Pfeffer – Artner, Zsak, Herzog, Streiter – Ogris, Polster, Rodax – Trainer: Hickersberger. USA: Meola – Windischmann – Armstrong, Doyle, Banks – Caligiuri, Ramos, Balboa, Harkes – Vermes, Murray – Trainer: Gansler. Auswechselspieler: 46. Reisinger für Polster, 85. Glatzmayer für Rodax – 56. Wynalda für Banks, 76. Bliss für Caligiuri. Tore: 1:0 Ogris (50.), 2:0 Rodax (63.), 2:1 Murray (84.) – Schiedsrichter: Jamal Al Sharif (Syrien) – Zuschauer: 34857 – Gelbe Karten: Zsak, Pecl, Streiter, Lindenberger, Reisinger – Banks, Windischmann, Caligiuri, Murray – Rote Karte: Artner (grobes Foulspiel)

Gruppe B

Argentinien – Kamerun 0:1 (0:0)
ARGENTINIEN: Pumpido – Simon – Ruggeri, Fabbri – Basualdo, Burruchaga, Batista, Lorenzo, Sensini – Balbo, Maradona – Trainer: Dr. Bilardo. KAMERUN: N'Kono – N'Dip – Kunde, Massing – Tataw, Makanaky, Kana Biyik, M'Bouh, Ebwelle – Omam Biyik, M'Fede – Trainer: Nepomniachi. Auswechselspieler: 46. Caniggia für Ruggeri, 69. Calderon für Sensini – 66. Libiih für M'Fede, 83. Milla für Makanaky. Tor: 0:1 Omam Biyik (67.) – Schiedsrichter: Vautrot (Frankreich) – Zuschauer: 73780 – Gelbe Karten: Sensini – N'Dip, M'Bouh, Massing – Rote Karten: Kana Biyik (62., Foulspiel), Massing (88., wiederholtes Foulspiel)

UdSSR – Rumänien 0:2 (0:1)
UdSSR: Dassajew – Chidijatulin – Gorlukowitsch, Kusnetzow, Raz – Litowtschenko, Bessonow, Aleijnikow, Sawarow – Protassow, Dobrowolski – Trainer: Lobanowski. RUMÄNIEN: Lung – Rednic – Klein, Andone – G. Pospescu, Sabau, Rotariu, Timofte, Lupescu – Lacatus, Raducioiu – Trainer: Jenei. Auswechselspieler: 66. Jaremtschuk für Litowtschenko, 72. Borodjuk für Dobrowolski – 81. Balint für Raducioiu, 87. Dumitrescu für Lacatus. Tore: 0:1 Lacatus (41.), 0:2 Lacatus (55., Handelfmeter) – Schiedsrichter: Cardellin (Uruguay) – Zuschauer: 20000 – Gelbe Karte: Chidijatulin

Argentinien – UdSSR 2:0 (1:0)
ARGENTINIEN: Pumpido – Simon – Monzon, Serrizuela – Basualdo, Batista, Troglio, Burruchaga, Olarticochea – Caniggia, Maradona – Trainer: Dr. Bilardo. UdSSR: Uwarow – Chidijatulin – Bessonow, Kusnetzow, Gorlukowitsch – Schalimow, Aleijnikow, Sawarow, Sigmantowitsch, Dobrowolski – Protassow – Trainer: Lobanowski. Auswechselspieler: 10. Goicochea für Pumpido, 79. Lorenzo für Monzon – 74. Litowtschenko für Protassow, 86. Ljuty für Sawarow. Tore: 1:0 Troglio (27.), 2:0 Burruchaga (80.) – Schiedsrichter: Fredriksson (Schweden) – Zuschauer: 55759 – Rote Karte: Bessonow (48.) – Gelbe Karten: Serrizuela, Caniggia, Maradona, Batista, Olarticochea – Sigmantowitsch

Kamerun – Rumänien 2:1 (0:0)
KAMERUN: N'Kono – Tataw, Kunde, Onana, Ebwelle – N'Dip, M'Bouh, M'Fede, Mabdan Kessack – Omam Biyik, Makanaky – Trainer: Nepomniachi. RUMÄNIEN: Lung – Rednic – Klein, Andone – Popescu, Sabau, Rotariu, Hagi, Timofte – Lacatus, Raducioiu – Trainer: Jenei. Auswechselspieler: 57. Milla für Mabdan Kessack, 70. Pagal für Kunde – 56. Dumitrescu für Hagi, 63. Balint für Raducioiu. Tore: 1:0 Milla (77.), 2:0 Milla (87.), 2:1 Balint (88.) – Schiedsrichter: Silva Arce (Chile) – Zuschauer: 25000 – Gelbe Karten: Onana, N'Kono – Klein

Argentinien – Rumänien 1:1 (0:0)
ARGENTINIEN: Goicochea – Simon – Monzon, Serrizuela – Basualdo, Troglio, Batista, Burruchaga, Olarticochea – Caniggia, Maradona – Trainer: Dr. Bilardo. RUMÄNIEN: Lung – Popescu – Andone, Rotariu – Rednic, Sabau, Hagi, Lupescu, Klein – Lacatus, Balint – Trainer: Jenei. Auswechselspieler: 55. Giusti für Troglio, 60. Dezotti für Burruchaga – 74. Lupu für Balint, 81. Mateut für Sabau. Tore: 1:0 Monzon (61.), 1:1 Balint (69.) – Schiedsrichter: Valente (Portugal) – Zuschauer: 45000 – Gelbe Karten: Serrizuela, Batista – Lacatus, Hagi, Lupescu

Kamerun – UdSSR 0:4 (0:2)
KAMERUN: N'Kono – Tataw, Kunde, Onana, Ebwelle – N'Dip, M'Bouh, M'Fede, Kana Biyik – Omam Biyik, Makanaky – Trainer: Nepomniachi. UdSSR: Uwarow – Chidijatulin – Gorlukowitsch, Sigmantowitsch – Schalimow, Kusnetzow, Demjanenko, Litowtschenko, Aleijnikow – Protassow, Dobrowolski – Trainer: Lobanowski. Auswechselspieler: 34. Milla für Kunde, 57. Pagal für Makanaky – 46. Sawarow für Schalimow, 73. Jaremtschuk für Litowtschenko. Tore: 0:1 Protassow (20.), 0:2 Sigmantowitsch (29.), 0:3 Sawarow (53.), 0:4 Dobrowolski (63.) – Schiedsrichter: Wright (Brasilien) – Zuschauer: 20000 – Gelbe Karten: Chidijatulin, Protassow – Kana Biyik, Milla

Gruppe C

Brasilien – Schweden 2:1 (1:0)
BRASILIEN: Taffarel – Galvao – Jorginho, Mozer, Ricardo Gomez – Alemao, Dunga, Valdo, Branco – Muller, Careca – Trainer: Lazaroni. SCHWEDEN: Ravelli – R. Nilsson, Larsson, Ljung, Schwarz – Limpar, Thern, Ingesson, J. Nilsson – Brolin, Magnusson – Trainer: Nordin. Auswechselspieler: 70. Strömberg für Ljung – 82. Silas für Valdo. Tore: 1:0, 2:0 Careca (41., 63.), 2:1 Brolin (78.) – Schiedsrichter: Tullio Lanese (Italien) – Zuschauer: 62626 – Gelbe Karten: Branco, Mozer, Dunga

Costa Rica – Schottland 1:0 (0:0)
COSTA RICA: Conejo – Flores – Montero, Marchena – Chavarria, Gomez, Ramirez, Cayasso, Chaves, Gonzalez – Jara – Trainer: Milutinovic. SCHOTTLAND: Leighton – Gough, McLeish, McPherson, Malpas – McStay, Aitken, McCall, Bett – Johnston, McInally – Trainer: Roxburgh. Auswechselspieler: 86. Medford für Jara – 74. McCoist für Bett. Tor: 1:0 Cayasso (49.) – Schiedsrichter: Lousteau (Argentinien) – Zuschauer: 30867

Brasilien – Costa Rica 1:0 (1:0)
BRASILIEN: Taffarel – Galvao – Mozer, Gomez – Jorginho, Dunga, Alemao, Valdo, Branco – Muller, Careca – Trainer: Lazaroni. COSTA RICA: Conejo – Flores – Marchena, Montero – Gonzales, Chavarria, Ramirez, Gomez, Cayasso, Chaves – Jara – Trainer: Milutinovic. Auswechselspieler: 83. Bebeto für Careca, 88. Silas für Valdo – 71. Mayers für Jara, 78. Guimaraes für Cayasso. Tor: 1:0 Muller (35.) – Schiedsrichter: Jouini (Tunesien) – Zuschauer: 55000 – Gelbe Karten: Jorginho, Mozer – Jara, Gomez

Schweden – Schottland 1:2 (0:1)
SCHWEDEN: Ravelli – Roland Nilsson, Hysen, Larsson, Schwarz – Limpar, Ingesson, Thern, Joakim Nilsson – Brolin, Pettersson – Trainer: Nordin. SCHOTTLAND: Leighton – McPherson, Levein, McLeish, Malpas – Aitken, McCall, McLeod, Durie – Fleck, Johnston – Trainer: Roxburgh. Auswechselspieler: 62. Ekström für Pettersson, 75. Strömberg für Larsson – 75. McStay für Durie, 84. McCoist für Fleck. Tore: 0:1 McCall (10.), 0:2 Johnston (81., Foulelfmeter), 1:2 Strömberg (85.) – Schiedsrichter: Maciel (Paraguay) – Zuschauer: 31823 – Gelbe Karten: Thern – McPherson

Brasilien – Schottland 1:0 (0:0)
BRASILIEN: Taffarel – Mauro Galvao – Ricardo Gomez, Ricardo Rocha – Jorginho, Alemao, Valdo, Dunga, Branco – Romario, Careca – Trainer: Lazaroni. SCHOTTLAND: Leighton – Aitken – McPherson, McLeish – McKimmie, McCall, McStay, MacLeod, Malpas – McCoist, Johnston – Trainer: Roxburgh. Auswechselspieler: 64. Muller für Romario – 40. Gillespie für MacLeod, 78. Fleck für McCoist. Tor: 1:0 Muller (81.) – Schiedsrichter: Kohl (Österreich) – Zuschauer: 62502 – Gelbe Karten: Johnston, McLeod

Schweden – Costa Rica 1:2 (1:0)
SCHWEDEN: Ravelli – R. Nilsson, Hysen, Larsson, Schwarz – Pettersson, Strömberg, Ingesson, J. Nilsson – Ekström, Brolin – Trainer: Nordin. COSTA RICA: Conejo – Flores – Marchena, Montero – Chavarria, Gomez, Gonzales, Ramirez, Chavez – Cayasso, Jara – Trainer: Milutinovic. Auswechselspieler: 34. Gren für Brolin, 82. Engqvist für Schwarz – 60. Medford für Gomez, 74. Guimaraes für Chavarria. Tore: 1:0 Ekström (32.), 1:1 Flores (75.), 1:2 Medford (87.) – Schiedsrichter: Petrovic (Jugoslawien) – Zuschauer: 30223 – Gelbe Karten: Strömberg, Schwarz – Gomez, Marchena

Gruppe D

Vereinigte Arabische Emirate – Kolumbien 0:2 (0:0)
VAE: Faraj – E. M. Abdulrahman, Mohamed, K. G. Mubarak, I. M. Abdulrahman – Abdullah, N. K. Mubarek, Juma'a, Abbas – F. K. Mubarak, Al Taliyani – Trainer: Carlos Alberto Pereira. KOLUMBIEN: Higuita – Herrera, Perea, Escobar, Gilardo Gomez – Rincon, Alvarez, Valderrama, Gabriel Gomez, Redin – Iguaran – Trainer: Maturana. Auswechselspieler: 60. Bilal für F. K. Mubarak, 78. Sultan für E. M. Abdulrahman – 79. Estrada für Iguaran. Tore: 0:1 Redin (52.), 0:2 Valderrama (85.) – Schiedsrichter: Courtney (England) – Zuschauer: 30791 – Gelbe Karten: I. M. Abdulrahman, Mohamed, N. K. Mubarak

Deutschland – Jugoslawien 4:1 (2:0)
DEUTSCHLAND: Illgner – Augenthaler – Berthold, Buchwald – Reuter, Häßler, Matthäus, Bein, Brehme – Klinsmann, Völler – Trainer: Beckenbauer. JUGOSLAWIEN: Ivkovic – Jozic – Hadzibegic, Spasic, Baljic – Vulic, Susic, Katanec, Stojkovic – Savicevic, Vujovic – Trainer: Osim. Auswechselspieler: 75. Littbarski und Möller für Häßler und Bein – 56. Prosinecki für Susic. Tore: 1:0 Matthäus (29.), 2:0 Klinsmann (40.), 2:1 Jozic (55.), 3:1 Matthäus (64.), 4:1 Völler (70.) – Schiedsrichter: Peter Mikkelsen (Dänemark) – Zuschauer: 74765 – Gelbe Karte: Brehme

Jugoslawien – Kolumbien 1:0 (0:0)
JUGOSLAWIEN: Ivkovic – Hadzibegic – Spasic – Stanojkovic, Sabanadzovic, Stojkovic, Katanec, Susic, Jozic, Brnovic – Vujovic – Trainer: Osim. KOLUMBIEN: Higuita – Herrera, Perea, Escobar, Gilardo Gomez – Alvarez, Valderrama, Gabriel Gomez, Rincon, Redin – Iguaran – Trainer: Maturana. Auswechselspieler: 46. Jarni für Katanec, 55. Pancev für Vujovic – 69. Hernandez für Rincon, 81. Estrada für Redin. Tor: 1:0 Jozic (75.) – Schiedsrichter: Luigi Agnolin (Italien) – Zuschauer: 32000 – Gelbe Karte: Stojkovic

Deutschland – Vereinigte Arabische Emirate 5:1 (2:0)
DEUTSCHLAND: Illgner – Augenthaler – Berthold, Buchwald – Reuter, Häßler, Matthäus, Bein, Brehme – Klinsmann, Völler – Trainer: Beckenbauer. VAE: Faraj – K. G. Mubarak, Abdullah – I. M. Abdulrahman, Mohamed – E. M. Abdulrahman, Abbas, F. K. Mubarak, K. I. Mubarak – Juma'a, Al Taliyani – Trainer: Carlos Alberto Pereira. Auswechselspieler: 46. Littbarski für Berthold, 72. Riedle für Klinsmann – 84. Hussain (Al-Wasl) für K. I. Mubarak, 87. Al Hadda (Sharjah) für I. M. Abdulrahman.
Tore: 1:0 Völler (36.), 2:0 Klinsmann (38.), 2:1 K. I. Mubarak (46.), 3:1 Matthäus (47.), 4:1 Bein (59.), 5:1 Völler (75.) – Schiedsrichter: Alexej Spirin (Sowjetunion) – Zuschauer: 71167 – Gelbe Karten: Brehme – Mohamed, Abbas

Deutschland – Kolumbien 1:1 (0:0)
DEUTSCHLAND: Illgner – Augenthaler – Berthold, Buchwald – Reuter, Häßler, Matthäus, Bein, Pflügler – Klinsmann, Völler – Trainer: Beckenbauer. KOLUMBIEN: Higuita – Herrera, Perea, Escobar, Gilardo Gomez – Alvarez, Fajardo, Valderrama, Gabriel Gomez – Estrada, Rincon – Trainer: Maturana. Auswechselspieler: 46. Littbarski für Bein, 84. Thon für Häßler. Tore: 1:0 Littbarski (88.), 1:1 Rincon (90.) – Schiedsrichter: Alan Snoddy (Nordirland) – Zuschauer: 72510 – Gelbe Karten: Berthold – Herrera, Gabriel Gomez, Alvarez

Jugoslawien – Vereinigte Arabische Emirate 4:1 (2:1)
JUGOSLAWIEN: Ivkovic – Hadzibegic – Jozic, Spasic – Stanojkovic, Stojkovic, Susic, Sabanadzovic, Brnovic – Pancev, Vujovic – Trainer: Osim. VAE: Faraj – Eissa Abdulrahman, Al Hadda, Khaleel Mubarak, Ibrahim Abdulrahman – Nasser Mubarak, Abdullah, Abbas, Khalid Mubarak – Juma'a, Al Taliyani – Trainer: Pereira. Auswechselspieler: 64. Vulic für Vujovic, 79. Prosinecki für Sabanadzovic – 35. Sultan für Nasser Mubarak, 46. Fahad Mubarak für Juma'a. Tore: 1:0 Susic (5.), 2:0 Pancev (9.), 2:1 Juma'a (22.), 3:1 Pancev (46.), 4:1 Prosinecki (90.) – Schiedsrichter: Takada (Japan) – Zuschauer: 27833 – Gelbe Karten: Brnovic, Pancev – Khaleel Mubarak – Rote Karte: Khaleel Mubarak (78., wegen wiederholten Foulspiels)

Gruppe E

Belgien – Südkorea 2:0 (0:0)
BELGIEN: Preud'homme – Clijsters – Gerets, Demol – Emmers, van der Elst, Scifo, Versavel, de Wolf – Degryse, van der Linden – Trainer: Thys. SÜDKOREA: I. Y. Choi – Hong – Park, Y. H. Chung – K. H. Choi, S. H. Choi, Lee, Noh, Gu-Hwang, Kim – Trainer: Hoe-Taik Lee. Auswechselspieler: 46. Ceulemans für van der Linden – 46. Cho für Lee. Tore: 1:0 Degryse (53.), 2:0 de Wolf (65.) – Schiedsrichter: Mauro (USA) – Zuschauer: 32486 – Gelbe Karte: S. H. Choi

Uruguay – Spanien 0:0
URUGUAY: Alvez – de Leon – Gutierrez, Herrera, Dominguez – Pereira, Perdomo, Paz – Alzamendi, Francescoli, Sosa. – Trainer: Tabarez. SPANIEN: Zubizarreta – Andrinua – Jimenez, Sanchis, Chendo – Michel, Roberto, Martin Vazquez, Villaroya – Manolo, Butragueño. – Trainer: Suarez. Auswechselspieler: 66. Aguilera für Alzamendi, Correa für Pereira – 83. Gorriz für Manolo, Paz für Villaroya. Tore: – Schiedsrichter: Kohl (Österreich) – Zuschauer: 35713 – Gelbe Karten: Perdomo, Francescoli – Villaroya, Jimenez

Belgien – Uruguay 3:1 (2:0)
BELGIEN: Preud'homme – Demol – Gerets, Grun, de Wolf – Clijsters, van der Elst, Scifo, Versavel – Ceulemans, Degryse – Trainer: Thys. URUGUAY: Alvez – de Leon – Herrera, Gutierrez, Dominguez – Ostolaza, Perdomo,

Paz – Alzamendi, Francescoli, Sosa – Trainer: Tabarez. Auswechselspieler: 46. Emmers für Clijsters, 74. Vervoort für Versavel – 46. Aguilera für Alzamendi, 74. Bengoecheá für Ostolaza. Tore: 1:0 Clijsters (15.), 2:0 Scifo (23.), 3:0 Ceulemans (47.), 3:1 Aguilera (71.) – Schiedsrichter: Kirschen (DDR) – Zuschauer: 33729 – Gelbe Karten: Gerets – Sosa – Rote Karte: Gerets (42.)

Südkorea – Spanien 1:3 (1:1)
SÜDKOREA: I. Y. Choi – Hong – K. H. Choi, Yoon – Park, H. W. Chung, J. S. Kim, Hwangbo, Gu – Byun, S. H. Choi – Trainer: Hoe-Taik Lee. SPANIEN: Zubizarreta – Andrinua – Gorriz, Sanchis – Chendo, Michel, Roberto, Vazquez, Villaroya – Butragueño, Salinas – Trainer: Suarez. Auswechselspieler: 53. Noh für H. W. Chung, 70. J. S. Chung für Park – 77. Gomez für Butragueño, 82. Bakero für Roberto. Tore: 0:1 Michel (24.), 1:1 Hwangbo (43.), 1:2 Michel (61.), 1:3 Michel (81.) – Schiedsrichter: Guerrero (Ecuador) – Zuschauer: 32733 – Gelbe Karten: H. W. Chung, Yoon, Hwangbo

Belgien – Spanien 1:2 (1:2)
BELGIEN: Preud'homme – Demol – Staelens, Albert, de Wolf – Emmers, van der Elst, Scifo, Degryse, Vervoort – Ceulemans – Trainer: Thys. SPANIEN: Zubizarreta – Andrinua – Chendo, Sanchis, Gorriz – Michel, Villaroya, Vazquez, Roberto – Butragueño, Salinas – Trainer: Suarez. Auswechselspieler: 31. Plovie für Emmers, 76. van der Linden für Staelens – 82. Alcorta für Butragueño, 86. Pardeza für Salinas. Tore: 0:1 Michel (27., Foulelfmeter), 1:1 Vervoort (30.), 1:2 Gorriz (39.) – Schiedsrichter: Lousteau (Argentinien) – Zuschauer: 36000 – Gelbe Karten: keine – Bes. Vorkommnisse: Scifo schießt Foulelfmeter an die Latte (59.)

Südkorea – Uruguay 0:1 (0:0)
SÜDKOREA: I. Y. Choi – Hong – Park, K. H. Choi, J. S. Chung, Yoon, Hwangbo, Lee, Kim, Byun, S. H. Choi – Trainer: Hoe-Taik Lee. URUGUAY: Alvez – Herrera, Gutierrez, de Leon, Dominguez – Ostolaza, Perdomo, Francescoli, Paz – Martinez, Sosa – Trainer: Tabarez. Auswechselspieler: 43. Hwang für Byun, 79. H. W. Chung für Hwangbo – 46. Aguilera für Ostolaza, 62. Fonseca für Sosa. Tor: 0:1 Fonseca (90.) – Schiedsrichter: Lanese (Italien) – Zuschauer: 29000 – Gelbe Karten: Lee, Hwangbo, Yoon – Ostolaza, Paz, de Leon – Rote Karte: Deuk-Yeo Yoon (70.)

Gruppe F

England – Irland 1:1 (1:0)
ENGLAND: Shilton – Walker, Stevens, Butcher, Pearce – Waddle, Gascoigne, Robson, Barnes – Lineker, Beardsley – Trainer: Robson. IRLAND: Bonner – McCarthy, McGrath, Moran, Morris – Staunton, Houghton, Townsend, Sheedy – Cascarino, Aldridge – Trainer: Charlton. Auswechselspieler: 70. McMahon für Beardsley, 84. Bull für Lineker – 65. McLoughlin für Aldridge. Tore: 1:0 Lineker (9.), 1:1 Sheedy (73.) – Schiedsrichter: Schmidhuber (Deutschland) – Zuschauer: 35000 – Gelbe Karte: McMahon

Holland – Ägypten 1:1 (0:0)
HOLLAND: van Breukelen – van Aerle, R. Koeman, Rutjes, van Tiggelen – Vanenburg, Wouters, Rijkaard, E. Koeman – Gullit, van Basten – Trainer: Beenhakker. ÄGYPTEN: Shobeir – Hany Ramzy – Ibrahim Hassan, Yakan, Yassein – Abedelghani, Ahmed Ramzi, Abedelhamid, Youssef – Hossam Hassan, Abdou – Trainer: El Gohary. Auswechselspieler: 46. Kieft für Vanenburg, 69. Witschge für E. Koeman – 69. Tolba und Abdelrahman für Ahmed Ramzi und Abedelhamid. Tore: 1:0 Kieft (58.), 1:1 Abedelghani (82./Foulelfmeter) – Schiedsrichter: Emilio Soriano Aladren (Spanien) – Zuschauer: 33288 – Gelbe Karten: Kieft – Ahmed Ramzi

England – Holland 0:0
ENGLAND: Shilton – Walker, Butcher, Wright, Pearce – Parker, Waddle, Gascoigne, Robson – Lineker, Barnes – Trainer: Robson. HOLLAND: van Breukelen – R. Koeman – van Aerle, Rijkaard, van Tiggelen, van't Schip, Gullit, Wouters, Witschge – van Basten, Gillhaus – Trainer: Beenhakker. Auswechselspieler: 59. Bull für Waddle, 65. Platt für Robson – 75. Kieft für van't Schip – Schiedsrichter: Petrovic (Jugoslawien) – Zuschauer: 35267 – Gelbe Karten: –

Irland – Ägypten 0:0
IRLAND: Bonner – Morris, McCarthy, Moran, Staunton – Houghton, McGrath, Townsend, Sheedy – Cascarino, Aldridge – Trainer: Charlton. ÄGYPTEN: Shobeir – Hany Ramzy – Ibrahim Hassan, Yassein, Yakan – Tolba, Abedelghani, Youssef, Oraby – Hossam Hassan, Abdou – Trainer: El Gohary. Auswechselspieler: 69. McLoughlin für Aldridge, 84. Quinn für Cascarino – 60. Abou Zeid für Tolba, 77. Abedelhamid für Abdou – Schiedsrichter: van Langenhove (Belgien) – Zuschauer: 33288 – Gelbe Karten: Morris – Shobeir

England – Ägypten 1:0 (0:0)
ENGLAND: Shilton – Wright – Parker, Walker, Pearce – Waddle, McMahon, Gascoigne, Barnes – Lineker, Bull – Trainer: Robson. ÄGYPTEN: Shobeir – Hany Ramzy – Ibrahim Hassan, Yakan, Yassein, Abedelghani, Abedelhamid, Ahmed Ramzi, Youssef – Hossam Hassan, Abdou – Trainer: El Gohary. Auswechselspieler: 64. Beardsley für Bull, 66. Platt für Waddle – 78. Abdelrahman und Soliman für Abedelhamid und Abdou. Tor: 1:0 Wright (57.) – Schiedsrichter: Röthlisberger (Schweiz) – Zuschauer: 25000 – Gelbe Karten: Beardsley – Abedelghani, Ibrahim Hassan

Irland – Holland 1:1 (0:1)
IRLAND: Bonner – Morris, McCarthy, Moran, Staunton – Houghton, McGrath, Sheedy, Townsend – Aldridge, Quinn – Trainer: Charlton. HOLLAND: van Breukelen – R. Koeman – van Aerle, Rijkaard, van Tiggelen – Wouters, Gullit, Witschge, Gillhaus – van Basten, Kieft – Trainer Beenhakker. Auswechselspieler: 81. Whelan und Cascarino für Sheedy und Aldridge – 59. Fraeser für Witschge, 79. van Loen für Kieft. Tore: 0:1 Gullit (11.), 1:1 Quinn (71.) – Schiedsrichter: Vautrot (Frankreich) – Zuschauer: 33288 – Gelbe Karte: Rijkaard

Achtelfinale

Kamerun – Kolumbien 2:1 (0:0, 0:0) n.V.
KAMERUN: N'Kono – N'Dip, Onana, Ebwelle – Tataw, Mabdan Kessack, Kana Biyik, M'Bouh, M'Fede – Omam Biyik, Makanaky – Trainer: Nepomniachi. KOLUMBIEN: Higuita – Herrera, Perea, Escobar, Gilardo Gomez – Alvarez, Valderrama, Gabriel Gomez, Rincon – Fajardo, Estrada – Trainer: Maturana. Auswechselspieler: 54. Milla für M'Fede, 68. Djonkep für Makanaky – 63. Iguaran für Fajardo, 80. Redin für Gabriel Gomez. Tore: 1:0 Milla (106.), 2:0 Milla (109.) 2:1 Redin (117.) – Schiedsrichter: Lanese (Italien) – Zuschauer: 50300 – Gelbe Karten: Kana Biyik, N'Dip, M'Bouh, Onana – Perea, Gabriel Gomez.

CSFR – Costa Rica 4:1(1:0)
CSFR: Stejskal – Kocian – Straka, Kadlec – Hasek, Moravcik, Kubik, Chovanec, Bilek – Skuhravy, Knoflicek – Trainer: Dr. Venglos. COSTA RICA: Barrantes – Flores – Montero, Marchena, Chavez – Ramirez, Chavarria, Gonzales, Obando – C. Jara, Cayasso – Trainer: Milutinovic. Auswechselspieler: 46. Medford für Obando, 66. Guimaraes für Chavarria. Tore: 1:0 Skuhravy (11.), 1:1 Gonzales (56.), 2:1 Skuhravy (63.), 3:1 Kubik (77.), 4:1 Skuhravy (81.) – Schiedsrichter: Kirschen (DDR) – Zuschauer: 47673 – Gelbe Karten: Kocian, Straka, Hasek – Gonzales, Marchena.

Brasilien – Argentinien 0:1 (0:0)
BRASILIEN: Taffarel – Mauro Galvao – Ricardo Rocha, Ricardo Gomez – Jorginho, Alemao, Dunga, Valdo, Branco – Muller, Careca – Trainer: Lazaroni. ARGENTINIEN: Goicochea – Simon – Monzon, Ruggeri – Basualdo, Giusti, Burruchaga, Troglio, Olarticochea – Maradona, Caniggia – Trainer: Bilardo. Auswechselspieler: 83. Silas und Renato für Alemao und Mauro Galvao – 62. Calderon für Troglio. Tor: 0:1 Caniggia (80.) – Schiedsrichter: Quiniou (Frankreich) – Zuschauer: 61381 – Gelbe Karten: Mauro Galvao, Ricardo Rocha – Monzon, Giusti, Goicochea. – Rote Karte: Ricardo Gomez.

Deutschland – Holland 2:1 (0:0)
DEUTSCHLAND: Illgner – Augenthaler – Reuter, Berthold, Kohler, Brehme – Littbarski, Matthäus, Buchwald – Klinsmann, Völler. HOLLAND: van Breukelen – R. Koeman – van Aerle, Wouters, Rijkaard, van Tiggelen – van't Schip, Gullit, Winter, Witschge, van Basten – Trainer: Beenhakker. Auswechselspieler: 79. Riedle für Klinsmann – 68. Kieft für van Aerle, 79. Gillhaus für Witschge. Tore: 1:0 Klinsmann (51.), 2:0 Brehme (85.), 2:1 R. Koeman (89., Foulelfmeter). Schiedsrichter: Juan C. Loustau (Argentinien) – Zuschauer 74559 – Gelbe Karten: Völler, Matthäus – Rijkaard, Wouters, van Basten – Rote Karten: Völler (21.) – Rijkaard (21.).

Irland – Rumänien 0:0 n.V. 5:4 n.E.
IRLAND: Bonner – Morris, McCarthy, Moran, Staunton – Houghton, McGrath, Townsend, Sheedy – Quinn, Aldridge – Trainer: Charlton. RUMÄNIEN: Lung – Popescu – Lupescu, Andone – Rednic, Sabau, Hagi, Rotariu, Klein – Balint, Raducioiu – Trainer: Jenei. Auswechselspieler: 20. Cascarino für Aldridge, 94. O'Leary für Staunton – 75. Lupu für Raducioiu, 97. Timofte für Sabau. Tore im Elfmeterschießen: Sheedy, Houghton Townsend, Cascarino, O'Leary für Irland – Hagi, Lupu, Rotariu und Lupescu für Rumänien, Timofte verschießt. – Zuschauer: 31818 – Gelbe Karten: McGrath, Aldridge – Hagi. – Schiedsrichter Wright (Brasilien).

Italien – Uruguay 2:0 (0:0)
ITALIEN: Zenga – Baresi – Bergomi, Ferri, Maldini – de Napoli, Berti, Giannini, de Agostini – Baggio, Schillaci – Trainer: Vicini. URUGUAY: Alvez – de Leon – Saldana, Gutierrez, Dominguez – Perdomo, Ostolaza, Francescoli, R. Pereira – Aguilera, Fonseca – Trainer: Tabarez. Auswechselspieler: 52. Serena für Berti, 79. Vierchowod für Baggio – 55. Sosa für Aguilera, 78. Alzamendi für Ostolaza. Tore: 1:0 Schillaci (65.), 2:0 Serena (83.) – Schiedsrichter Courtney (England) – Zuschauer: 73303 – Gelbe Karten: Berti – Aguilera, Alvez, Perdomo, Gutierrez.

Spanien – Jugoslawien 1:2 (0:0, 1:1) n.V.
SPANIEN: Zubizarreta – Andrinua – Chendo, Sanchis, Gorriz – Michel, Roberto, Martin Vazquez, Villaroya – Salinas, Butragueño – Trainer: Suarez. JUGOSLAWIEN: Ivkovic – Sabanadzovic, Hadzibegic, Spasic, Brnovic – Stojkovic, Katanec, Jozic, Susic – Pancev, Vujovic – Trainer: Osim. Auswechselspieler: 48. Jimenez für Andrinua, 78. Paz für Butragueño – 55. Savicevic für Pancev, 78. Vulic für Katanec. Tore: 0:1 Stojkovic (78.), 1:1 Salinas (83.), 1:2 Stojkovic (92.) – Schiedsrichter: Schmidhuber (Deutschland) – Zuschauer: 35500 – Gelbe Karten: Roberto, Chendo – Katanec, Vujovic, Vulic.

England – Belgien 1:0 (0:0, 0:0) n.V.
ENGLAND: Shilton – Wright – Walker, Butcher – Parker, Waddle, Gascoigne, McMahon, Barnes, Pearce – Lineker – Trainer: Robson. BELGIEN: Preud'homme – Demol, Grun – Gerets, Clijsters, Scifo, v. d. Elst, de Wolf, Versavel – Degryse, Ceulemans – Trainer: Thys. Auswechselspieler: 72. Platt für McMahon, 75. Bull für Barnes – 68. Claesen für Degryse, 108. Vervoort für Versavel. Tor: 1:0 Platt (119.) – Schiedsrichter: Mikkelsen (Dänemark) – Zuschauer: 34520 – Gelbe Karte: Gascoigne.

Kamerun – England 2:3 (0:1, 2:2) n.V.
KAMERUN: N'Kono – Kunde – Massing – Mabdan Kessack, Tataw, Libiih, Pagal, Ebwelle – Makanaky, M'Fede – Omam Biyik – Trainer: Nepomniachi. ENGLAND: Shilton – Wright – Parker, Walker, Butcher – Waddle, Platt, Gascoigne, Barnes, Pearce – Lineker – Trainer: Robson. Auswechselspieler: 46. Milla für Mabdan Kessack, 62. Ekeke für M'Fede – 46. Beardsley für Barnes, 75. Steven für Butcher. Tore: 0:1 Platt (25.), 1:1 Kunde (61., Foulelfmeter), 2:1 Ekeke (65.), 2:2 Lineker (82., Foulelfmeter), 2:3 Lineker (104., Foulelfmeter) – Schiedsrichter: Codesal (Mexiko) – Zuschauer: 55205 – Gelbe Karten: Massing, N'Kono, Milla – Pearce.

Viertelfinale

Argentinien – Jugoslawien 0:0 n.V., 3:2 n.E.
ARGENTINIEN: Goicochea – Simon – Ruggeri, Giusti – Calderon, Burruchaga, Basualdo, Olarticochea, Serrizuela – Caniggia, Maradona – Trainer: Bilardo. JUGOSLAWIEN: Ivkovic – Hadzibegic – Sabanadzovic, Spasic – Vulic, Stojkovic, Jozic, Prosinecki, Brnovic – Susic, Vujovic – Trainer: Osim. Auswechselspieler: 54. Troglio für Olarticochea, 87. Dezotti für Calderon – 66. Savicevic für Susic. Tore im Elfmeterschießen: Serrizuela, Burruchaga, Dezotti für Argentinien; Prosinecki, Savicevic für Jugoslawien – Schiedsrichter: Röthlisberger (Schweiz) – Zuschauer: 38971 – Gelbe Karten: Olarticochea, Serrizuela, Simon – Sabanadzovic – Rote Karte: Sabanadzovic (30.).

Irland – Italien 0:1 (0:1)
IRLAND: Bonner – Morris, McCarthy, Moran, Staunton – Houghton, McGrath, Townsend, Sheedy – Quinn, Aldridge – Trainer: Charlton. ITALIEN: Zenga – Baresi – Ferri, Maldini – Bergomi, de Napoli, Giannini, Donadoni, de Agostini – Baggio, Schillaci – Trainer: Vicini. Auswechselspieler: 53. Cascarino für Quinn, 78. Sheridan für Aldridge – 62. Ancelotti für Giannini, 70. Serena für Baggio. Tor: 0:1 Schillaci (37.) – Schiedsrichter: Silva Valente (Portugal) – Zuschauer: 73303 – Gelbe Karten: Moran – de Agostini.

CSFR – Deutschland 0:1 (0:1)
CSFR: Stejskal – Kocian – Hasek, Straka, Kadlec – Moravcik, Chovanec, Kubik, Bilek – Skuhravy, Knoflicek – Trainer: Venglos. DEUTSCHLAND: Illgner – Augenthaler – Berthold, Kohler, Brehme – Littbarski, Buchwald, Matthäus, Bein – Riedle, Klinsmann – Trainer: Beckenbauer. Auswechselspieler: 68. Nemecek für Bilek, 80. Griga für Kubik – 83. Möller für Bein. Tor: 0:1 Matthäus (24., Foulelfmeter) – Schiedsrichter: Helmut Kohl (Österreich) – Zuschauer: 73347 – Gelbe Karten: Moravcik, Bilek, Straka, Knoflicek. – Klinsmann – Rote Karte: Moravcik (70.).

Halbfinale

Argentinien – Italien 1:1 (0:1, 1:1) n.V., 5:4 n.E.
ARGENTINIEN: Goicochea – Simon – Ruggeri, Serrizuela – Giusti, Calderon, Burruchaga, Basualdo, Olarticochea – Maradona, Caniggia – Trainer: Bilardo. ITALIEN: Zenga – Baresi – Bergomi, Ferri – de Napoli, Donadoni, Giannini, de Agostini, Maldini – Schillaci, Vialli – Trainer: Vicini. Auswechselspieler: 46. Troglio für Calderon, 98. Batista für Basualdo – 70. Serena für Vialli, 73. Baggio für Giannini. Tore: 1:0 Schillaci (17), 1:1 Caniggia (67.) – Tore im Elfmeterschießen: Serrizuela, Burruchaga, Olarticochea, Maradona für Argentinien – Baresi, Baggio, de Agostini für Italien (Donadoni und Serena verschießen) – Schiedsrichter: Vautrot (Frankreich) – Zuschauer: 59978 – Gelbe Karten: Olarticochea (2), Caniggia (2), Batista (2) – Ruggeri. Rote Karte: Giusti (105., wegen eines Schlages gegen Baggio).

Deutschland – England 1:1 (0:0, 1:1) n.V., 5:4 n.E.
DEUTSCHLAND: Illgner – Augenthaler – Buchwald, Kohler – Berthold, Häßler, Matthäus, Thon, Brehme – Klinsmann, Völler – Trainer: Beckenbauer. ENGLAND: Shilton – Butcher – Walker, Wright, Pearce – Parker, Waddle, Gascoigne, Platt – Lineker, Beardsley – Trainer: Robson. Auswechselspieler: 38. Riedle für Völler, 67. Reuter für Häßler – 71. Steven für Butcher. Tore: 1:0 Brehme (59.), 1:1 Lineker (80.) – Tore im Elfmeterschießen: Brehme, Matthäus, Riedle, Thon für Deutschland – Lineker, Beardsley, Platt für England (Pearce scheitert an Illgner, Waddle schießt drüber) – Schiedsrichter: Wright (Brasilien) – Zuschauer: 45000 – Gelbe Karten: Brehme – Parker, Gascoigne (2).

Spiel um Platz 3

Italien – England 2:1 (0:0)
ITALIEN: Zenga – Baresi – Ferrara, Vierchowod – Bergomi, Ancelotti, Giannini, de Agostini – Maldini – Baggio, Schillaci – Trainer: Vicini. ENGLAND: Shilton – Wright – Parker, Walker – Stevens, Steven, Platt, McMahon, Dorigo – Lineker, Beardsley – Trainer: Robson. Auswechselspieler: 67. Berti für de Agostini, 90. Ferri für Giannini – 72. Webb und Waddle für Wright und McMahon. Tore: 1:0 Baggio (72), 1:1 Platt (81.), 2:1 Schillaci (86., Foulelfmeter) – Schiedsrichter: Quiniou (Frankreich) – Zuschauer: 51426 – Gelbe Karten: keine.

Endspiel

Deutschland – Argentinien 1:0 (0:0)
DEUTSCHLAND: Illgner – Augenthaler – Berthold, Kohler, Buchwald – Littbarski, Matthäus, Häßler, Brehme – Klinsmann, Völler – Trainer: Beckenbauer. ARGENTINIEN: Goicochea – Simon – Sensini, Serrizuela, Ruggeri – Troglio, Burruchaga, Basualdo, Lorenzo – Dezotti, Maradona – Trainer: Bilardo. Auswechselspieler: 73. Reuter für Berthold – 46. Monzon für Ruggeri, 53. Calderon für Burruchaga. Tore: 1:0 Brehme (84., Foulelfmeter) – Schiedsrichter: Mendez (Mexiko) – Zuschauer: 73603 – Gelbe Karten: Völler – Dezotti, Maradona – Rote Karten: Monzon (übertriebene Härte), Dezotti (Tätlichkeit).

Eis-Zeit:
Ruhe vor dem Sturm (rechts).

Bisherige Weltmeisterschaften

1930 Uruguay, 13.–30.7.

Gruppe 1:	1. Argentinien	10:4	6-0
	2. Chile	5:3	4-2
	3. Frankreich	4:3	2-4
	4. Mexiko	4:13	0-6
Gruppe 2:	1. Jugoslawien	6:1	4-0
	2. Brasilien	5:2	2-2
	3. Bolivien	0:8	0-4
Gruppe 3:	1. Uruguay	5:0	4-0
	2. Rumänien	3:5	2-2
	3. Peru	1:4	0-4
Gruppe 4:	1. USA	6:0	4-0
	2. Paraguay	1:3	2-2
	3. Belgien	0:4	0-4
Endrunde:	Argentinien – USA	6:1	
	Uruguay – Jugoslawien	6:1	
Endspiel:	**Uruguay – Argentinien**	**4:2**	

1934 Italien, 24.5.–10.6.

Qualifikation:	USA – Mexiko	4:2	
Achtelfinale:	Österreich – Frankreich	3:2	n.V.
	Ungarn – Ägypten	4:2	
	Brasilien – Spanien	1:3	
	Italien – USA	7:1	
	Deutschland – Belgien	5:2	
	Argentinien – Schweden	2:3	
	Holland – Schweiz	2:3	
	CSR – Rumänien	2:1	
Viertelfinale:	Österreich – Ungarn	2:1	
	Spanien – Italien	1:1	n.V.
	Spanien – Italien	0:1	
	Deutsch. – Schweden	2:1	
	Schweiz – CSR	2:3	
Halbfinale:	Österreich – Italien	0:1	
	Deutschland – CSR	1:3	
Um Platz 3:	Deutschl. – Österreich	3:2	
Endspiel:	**Italien – CSR**	**2:1**	**n.V.**

1938 Frankreich, 4.–19.6.

Achtelfinale:	Italien – Norwegen	2:1	n.V.
	Frankreich – Belgien	3:1	
	Brasilien – Polen	6:5	n.V.
	CSR – Holland	3:0	n.V.
	Deutschland – Schweiz	1:1	n.V.
	Deutschland – Schweiz	2:4	
	Ungarn – Niederl. Ind.	6:0	
	Kuba – Rumänien	3:3	n.V.
	Kuba – Rumänien	2:1	
	Österr. – Schweden fand nicht statt		
Viertelfinale:	Frankreich – Italien	1:3	
	Brasilien – CSR	1:1	n.V.
	Brasilien – CSR	2:1	
	Schweiz – Ungarn	0:2	
	Schweden – Kuba	8:0	
Halbfinale:	Italien – Brasilien	2:1	
	Ungarn – Schweden	5:1	
Um Platz 3:	Brasilien – Schweden	4:2	
Endspiel:	**Italien – Ungarn**	**4:2**	

1950 Brasilien, 25.6–16.7.

Gruppe 1:	1. Brasilien	8:2	5-1
	2. Jugoslawien	7:3	4-2
	3. Schweiz	4:6	3-3
	4. Mexiko	2:10	0-6
Gruppe 2:	1. Spanien	6:1	6-0
	2. England	2:2	2-4
	3. Chile	5:6	2-4
	4. USA	4:8	2-4
Gruppe 3:	1. Schweden	5:4	3-1
	2. Italien	4:3	2-2
	3. Paraguay	2:4	1-3
Gruppe 4:	1. Uruguay	8:0	2-0
	2. Bolivien	0:8	0-2
Endrunde:	1. Uruguay	7:5	5-1
	2. Brasilien	14:4	4-2
	3. Schweden	6:11	2-4
	4. Spanien	4:11	1-5

1954 Schweiz, 16.6.–4.7.

Gruppe 1:	1. Brasilien	6:1	3-1
	2. Jugoslawien	2:1	3-1
	3. Frankreich	3:3	2-2
	4. Mexiko	2:8	0-4
Gruppe 2:	1. Ungarn	17:3	4-0
	2. Deutschland	7:9	2-2
	3. Türkei	8:4	2-2
	4. Südkorea	0:16	0-4
	Entscheidung um Platz 2:		
	Deutschland – Türkei	7:2	
Gruppe 3:	1. Uruguay	9:0	4-0
	2. Österreich	6:0	4-0
	3. CSSR	0:7	0-4
	4. Schottland	0:8	0-4
Gruppe 4:	1. England	6:4	3-1
	2. Schweiz	2:3	2-2
	3. Italien	5:3	2-2
	4. Belgien	5:8	1-3
	Entscheidung um Platz 2:		
	Schweiz – Italien	4:1	
	Der 1. und 2. kamen weiter		
Viertelfinale:	Uruguay – England	4:2	
	Schweiz – Österreich	5:7	
	Deutschl. – Jugoslaw.	2:0	
	Ungarn – Brasilien'	4:2	
Halbfinale:	Deutschl. – Österreich	6:1	
	Ungarn – Uruguay	4:2	n.V.
Um Platz 3:	Österreich – Uruguay	3:1	
Endspiel:	**Deutschland – Ungarn**	**3:2**	

1958 Schweden, 8.–29.6.

Gruppe 1:	1. Deutschland	7:5	4-2
	2. Nordirland	4:5	3-3
	3. CSSR	8:4	3-3
	4. Argentinien	5:10	2-4
	Entscheidung um Platz 2:		
	Nordirl. – CSSR	2:1	n.V.
Gruppe 2:	1. Frankreich	11:7	4-2
	2. Jugoslawien	7:6	4-2
	3. Paraguay	9:12	3-3
	4. Schottland	4:6	1-5
Gruppe 3:	1. Schweden	5:1	5-1
	2. Wales	2:2	3-3
	3. Ungarn	6:3	3-3
	4. Mexiko	1:8	1-5
	Entscheidung um Platz 2:		
	Wales – Ungarn	2:1	
Gruppe 4:	1. Brasilien	5:0	5-1
	2. UdSSR	4:4	3-3
	3. England	4:4	3-3
	4. Österreich	2:7	1-5
	Entscheidung um Platz 2:		
	UdSSR – England	1:0	
	Der 1. und 2. kamen weiter		
Viertelfinale:	Deutschl. – Jugoslaw.	1:0	
	Schweden – UdSSR	2:0	
	Frankreich – Nordirl.	4:0	
	Brasilien – Wales	1:0	
Halbfinale:	Schweden – Deutschl.	3:1	
	Brasilien – Frankreich	5:2	
Um Platz 3:	Frankreich – Deutschl.	6:3	
Endspiel:	**Schweden – Brasilien**	**2:5**	

1962 Chile, 30.5.–17.6.

Gruppe A:	1. UdSSR	8:5	5-1
	2. Jugoslawien	8:3	4-2
	3. Uruguay	4:6	2-4
	4. Kolumbien	5:11	1-5
Gruppe B:	1. Deutschland	4:1	5-1
	2. Chile	5:3	4-2
	3. Italien	3:2	3-3
	4. Schweiz	2:8	2-6
Gruppe C:	1. Brasilien	4:1	5-1
	2. CSSR	2:3	3-3
	3. Mexiko	3:4	2-4
	4. Spanien	2:3	2-4
Gruppe D:	1. Ungarn	8:2	5-1
	2. England	4:3	3-3
	3. Argentinien	2:3	3-3
	4. Bulgarien	1:7	1-5
	Der 1. und 2. kamen weiter		
Viertelfinale:	Chile – UdSSR	2:1	
	Deutschl. – Jugoslaw.	0:1	
	Brasilien – England	3:1	
	Ungarn – CSSR	0:1	
Halbfinale:	Chile – Brasilien	2:4	
	CSSR – Jugoslawien	3:1	
Um Platz 3:	Chile – Jugoslawien	1:0	
Endspiel:	**Brasilien – CSSR**	**3:1**	

1966 England, 11.–30.7.

Gruppe A:	1. England	4:0	5-1
	2. Uruguay	2:1	4-2
	3. Mexiko	1:3	2-4
	4. Frankreich	2:5	1-5
Gruppe B:	1. Deutschland	7:1	5-1
	2. Argentinien	4:1	5-1
	3. Spanien	4:5	2-4
	4. Schweiz	1:9	0-6
Gruppe C:	1. Portugal	9:2	6-0
	2. Ungarn	7:5	4-2
	3. Brasilien	4:6	2-4
	4. Bulgarien	1:8	0-6
Gruppe D:	1. UdSSR	6:1	6-0
	2. Nordkorea	2:4	3-3
	3. Italien	2:2	2-4
	4. Chile	2:5	1-5
	Der 1. und 2. kamen weiter		
Viertelfinale:	England – Argentinien	1:0	
	Deutschland – Uruguay	4:0	
	Portugal – Nordkorea	5:3	
	UdSSR – Ungarn	2:1	
Halbfinale:	Deutschland – UdSSR	2:1	
	England – Portugal	2:1	
Um Platz 3:	Portugal – UdSSR	2:1	
Endspiel:	**England – Deutschland**	**4:2**	**n.V.**

1970 Mexiko, 31.5.–21.6.

Gruppe 1:	1. UdSSR	6:1	5-1
	2. Mexiko	5:0	5-1
	3. Belgien	4:5	2-4
	4. El Salvador	0:9	0-6
Gruppe 2:	1. Italien	1:0	4-2
	2. Uruguay	2:1	3-3
	3. Schweden	2:2	3-3
	4. Israel	1:3	2-4
Gruppe 3:	1. Brasilien	8:3	6-0
	2. England	2:1	4-2
	3. Rumänien	4:5	2-4
	4. CSSR	2:7	0-6
Gruppe 4:	1. Deutschland	10:4	6-0
	2. Peru	7:5	4-2
	3. Bulgarien	5:9	1-5
	4. Marokko	2:6	1-5
	Der 1. und 2. kamen weiter		
Viertelfinale:	UdSSR – Uruguay	0:1	n.V.
	Italien – Mexiko	4:1	
	Brasilien – Peru	4:2	
	Deutschland – England	3:2	n.V.
Halbfinale:	Deutschland – Italien	3:4	n.V.
	Brasilien – Uruguay	3:1	
Um Platz 3:	Deutschland – Uruguay	1:0	
Endspiel:	**Brasilien – Italien**	**4:1**	

1974 Deutschland, 13.6.–7.7.

1. Finalrunde:			
Gruppe 1:	1. DDR	4:1	5-1
	2. Deutschland	4:1	4-2
	3. Chile	1:2	2-4
	4. Australien	0:5	1-5
Gruppe 2:	1. Jugoslawien	10:1	4-2
	2. Brasilien	3:0	4-2
	3. Schottland	3:1	4-2
	4. Zaire	0:14	0-6
Gruppe 3:	1. Holland	6:1	5-1
	2. Schweden	3:0	4-2
	3. Bulgarien	2:5	2-4
	4. Uruguay	1:6	1-5
Gruppe 4:	1. Polen	12:3	6-0
	2. Argentinien	7:5	3-3
	3. Italien	5:4	3-3
	4. Haiti	2:14	0-6
	Der 1. und 2. kamen weiter		
2. Finalrunde:			
Gruppe A:	1. Holland	8:0	6-0
	2. Brasilien	3:3	4-2
	3. DDR	1:4	1-5
	4. Argentinien	2:7	1-5
Gruppe B:	1. Deutschland	7:2	6-0
	2. Polen	3:2	4-2
	3. Schweden	4:6	2-4
	4. Jugoslawien	2:6	0-6
Um Platz 3:	Polen – Brasilien	1:0	
Endspiel:	**Deutschland – Holland**	**2:1**	

1978 Argentinien, 1.6.–25.6.

1. Finalrunde:			
Gruppe 1:	1. Italien	6:2	6-0
	2. Argentinien	4:3	4-2
	3. Frankreich	5:5	2-4
	4. Ungarn	3:8	0-6
Gruppe 2:	1. Polen	4:1	5-1
	2. Deutschland	6:0	4-2
	3. Tunesien	3:2	3-3
	4. Mexiko	2:12	0-6
Gruppe 3:	1. Österreich	3:2	4-2
	2. Brasilien	2:1	4-2
	3. Spanien	2:2	3-3
	4. Schweden	1:3	1-5
Gruppe 4:	1. Peru	7:2	5-1
	2. Holland	5:3	3-3
	3. Schottland	5:6	3-3
	4. Iran	2:8	1-5
	Der 1. und 2. kamen weiter		
2. Finalrunde:			
Gruppe A:	1. Holland	9:4	5-1
	2. Italien	2:2	3-3
	3. Deutschland	4:5	2-4
	4. Österreich	4:8	2-4
Gruppe B:	1. Argentinien	8:0	5-1
	2. Brasilien	6:1	5-1
	3. Polen	2:5	2-4
	4. Peru	0:10	0-6
Um Platz 3:	Brasilien – Italien	2:1	
Endspiel:	**Argentinien – Holland**	**3:1**	**n.V.**

1982 Spanien, 13.6.–11.7.

Gruppe 1:	1. Polen	5:1	4-2
	2. Italien	2:2	3-3
	3. Kamerun	1:1	3-3
	4. Peru	2:6	2-4
Gruppe 2:	1. Deutschland	6:3	4-2
	2. Österreich	3:1	4-2
	3. Algerien	5:5	4-2
	4. Chile	3:8	0-6
Gruppe 3:	1. Belgien	3:1	5-1
	2. Argentinien	6:2	4-2
	3. Ungarn	12:6	3-3
	4. El Salvador	1:13	0-6
Gruppe 4:	1. England	6:1	6-0
	2. Frankreich	6:5	3-3
	3. CSSR	2:4	2-4
	4. Kuwait	2:6	1-5
Gruppe 5:	1. Nordirland	2:1	4-2
	2. Spanien	3:3	3-3
	3. Jugoslawien	2:2	3-3
	4. Honduras	2:3	2-4
Gruppe 6:	1. Brasilien	10:2	6-0
	2. UdSSR	6:4	3-3
	3. Schottland	8:8	3-3
	4. Neuseeland	2:12	0-6
Finalrunde:			
Gruppe A:	1. Polen	3:0	3-1
	2. UdSSR	1:0	3-1
	3. Belgien	0:4	0-4
Gruppe B:	1. Deutschland	2:1	3-1
	2. England	0:0	2-2
	3. Spanien	1:2	1-3
Gruppe C:	1. Italien	5:3	4-0
	2. Brasilien	5:4	2-2
	3. Argentinien	2:5	0-4
Gruppe D:	1. Frankreich	5:1	4-0
	2. Österreich	2:3	1-3
	3. Nordirland	3:6	1-3
Halbfinale:	Polen – Italien	0:2	
	Deutsch. – Frankreich	3:3	n.V.
	5:4 nach Elfmeterschießen		
Endspiel:	**Italien – Deutschland**	**3:1**	

1986 Mexiko, 31.5.–29.6.

Gruppe A:	1. Argentinien	6:2	5-1
	2. Italien	5:4	4-2
	3. Bulgarien	2:4	2-4
	4. Südkorea	4:7	1-5
Gruppe B:	1. Mexiko	4:2	5-1
	2. Paraguay	4:3	4-2
	3. Belgien	5:5	3-3
	4. Irak	1:4	0-6
Gruppe C:	1. UdSSR	9:1	5-1
	2. Frankreich	5:1	5-1
	3. Ungarn	2:9	2-4
	4. Kanada	0:5	0-6
Gruppe D:	1. Brasilien	5:0	6-0
	2. Spanien	5:2	4-2
	3. Nordirland	2:6	1-5
	4. Algerien	1:5	1-5
Gruppe E:	1. Dänemark	9:1	6-0
	2. Deutschland	3:4	3-3
	3. Uruguay	2:7	2-4
	4. Schottland	1:3	1-5
Gruppe F:	1. Marokko	3:1	4-2
	2. England	3:1	3-3
	3. Polen	1:3	3-3
	4. Portugal	2:4	2-4
Achtelfinale:	Mexiko – Bulgarien	2:0	
	UdSSR – Belgien	3:4	n.V.
	Brasilien – Polen	4:0	
	Argentinien – Uruguay	1:0	
	Italien – Frankreich	0:2	
	Marokko – Deutschl.	0:1	
	England – Paraguay	3:0	
	Dänemark – Spanien	1:5	
Viertelfinale:	Brasilien – Frankreich	1:1	n.V.
	3:4 n. Elfmeterschießen		
	Deutschland – Mexiko	0:0	n.V.
	4:1 n. Elfmeterschießen		
	Argentinien – England	2:1	
	Spanien – Belgien	1:1	n.V.
	4:5 n. Elfmeterschießen		
Halbfinale:	Frankreich – Deutschl.	0:2	
	Argentinien – Belgien	2:0	
Um Platz 3:	Frankreich – Belgien	4:2	n.V.
Endspiel:	**Argentinien – Deutschl.**	**3:2**	